# 「労務管理」の実務がまるごとわかる本

望月建吾
成澤紀美
蒲島竜也
杉山晃浩
堀下和紀

日本実業出版社

# はじめに

　本書『「労務管理」の実務がまるごとわかる本』は、『「人事・労務」の実務がまるごとわかる本』の第2弾です。人事部に配属された初任担当者も無理なく人事・労務業務に必要な知識を習得し、実務を遂行できるというコンセプトの前作は、経営者、人事・労務担当者、社会保険労務士など多くの皆さんに大変ご好評いただきました。

　本書は、そのコンセプトをそのままに、人事・労務業務のなかの、労務系業務のうち、手続き・給与計算業務を除いた労務管理（狭義の労務管理）にテーマを絞り、**初任担当者が無理なく労務管理業務に必要な知識を習得し、実務を遂行できる構成**に仕上げております。

　労務管理業務は、**会社や人事権者が、社員と、健全な労使関係を維持するサポートをする業務**です。そのためには、**労働条件と服務規律の集合体**であり、担当者や人事権者の労務管理業務のマニュアルの役割を果たす、**就業規則の整備**が欠かせません。また、就業規則を正しく運用していくための書式を整備し、社員には事案に応じた正しい記載をさせなくてはなりません。

　もちろん、**労務管理の担当者は、就業規則や書式の背景にある労働法の正しい知識と実務能力を身に付けておかなくてはなりません。**

　本書の執筆にあたり、**大規模社労士法人・事務所を経営する労務管理の知識と実務に精通した5名の社労士が集結**しました。

　労務管理の重要テーマごと13の章に分け、1つの節を見開き2ページでコンパクトにまとめ、実務をしていくうえで必要な知識を過不足なく詰め込みました。図表だけではなく、実務で活用できる就業規則規定例や書式例、一歩進んだ実践知識となる裁判例などもふんだんに盛り込みました。

　1人でも多くの労務管理担当者が、本書を手に取り、必要な知識を習得し、実務に取り組んでいただければ嬉しく存じます。

2019年10月吉日

特定社会保険労務士　望月　建吾

特定社会保険労務士　成澤　紀美

特定社会保険労務士　蒲島　竜也

特定社会保険労務士　杉山　晃浩

特定社会保険労務士　堀下　和紀

## 【凡例】

本文中で略記した法令名等は下記の通りです。

労働基準法（労基法）
労働契約法（労契法）
労働安全衛生法（安衛法）
職業安定法（職安法）
雇用の分野における男女の均等な機会及び待遇の確保等に関する法律（男女雇用機会均等法）
育児休業、介護休業等育児介護又は家族介護を行う労働者の福祉に関する法律（育児介護休業法）
短時間労働者の雇用管理の改善等に関する法律（パートタイム労働法）
短時間労働者及び有期雇用労働者の雇用管理の改善等に関する法律（パートタイム・有期雇用労働法）
高年齢者等の雇用の安定等に関する法律（高年齢者雇用安定法）
障害者の雇用の促進等に関する法律（障害者雇用促進法）
労働者派遣事業の適正な運営の確保及び派遣労働者の就業条件の整備等に関する法律（労働者派遣法）
労働時間等の設定の改善に関する特別措置法（設定改善法）
専門的知識等を有する有期雇用労働者等に関する特別措置法（有期雇用特別措置法）
出入国管理及び難民認定法（入管法）
事業主が職場における性的言動に起因する問題に関して雇用管理上講ずべき措置についての指針（セクハラ指針）

## 【お断り】

　本書の内容は、執筆時点（2019年9月1日現在）に施行されている法令に基づくものになります。

　また、本書の事例は、特定の会社を想定したものではありません。

　法的な結論は、個別具体的な事案の詳細に応じ、容易に変わり得るものであり、類似の事案で必ず本書と同一の結論となることを保証するものではありません。

　本書の内容を利用されたことによって生じた結果については、著者及び出版社は、一切の責任を負いかねますことをご理解ください。

「労務管理」の実務がまるごとわかる本 ◇ もくじ

はじめに

# 1章 募集・採用・労働契約

**1** 虚偽求人の禁止 …………………………………………………………… 10

**2** 内定と内定取り消し ……………………………………………………… 12

**3** 外国人雇用 ………………………………………………………………… 16

**4** 障害者雇用 ………………………………………………………………… 18

**5** 労働条件の明示 …………………………………………………………… 20

**6** 入社時の提出書類 ………………………………………………………… 22

**7** 試用期間 …………………………………………………………………… 24

**8** 本採用拒否 ………………………………………………………………… 26

# 2章 人事異動

**1** 人事異動の種類 …………………………………………………………… 30

**2** 職種・勤務地限定の特約① ……………………………………………… 32

**3** 職種・勤務地限定の特約② ……………………………………………… 34

**4** 配転命令と権利濫用法理① ……………………………………………… 36

**5** 配転命令と権利濫用法理② ……………………………………………… 38

**6** 配転命令を行う場合の注意点 …………………………………………… 40

**7** 出向① ……………………………………………………………………… 42

**8** 出向② ……………………………………………………………………… 44

**9** 転籍 ………………………………………………………………………… 46

`column` これからは組織のための個でなく"個のための組織"の時代　48

# 3章 労働時間・休日

**1** 労働時間と休憩時間① …………………………………………………… 50

**2** 労働時間と休憩時間② …………………………………………………… 52

**3** 法定休日と所定休日 ………………………………………………… 54

**4** 振替休日と代休 …………………………………………………… 56

**5** 時間外労働・休日労働・深夜労働 ……………………………… 58

**6** 36協定 ……………………………………………………………… 60

**7** 1か月単位の変形労働時間制 …………………………………… 64

**8** 1年単位の変形労働時間制 ……………………………………… 66

**9** フレックスタイム制 ……………………………………………… 68

**10** 1週間単位の非定型的変形労働時間制 ………………………… 70

**11** 事業場外労働のみなし労働時間制 ……………………………… 72

**12** 専門業務型裁量労働制 …………………………………………… 74

**13** 企画業務型裁量労働制 …………………………………………… 76

**14** 管理監督者と高度プロフェッショナル制度 …………………… 78

**15** 労働時間の把握 …………………………………………………… 80

**column** 働き方改革の真の意味　82

# 4章　休暇

**1** 年次有給休暇の付与日数 ………………………………………… 84

**2** 全労働日に含まれる日と出勤したものとみなす日 …………… 86

**3** 半日年休と時間単位年休① ……………………………………… 88

**4** 半日年休と時間単位年休② ……………………………………… 90

**5** 自由利用の原則 …………………………………………………… 92

**6** 時季指定権と時季変更権 ………………………………………… 94

**7** 計画的付与① ……………………………………………………… 96

**8** 計画的付与② ……………………………………………………… 98

**9** 斉一的取扱い ……………………………………………………… 100

**10** 年次有給休暇取得義務① ………………………………………… 102

**11** 年次有給休暇取得義務② ………………………………………… 104

**12** 特別休暇の種類と規定 …………………………………………… 106

**13** 裁判員休暇 ………………………………………………………… 108

**column** オランダ人の働き方、日本人の働き方　110

# 5章 妊娠・出産・育児・介護

**1** 母性保護規定・母性健康管理規定 ················ 112

**2** 産前産後休業 ········································ 114

**3** 育児休業 ············································· 116

**4** 介護休業 ············································· 118

**5** 子の看護休暇・介護休暇 ·························· 120

**6** 育児・介護に関するその他の特例措置① ········ 122

**7** 育児・介護に関するその他の特例措置② ········ 124

**8** 生理休暇・育児時間 ······························· 126

**column** ワークライフバランスの歴史とその真の意味　128


# 6章 賃金

**1** 賃金支払い5原則 ··································· 130

**2** 賃金の決定に関する法規制（最低賃金） ········ 132

**3** 所定内賃金と所定外賃金 ·························· 134

**4** 割増賃金① ··········································· 136

**5** 割増賃金② ··········································· 138

**6** 固定残業手当 ········································ 140

**7** ノーワーク・ノーペイの原則 ···················· 142

**8** 賃金の控除 ··········································· 144

**9** 平均賃金 ············································· 146

**10** 賃金の引き下げ（労働条件の不利益変更） ······ 148

**11** 休業手当 ············································· 150

**12** 現物給与 ············································· 152

**13** 年俸制 ··············································· 154

**14** 賞与 ················································· 156

**15** 退職金 ··············································· 158

**column** 労働法・税法から見た給与　160

# 7章 休職・復職

**1** 休職の定義・意義・リスク ……………………………………… 162

**2** 休職事由(不完全労務提供)と治癒の定義 ………………… 164

**3** 休職の期間(規模・裁量・通算) …………………………… 166

**4** 休職中(期間中の取扱い・経過報告義務) ………………… 168

**5** 休職(復職・復職取消・自然退職) ………………………… 170

`column` 傷病休職は解雇猶予。会社が命令するもの　172

# 8章 解雇

**1** 解雇権濫用法理 …………………………………………………… 174

**2** 解雇予告と解雇予告手当 ……………………………………… 176

**3** 解雇制限とその例外 …………………………………………… 178

**4** 普通解雇 …………………………………………………………… 180

**5** 整理解雇 …………………………………………………………… 182

**6** 解雇理由証明書 ………………………………………………… 184

`column` 退職・解雇に関する相談の難しさ　186

# 9章 退職

**1** 労働契約の終了 ………………………………………………… 188

**2** 退職の手順 ………………………………………………………… 190

**3** 慰留と撤回 ………………………………………………………… 192

**4** 有期労働契約の終了 …………………………………………… 194

**5** 定年と高年齢者雇用確保措置 ……………………………… 196

**6** 行方不明者の退職 ……………………………………………… 198

**7** 退職勧奨の注意点 ……………………………………………… 200

**8** 職務著作と職務発明 …………………………………………… 202

**9** 退職者の競業避止・秘密保持義務 ………………………… 204

**10** 退職証明書 ………………………………………………………… 206

`column` 健康経営で企業力を高める　208

# 10章　懲戒

**1** 懲戒権濫用法理 ･････････････････････････････ 210

**2** 懲戒処分の基本原則 ･････････････････････････ 212

**3** 懲戒処分の種類 ･････････････････････････････ 214

**4** 懲戒解雇の手順 ･････････････････････････････ 218

**5** 弁明と懲戒委員会 ･･･････････････････････････ 220

**6** 懲戒解雇と退職金、解雇予告手当 ･････････････ 222

**column** ＳＮＳ炎上、「消える」「友達だけ」は安全ではない　224


# 11章　安全衛生・災害補償

**1** セクハラ(定義・判断基準) ･･･････････････････ 226

**2** セクハラ(会社の法的責任・懲戒処分) ････････ 228

**3** パワハラ(定義・類型とリスク) ･･････････････ 230

**4** パワハラと指導教育の境界線 ･････････････････ 232

**5** 労働時間把握義務と安全配慮義務 ･････････････ 234

**6** メンタルヘルス不調者への対応 ･･･････････････ 236

**7** 健康診断 ･･･････････････････････････････････ 238

**8** ストレスチェック ･･･････････････････････････ 240

**9** 就業禁止 ･･･････････････････････････････････ 242

**10** 労災の仕組みと補償内容 ･････････････････････ 244

**11** 産業医と産業保健体制 ･･･････････････････････ 246

**12** 長時間労働者に対する医師による面接指導 ･････ 248

**column** 芸能ニュースに学ぶパワハラ　250


# 12章　多様な働き方

**1** 多様な働き方 ･･･････････････････････････････ 252

**2** 社員の定義と規程類・契約書の整備 ･･･････････ 254

**3** 労働者派遣の注意点① ･･･････････････････････ 256

**4** 労働者派遣の注意点② ･･･････････････････････ 258

**5** 有期労働契約の更新と雇止め ･････････････････ 260

**6** 無期転換ルール① ……………………………… 262

**7** 無期転換ルール② ……………………………… 264

**8** 同一労働同一賃金 ……………………………… 266

**9** 副業・兼業 ……………………………………… 268

**10** テレワーク ……………………………………… 270

**11** 業務委託 ………………………………………… 272

column 多様な正社員制度導入の実務上の留意点　274

# 13章　労働基準監督署の調査・労働紛争解決・就業規則

**1** 労働基準監督署の調査の種類と流れ ………… 276

**2** 紛争調整委員会によるあっせん ……………… 278

**3** 民事訴訟（通常訴訟） …………………………… 280

**4** 労働審判 ………………………………………… 282

**5** 就業規則の作成と周知 ………………………… 284

**6** 事業場が備え付けておくべき書類 …………… 286

column 「厳重注意書 兼 指導書」を文書で交付　288

参考文献

カバーデザイン／志岐デザイン事務所（萩原 睦）
本文DTP／一企画

# 1章

## 募集・採用・労働契約

# 1 虚偽求人の禁止

## ✅ 求人票に明示しなくてはならない内容

社員の募集や求人の申し込みを行う際には、次ページに列挙した内容を書面で明示しなくてはなりません。

明示は、求職者が希望する場合、電子メールによる明示も法的に許容されています。

## ✅ 求人票記載の労働条件を変更する場合の明示

求人の段階で明示されていた労働条件のうち、(1)業務の内容、(2)賃金、労働時間その他の労働条件を変更する場合には、その変更内容を、以下のいずれかの方法によって求職者に明示しなくてはなりません（より望ましいのは1の方法）。

| 1 | 当初の明示と変更された後の内容を対照（比較）できる書面を交付すること |
|---|---|
| 2 | 労働条件通知書(⇒20ページ)で変更箇所に下線・着色・脚注をつけること |

## ✅ 虚偽求人の禁止と罰則

職安法によって、ハローワークや職業紹介事業者に虚偽または誇大な内容の求人をすることが禁止されています。

罰則は、6か月以下の懲役、または30万円以下の罰金です。

ハローワークや民間の求人サイト、職業紹介事業者などは、詐欺求人と判断されうる求人の申込みを受け付けません。

厚生労働大臣の指針では、**明示する従事すべき業務の内容等は、虚偽または誇大な内容としないことという義務**が明示されています。

## ✅ 採用面接時のやりとりの注意点

会社側の面接時の労働条件の説明にも虚偽があってはなりません。また、誤解を与えるような曖昧な表現をするのもやめましょう。

10

## ●求人の際の必要明示事項●

| | 必要な明示事項 | 記載例 |
|---|---|---|
| 1 | 業務内容 | 営業事務 |
| 2 | 契約期間 | 期間の定めなし |
| 3 | 試用期間 | あり（3か月間） |
| 4 | 就業場所 | 本社（東京都○○区○○○0-0-0　○○ビル○階） |
| 5 | 就業時間 | 9：00～18：00 |
| 6 | 休憩時間 | 60分間（12：00～13：00） |
| 7 | 休日 | 土曜日、日曜日、国民の祝日、年末年始（12月30日～1月3日） |
| 8 | 時間外労働 | あり（月間平均20時間）<br>※裁量労働制を採用している場合には以下のように記載する必要あり<br>　「専門業務型裁量労働制により、1日9時間労働したものとみなす」 |
| 9 | 賃金 | 23万円（試用期間中も変更なし）<br>※固定残業手当を採用する場合は以下のように記載する必要あり<br>基本給：23万円<br>（うち、3万円を時間外労働の有無にかかわらず19時間分の時間外労働手当として支給する。19時間分を超える時間外労働についての割増賃金については追加で支給） |
| 10 | 加入保険 | 労災保険、雇用保険、健康保険、厚生年金保険 |
| 11 | 募集者の氏名または名称 | 株式会社○○ |
| 12 | 派遣労働者として雇用する場合 | ※雇用形態として「派遣労働者」である旨の明示が必要 |

## ●虚偽、誇大な内容でないか注意する点●

| | |
|---|---|
| 1 | 裁量労働制（⇒74ページ、76ページ）、高度プロフェッショナル制度（⇒78ページ）の適用が正しく明示されているか |
| 2 | 固定残業手当（⇒140ページ）について、以下の要件を満たしているか<br>・基本給部分と固定残業手当部分が明確に区分されていること<br>・固定残業手当が何時間分か明示されていること |
| 3 | 募集している会社の名称が正しく明示されているか |
| 4 | 労働契約の種類（有期、無期）と長さが正しく明示されているか |
| 5 | 試用期間（⇒24ページ）の有無と長さが正しく明示されているか |
| 6 | 雇用形態が派遣労働者である場合に正しく明示されているか |

# 2 内定と内定取り消し

## ✅内定の定義と内定取り消しが認められる基準

**内定**とは、入社日（労働契約の効力発生日）を定めて、会社から候補者に労働契約締結の意思を伝えることをいいます。

入社するまでの間に、会社が採用内定通知を発した以外に、労働契約の締結に関する特別の意思表示（書面の交換や意思確認手続きなど）をすることが予定されていない場合には、候補者が求人に応募することが契約の申込みとなり、**会社がこれに応じて内定通知を出すことがその申込みへの承諾（＝労働契約の成立）**となります。一方、内定通知書に対する候補者からの**内定承諾書**の提出といった特別の意思表示が求められる場合には、当該候補者からの意思表示をもって、労働契約の成立となります。

労働契約の効力発生日を設定し、それまでは会社は内定を取り消す権利を持っている労働契約であるので、内定による労働契約は**始期付解約権留保労働契約**と呼ばれています。

内定で始期付解約権留保労働契約が成立するとはいえ、多くの場合、内定者は他社への就業機会を放棄している弱い立場にあります。したがって、**内定取り消し**には**解雇**に準じた**厳格性**が求められ、以下の基準を満たさなければ認められません（大日本印刷事件〈最判昭54.7.20〉）。

| 1 | 客観的で合理的な理由であること | 2 | 社会通念上相当として是認できる場合であること |
|---|---|---|---|

具体的には、学校を卒業できないとき、業務に支障が出るほどの健康状態の不良が判明したとき、その事実を知っていれば内定を出さなかったであろう提出書類や面接時に述べたことの重大な虚偽・詐称が判明したとき、採用を断念せねばならいほどの経営状態の悪化などが想定されます。

しかし、判例では、**内定段階では会社が知ることができず、知ることが期待されないような事実が判明したとき**に限定されるとしています。

**新規学卒者に対して、内定取り消しや入社時期の繰り下げを行う場合、ハローワークに報告をしなくてはなりません。**

なお、(1)2年以上連続で行われた、(2)同一年度に10名以上に対して行われた、(3)事業縮小を理由とするものでない、(4)内定取り消し対象者への十

分な説明をしなかった、(5)内定取り消し対象者への就職先確保支援を行わなかった場合、**企業名を公表される場合があります。**

## ☑リスクヘッジのための書類整備と内々定の注意点

**内定通知書**は会社への提出書類と内定取り消しをする事由を詳述した内

### ◉書式例 「内定通知書」 ◉

年　　　月　　　日

氏名：　　　　　　　様

株式会社○○
代表取締役　○○　○○　㊞

### 内定通知書

　採用試験について厳正に審査を行った結果、貴殿を採用することを内定しましたので、通知します。つきましては、○月○日までに下記書類を当社総務部へご郵送ください。

1．身上届（本通知書に同封）
2．扶養控除等申告書（本通知書に同封）　※扶養親族が居なくても記入してください
3．内定承諾書（本通知書に同封）
4．労働契約書2部（本通知書に同封）
5．採用時誓約書（本通知書に同封）
6．身元保証書（本通知書に同封）
7．賃金の口座振込に関する同意書（本通知書に同封）
8．個人番号（マイナンバー）のご提供のご依頼（本通知書に同封）
9．健康告知書（本通知書に同封）
10．通勤経路申出書（本通知書に同封）
11．住民票記載事項証明書（市区町村が発行）
12．身元保証人様の印鑑証明書（市区町村が発行）
13．年金手帳の基礎年金番号通知書のページの写し
14．前職の給与所得の源泉徴収票　※本年中に給与所得がある方のみ
15．前職の雇用保険被保険者証の写し　※雇用保険被保険者であったことのある方のみ

　ただし、下記のいずれかの事由に該当する場合は、採用の内定を取り消すことがありますので、あらかじめご了承ください。

1．採用の前提となる条件（卒業、免許の取得等）が達成されなかったとき。
2．入社日までに健康状態が採用内定時より低下するなど、健康状態が職務に堪えられないと会社が判断したとき。
3．暴力団員又は暴力団関係者（半グレ組織等準暴力団も含む）関わりがあることが判明したとき。
4．採用選考時の提出書類に偽りの記載をし、又は面接時において事実と異なる経歴等を告知していたことが判明し、会社との信頼関係を維持することが困難になったとき。
5．犯罪、反社会的行為その他社会的な信用を失墜する行為を行ったことが判明したとき。
6．採用内定時には予想できなかった会社の経営環境の悪化、事業運営の見直し等が行われたとき。
7．その他前各号に準ずる又はやむを得ない事由があるとき。

　本件に関するお問合せにつきましては、担当：総務部　○○までご連絡ください。

容のものを作成しましょう。加えて、候補者が内定を受諾したことの書面として**内定承諾書**も併せて整備してください。

### ●書式例 「内定承諾書」●

年　月　日

○○株式会社
代表取締役　　○○　　○○　　様

# 内 定 承 諾 書

　私は、貴社の○年○月○日付の内定通知書を受領いたしました。つきましては、入社取り消し等の貴社へご迷惑をおかけするような行為をしないことをここにお約束し、貴社へ○年○月○日付入社にて就職することを承諾いたします。
　ただし、内定期間中に下記の事項に該当する場合は、内定を取り消されても異議のないことを承諾いたします。

記

1. 採用の前提となる条件（卒業、免許の取得等）が達成されなかったとき。
2. 入社日までに健康状態が採用内定時より低下するなど、健康状態が職務に堪えられないと会社が判断したとき。
3. 暴力団員や暴力団関係者（半グレ組織等準暴力団も含む）と関わりがあることが判明したとき。
4. 採用選考時の提出書類に偽りの記載をし、又は面接時において事実と異なる経歴等を告知していたことが判明し、会社との信頼関係を維持することが困難になったとき。
5. 犯罪、反社会的行為その他社会的な信用を失墜する行為を行ったことが判明したとき。
6. 採用内定時には予想できなかった会社の経営環境の悪化、事業運営の見直し等が行われたとき。
7. その他前各号に準ずる又はやむを得ない事由があるとき。

以上

住所
氏名　　　　　　　㊞

また、**内々定通知書**もぜひ作成してください。この書面には、**内々定なので内定日までの就職活動に制限は加えない旨を必ず明記**してください。

ちなみに、**内々定は労働契約の成立ではありません**が、会社が候補者の入社への期待を高めるような言動を行うと、実質的な内定状態として労働契約が成立していると判断されうるので注意するべきです。

加えて、内定に至らないことが判明した時点で速やかに、その旨を求職者に連絡してください。

●書式例 「内々定通知書」●

年　　月　　日

○○○○　様

株式会社○○

代表取締役　○○　○○

# 内々定通知書

このたびは、当社新卒採用募集にご応募いただきありがとうございました。

厳選な選考の結果、あなたの採用を内々定いたしましたので、ここにご通知申し上げます。

正式な内定は、○年○月○日を予定しており、同日付の内定式での内定通知書の交付及び内定承諾書の当社へのご提出という流れとなります。

なお、今回の通知は内々定の通知でありますので、本日以降内定日までの間で、内定に至らぬ場合もございますことをあらかじめご留意いただきたく存じます。

従いまして、内定日まではこれまで通りのご就職活動をご継続いただき、当社も含めご就職先を広くご検討ください。

残り少ない学生生活を、健康に十分にご留意のうえ、有意義にお過ごしください。

以上

# 3

## 外国人雇用

### ✓ 在留カードの確認と不法就労の罰則

外国人は、出入国管理及び難民認定法（入管法）で定める在留資格の範囲でのみ日本で働くことができます。日本に在留している外国人を雇用する際にはじめにやるべきことは、**在留カードの確認**になります。

在留カードの番号と在留期間を法務省のサイトで検索することで、有効なものかどうか確認するのを忘れないでください。

次に**在留カードの在留資格と就労制限の有無を確認**します。両者が、入社予定の会社で就労できるものになっているかがポイントです。この両者で就業不可となっている場合であっても、裏面の**資格外活動許可欄で許可**されていれば、就労時間や就労場所への一定の制限のもとに制限範囲の職務以外の仕事での就労が可能になります。

**資格外活動許可**は、留学生がアルバイト就業をしたい場合などに地方入国管理局に申請して取得するものになります。

日本に在留していない外国人を招聘して雇用する際は、就労ビザの取得から行わなくてはなりません。候補者が保有する学歴や実務経験などの要件が、就労ビザの要件に合致しているかを事前に確認してください。

就労資格のない外国人を雇用したり、資格外活動許可がなく制限範囲以外の業務に就かせるなどした場合には、**不法就労助長罪にあたるとして3年以下の懲役、または300万円以下の罰金**が科せられます。

### ✓ 労働契約の締結とハローワークへの外国人雇用状況届の提出義務

就労ビザの申請や在留資格変更許可申請の際は、**締結された労働契約書**が必要です。これらの手続きを行う前までに締結を完了させてください。

また、外交、公用、特別永住者以外の**外国人の雇い入れ時と退職時には、翌月末日までに会社の管轄ハローワークへ外国人雇用状況届を提出**します。その社員が雇用保険の被保険者である場合は、資格取得届あるいは資格喪失届の備考欄にそれらに関する内容を記載することで外国人雇用状況届を行います。この届け出を怠ると30万円以下の罰金が科せられます。

16

## ●日本に在留している外国人を雇用する場合のフローチャート●

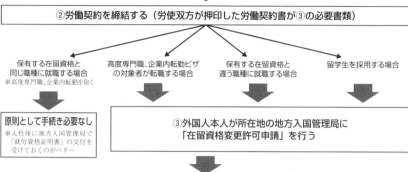

## ●「在留カード」のチェックポイント●

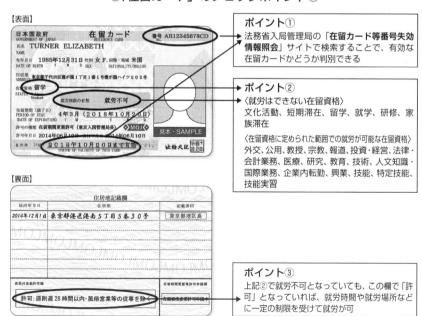

**ポイント①**
法務省入局管理局の「**在留カード等番号失効情報照会**」サイトで検索することで、有効な在留カードかどうか判別できる

**ポイント②**
〈就労はできない在留資格〉
文化活動、短期滞在、留学、就学、研修、家族滞在

〈在留資格に定められた範囲での就労が可能な在留資格〉
外交、公用、教授、宗教、報道、投資・経営、法律・会計業務、医療、研究、教育、技術、人文知識・国際業務、企業内転勤、興業、技能、特定技能、技能実習

**ポイント③**
上記②で就労不可となっていても、この欄で「許可」となっていれば、就労時間や就労場所などに一定の制限を受けて就労が可

## 4 障害者雇用

### ✅障害者の雇用義務と納付金制度、報告書の提出義務など

　障害者雇用促進法に基づき、**社員数が一定人数以上の会社には、障害者雇用率以上の人数の障害者の雇用が義務付け**られています。

　同法では、身体障害、知的障害、精神障害、車いすの利用、人工呼吸器の使用などを理由とした採用拒否や、障害者であることを理由に賃金を引き下げたり昇給させない等の**差別を禁止**しています。

　採用選考の問題用紙を点訳や音訳にすること、車いすを利用する方に合わせて机や作業台の高さを調整することといった**合理的配慮の提供義務を規定**しています。

　現行の**一般企業の障害者雇用率は2.2%**です（※）。自社が雇用義務を満たしているかどうか以下の式で判断します（小数点以下切り捨て）。

$$\frac{フルタイムまたはそれに近い障害者の社員の人数＋パートタイムの障害者の社員の人数×0.5}{フルタイムまたはそれに近い社員の人数＋パートタイムの社員の人数×0.5}$$

分母・分子に入る社員は以下のいずれかに該当する社員です。

| 1 | 期間の定めのない労働契約を結んでいる社員<br>（例：正社員、短時間正社員、無期のパート社員など） |
|---|---|
| 2 | 有期労働契約の社員であり、以下のいずれかに該当する者<br>・1年を超えて雇用される見込みがある<br>・1年を超えて引き続き雇用されている |

　フルタイムまたはそれに近い社員とは、**1週間の所定労働時間が30時間以上の社員**をいいます。パートタイムの社員は**1週間の所定労働時間が20時間以上30時間未満の社員**をいい、20時間未満の社員はカウントされません。つまり、**フルタイムまたはそれに近い社員が45.5人以上**（※）**いる会社は、少なくとも1人の障害者を雇用する義務があります。**

　なお、1人以上の障害者雇用義務のある会社は、**毎年6月1日現在の障害者雇用状況をハローワークに報告する義務**もあります。

　法定雇用人数に満たない人数しか障害者を雇用していない企業には、**障害者雇用納付金**が課せられます。一方、法定雇用人数を超える人数の障害者を雇用している会社には**障害者雇用調整金**が支給されます。100人以下

の会社には、この障害者雇用調整金に代えて、一定の要件を満たした場合に**報奨金**が支給されます。

※出版時点。2021年4月までには障害者雇用率は2.3％に引き上げ予定。

### ●雇用義務のある障害者の定義●

| 種類 | | 定義 | 確認方法 |
|---|---|---|---|
| 身体障害者 | | 身体障害者障害程度等級表の1～6級までの者、および7級に該当する障害が2以上重複している者 | 身体障害者手帳 |
| | 重度身体障害者 | 1～2級に該当する者、または3級に該当する障害を2以上重複していることで2級とされる者 | |
| 知的障害者 | | 児童相談所、知的障害者更生相談所、精神保健福祉センター、精神保健指定医または障害者職業センター(以下、「知的障害者判定機関」という)によって知的障害があると判定された者 | 療育手帳または知的障害者判定機関が交付する判定書 |
| | 重度知的障害者 | 知的障害者判定機関により知的障害の程度が重いと判断された者 | |
| 精神障害者 | | 以下のいずれかに該当する者<br>・精神障害者保健福祉手帳を交付されている者<br>・統合失調症、躁鬱病、てんかんにかかっている者 | 精神障害者保健福祉手帳または医師の診断書、意見書等 |

### ●法定雇用人数計算での障害者のカウント方法●

| | | 週30時間以上 | 週20時間以上30時間未満 |
|---|---|---|---|
| 身体障害者 | | 1人 | 0.5人 |
| | 重度身体障害者 | 2人 | 1人 |
| 知的障害者 | | 1人 | 0.5人 |
| | 重度知的障害者 | 2人 | 1人 |
| 精神障害者 | | 1人 | 0.5人（※） |

※雇入れから3年以内または精神障害者保健福祉手帳取得から3年以内で、かつ、2023年3月31日までに雇い入れられ、精神障害者保険福祉手帳を取得した者については、対象者1人につき1人とみなす

### ●障害者雇用納付金などの関係●

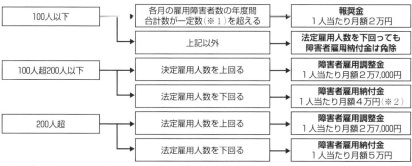

※1　各月のフルタイムまたはそれに近い社員の人数の4％の年度間合計数、または72人のいずれか多い数
※2　2020年4月1日に5万円に増額予定

# 5

# 労働条件の明示

## ✅労働契約の成立と労働条件の明示義務

労契法では、社員が会社のために労働し、会社が社員に賃金を支払うことに**労使双方で合意したときに労働契約が成立する**とされています。したがって、メールや口頭のやり取りでも労働契約は成立します。

とはいえ、労働契約の条件がはっきりしていなくては後々トラブルになりかねません。労基法では、労使のトラブルになりやすい労働条件について、会社に社員に対して**書類などでの明示義務を課しています。明示を書面でしなくてはならない事項**については、会社は社員に対して必ず書面に記載して明示しなくてはなりません。

書面での明示が義務付けられていない事項については口頭での明示でもよいとされていますが、トラブル回避の意味合いから、就業規則の該当条文を示しながら文書により明示していくことをお勧めします。**以下の3点を満たす場合は、FAXや電子メール、SNSなどでの明示が認められます。**

| 1 | 本人が希望したこと |
|---|---|
| 2 | グループメールやグループウェアといった不特定多数の者が受信・閲覧できる方法ではなく、本人宛の1対1の送信等の方法によること |
| 3 | 出力して書面を作成できる状態であること |

## ✅労働契約書と労働条件通知書、明示義務に違反した場合

**労働条件の明示の書式は、法律で規定する書式はありません。**労働契約は口頭でも成立するので、労働契約書の作成は任意です。

労働契約書が労使双方が合意して、署名・押印して締結する形式であるのに対して、労働条件通知書は会社側からの一方的な通知の形式です。

労基法で定める労働条件の明示の有効性は、**労働契約書、労働条件通知書のどちらで行っても違いはありません**が、トラブル回避の点から下記いずれかの方法によって**社員の合意**を得ておくことをお勧めします。

| 1 | 労働条件通知書に、労使ともにこの内容で合意する旨の一文と、労使の署名・押印欄を設けておく |
|---|---|
| 2 | 労働条件通知書とは別途、労働契約書を締結する。労働契約書には、ここに記載のない労働条件の詳細は労働条件通知書に定めるものによる旨の一文を入れておく |

　実際の労働条件が明示された労働条件と相違する場合には、社員が即時に労働契約を解除できると労基法で規定されています。また、社員が入社のために転居している場合で、明示義務違反による契約解除で入社日から14日以内に帰郷する際、会社は帰郷旅費を負担しなくてはなりません。

## ●明示するべき労働条件とその形式●

| 必ず明示しなくてはならない事項 |
|---|
| ① 労働契約の期間 |
| ② 就業の場所・従事する業務の内容 |
| ③ ・始業・終業時刻<br>・所定労働時間を超える労働の有無<br>・休憩時間<br>・休日<br>・休暇<br>・交代制勤務をさせる場合は就業時転換に関する事項 |
| ④ 賃金の決定・計算・支払いの方法<br>・賃金の締め切り・支払いの時期に関する事項 |
| ⑤ 退職に関する事項（解雇の事由を含む） |

書面での明示が必須

| 会社でその制度を定めている場合に明示しなくてはならない事項 |
|---|
| ⑥ 昇給に関する事項 |
| ⑦ 退職手当の定めが適用される労働者の範囲<br>・退職手当の決定、計算・支払いの方法<br>・退職手当の支払いの時期に関する事項 |
| ⑧ 臨時に支払われる賃金・賞与などに関する事項 |
| ⑨ 労働者に負担させる食費・作業用品その他に関する事項 |
| ⑩ 安全衛生に関する事項 |
| ⑪ 職業訓練に関する事項 |
| ⑫ 災害補償、業務外の傷病扶助に関する事項 |
| ⑬ 表彰、制裁に関する事項 |
| ⑭ 休職に関する事項 |

書面での明示が必須

# 6 入社時の提出書類

## ☑入社時の提出書類と提出義務の明確化

　就業規則では、入社時の提出書類の種類と提出期限、期限までに提出しない場合の会社の対応について明確に定めてください。

　入社時の提出書類の具体的な種類に関しては次ページをご覧ください。**会社が定める提出期限までに提出しない社員は解雇する場合があることを規定**しておきます。試用期間中の即時解雇（⇒176ページ）が可能なのが入社日から14日以内なので、期限は**入社日から2週間以内**に設定します。

　就業規則で定める内容と同様の内容を、内定者に渡す内定通知書にも記載しておきましょう。

## ☑戸籍謄（抄）本ではなく住民票記載事項証明書を

　労基法では、会社に**労働者名簿を作成し、退職日から3年間の保存義務**が課せられています。労働者名簿では、(1)氏名、(2)生年月日、(3)性別、(4)住所、(5)業務の種類、(6)履歴、(7)雇用年月日、(8)退職年月日と事由、(9)死亡年月日と原因を記載しなくてはなりません。

　厚生労働省の通達では、戸籍謄（抄）本や住民票の写しには会社の雇用管理上の必要な範囲を超えるセンシティブな情報が含まれていることから、**住民票記載事項証明書**で対応するよう指導されています。

## ☑入社時の誓約書

　就業規則の遵守義務のうち特に注意するべき重要項目について、**誓約書を会社が作成して新入社員に提出**させてください。

　**誓約書で遵守義務を再確認することで後日のトラブルを防止する一助**となります。

## ☑身元保証書

　身元保証ニ関スル法律で、身元保証の期間は、**期間を定める場合は上限5年、定めない場合は3年**とされています。自動更新は無効となる可能性が高いので、**更新作業を忘れずに行ってください。**

## ●入社時の提出書類（一例）●

| | |
|---|---|
| 1 | 身上届　※ |
| 2 | 通勤経路届　※ |
| 3 | 住民票記載事項証明書　※ |
| 4 | 誓約書　※ |
| 5 | 身元保証書　※ |
| 6 | 最終学歴の卒業証明書（中退の場合は成績証明書） |
| 7 | 扶養控除等（異動）申告書 |
| 8 | 賃金の口座振り込みに関する同意書　※ |
| 9 | 配偶者の扶養手続きに伴う個人番号手続き委任状　※ |
| 10 | （当年中の給与がある場合のみ）給与所得の源泉徴収票 |
| 11 | （加入歴ある場合のみ）雇用保険被保険者証の写し |
| 12 | 健康告知書　※　など |

※会社所定の様式

## ●会社が原本を確認し、コピーを取っておくべき書類●

| | |
|---|---|
| 1 | 運転免許証、パスポートなどの本人確認書類 |
| 2 | マイナンバーカード |
| 3 | （交付を受けている場合のみ）基礎年金番号通知書 |
| 4 | 担当業務に必要な資格の合格証書、免許証　など |

1章

募集・採用・労働契約

# 7 試用期間

## ☑試用期間とは

　**試用期間**とは、入社後の社員の能力や勤務態度、健康状態などの**適格性を見極めるための期間**です。試用期間中は、本採用後の労働契約期間に比較して、解雇が認められやすくなります。こうした労働契約の種類を**解約権留保労働契約**といいます。

　試用期間は通常よりも解雇されやすいという社員を不安定な立場に置く期間といえるため、**就業規則などに規定していないと設定することができ**ません。就業規則などで次ページ上表の内容を事前に規定してください。

　**労働条件通知書**には次ページ下表の記載例のように期間を明記します。

## ☑試用期間の長さと延長

　試用期間の長さは労基法上の定めは特にありません。しかし、社員を不安定な立場に置く期間ですので、**あまり長期間の試用期間を設定することは不適切**です。統計（※）によると、3か月とする企業が一番多く、6か月までとする企業が大半を占めています。裁判例から**限度は1年以内**と考えられます。

　**試用期間の延長は原則、就業規則などに規定していない限り認められま**せん。就業規則には、延長の可能性やその対象となる事由、長さなどを規定しましょう。**実務的には、延長後の日付と延長理由を記載した「試用期間延長通知書」を発行します。**

※労働政策研究・研修機構「社員の採用と退職に関する実態調査」

## ☑試用期間中の労働保険・社会保険と賃金

　試用期間は単独の有期労働契約ではなく、1つの労働契約の一部に過ぎません。雇用保険や社会保険（健康保険・厚生年金保険）の手続き上は、**被保険者としての要件を満たす初日から被保険者**となります。

　労働者災害補償保険については、労働契約の長さに関係なく、試用期間中といえども入社初日から給付の対象となります。

　試用期間中の賃金は、最低賃金法の水準以上である限り、**就業規則や個**

別の労働契約で定めてあれば違法ではありません。本採用後より低く設定しても問題ありません。

### ●試用期間の就業規則での記載事項●

| | |
|---|---|
| 1 | 試用期間の長さ |
| 2 | 短縮や設けない場合 |
| 3 | 試用期間中の労働条件 |
| 4 | 延長する場合とその長さ |
| 5 | 本採用拒否　など |

### ●就業規則の「試用期間」の規定例●

（試用期間）
第○条　新たに採用した者については、原則として、入社日から3か月間を試用期間とする。試用期間中における社員との雇用関係は仮採用によるものとし、会社は、社員の業務適性等を総合的に判断し、試用期間が満了するまでに本採用の有無を決定する。
2．会社は、社員の採用選考時の状況及び試用期間中の業務遂行状況等を鑑み、試用期間を短縮すること又は設けないことがある。
3．試用期間中の社員の労働条件は、個別に定めるものとする。
4．試用期間は、勤続年数に通算する。
5．社員が試用期間中に業務災害により休業する場合は、当該休業期間における試用期間の経過を中断し、復職後試用期間を再開するものとする。
6．会社は、試用期間満了までに、試用期間中の社員の業務適性等に関して最終的な判断をすることが困難である場合、労働契約の解約権を留保したうえで、最長で通算6か月まで試用期間を延長することができる。

### ●労働条件通知書の「試用期間」の記載例●

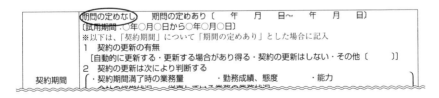

# 8

# 本採用拒否

## ☑ 本採用拒否の性質

　試用期間といえども、すでに労働契約の効力が発生している状態です。**試用期間満了で本採用を拒否することは解雇**にあたり、解雇制限（⇒178ページ）や解雇予告（⇒176ページ）といった労基法で規定する解雇に関する規定が適用されます。

　いくら試用期間が適格性を見極める期間であったとしても、新入社員は他社への就職機会を放棄している状態です。本採用拒否は、以下の2点を満たすものでなければ、会社が**解雇権を濫用したものとして無効**になります。（労契法第16条）

| 1 | 客観的で合理的な理由が存在する |
| 2 | 社会通念上相当である |

## ☑ 本採用拒否が認められる基準

　本採用拒否が認められる基準については、最高裁が、**採用時に知ることができない事実を知り、その事実によって雇用を継続することが適当ではない場合**と判示しています（三菱樹脂事件〈最判昭48.12.12〉）。

　具体的には、極度の勤怠不良や業務命令違反、協調性不足、能力不足で改善の見込みがない場合、業務遂行に支障がある健康状態などが想定されます。**想定される本採用拒否事由を就業規則などで規定**してください。

## ☑ 本採用拒否の通知

　社員に対して、28ページにあるような**「試用期間満了通知書」**を交付します。

　**試用期間満了日、本採用拒否の理由**（就業規則の対応条文とともに）を記載し、この通知が労基法所定の解雇予告通知を兼ねている旨の一文を入れておくことがポイントです。

## ☑試用期間中の評価とフィードバックの重要性

　試用期間中は、**本採用後よりも頻繁に、社員の業務に対する評価とフィードバック面談を実施**してください。

　フィードバック面談では、「事実」のみに着目し、期待点以上のところは褒め、さらなる精進を促すとともに、期待点に満たない部分に関しても、決して言葉を濁さず「事実」を伝えてください。

　期待不足の場合は、その事実をきちんと伝達したうえで、次の面談までの改善策を報告させるとともに、具体的な目標を上司と社員が共有しながら進めていく形式がいいでしょう。

　**これを何度も繰り返してもなお改善の見込みがほとんどないようであったら、「これが最後」と期限を区切って、社員から会社の指定する形式で最後の改善策を報告をしてもらいましょう。**

　会社側の評価結果やフィードバック内容だけでなく、社員がそれに対してどのような反応を示したかに至るまで**細かく記録を残す**ことを忘れないでください。

### ●就業規則の「本採用拒否」の規定例●

（本採用拒否）
第○条　試用期間中の社員が次の各号のいずれかに該当し、社員として不適格であると認めるときは、会社は、採用を取り消し、本採用を行わない。
　　　　　　　　　　　　　　　　　（中略）
⑶　必要な教育は施したが会社が求める能力に足りず、かつ、改善の見込みも薄い等、能力が不足すると認められるとき
　　　　　　　　　　　　　　　　　（後略）

募集・採用・労働契約

1章

## ●「試用期間満了通知書」の書式例●

○年○月○日

### 試用期間満了通知書

○○　○○　殿

株式会社○○
代表取締役　○○　○○

　貴殿との労働契約により、○か月（○年○月○日～○年○月○日）の試用期間を設定して、新入社員教育、指導等を実施して参りましたが、このたび、試用期間満了に際し、慎重に検討しました結果、下記の事由により、本採用を見合わせるとともに、試用期間満了日で労働契約を終了することといたしましたので、通知いたします。

記

試用期間満了日：○年○月○日
事由：就業規則第○条第○項第○号に基づき、「必要な教育、指導等を実施したが会社の求める能力に足りず、かつ、改善の見込みも薄い等、能力が不足すると認められるとき」に該当すると判断したため

　なお、本通知は、労働基準法第20条に基づく解雇予告通知であることをご承知おきください。

以上

# 2章

## 人事異動

# 1 人事異動の種類

## ☑️人事異動とは

　**人事異動**とは、会社の命令によって、社員の配置・地位・勤務地などが変更されること全般をいいます。

　具体的には、配置転換による担当業務や職務内容、職種、勤務地等の変更や、昇進・昇格、降格・降職、役職任用や解任といった**会社内の人事異動**と、グループ会社への出向や転籍といった**会社の外への人事異動**が行われています。

　人事異動という言葉自体には、法律上の規定や、学術研究などによる公式的定義が存在しておらず、用いられ方が、組織において少しずつ異なることがあります。

　人事異動は、多くの会社における人材・組織マネジメントに欠かせない施策です。日本企業に多く見られるのが、組織を形成する基準が、「仕事」ではなく「人」であるとするタイプの会社です。

　こうした会社では、基本的には長期雇用を前提として採用された社員が、「その成長に伴って仕事の範囲を広げ、仕事を作り出していくことで、組織を成立・発展させていく」という概念を採用しています。

　このような組織では、人材の適材適所を実現するために、まずは採用した人材の配置を考えます。

　さらに、組織も人も、内外の環境要因や自らの成長に伴い変容し続けるため、それらの変化に応じ、配置もタイムリーに変えていく必要があります。そこで行われるのが人事異動です。

## ☑️人事異動の意義

　人事異動が生み出す経営効果として、以下の5点が挙げられます

| 1 | 組織戦略の実行 |
|---|---|
| 2 | インセンティブとしての異動によりモチベーション管理 |
| 3 | 人材育成 |
| 4 | 過度の専門化の抑制 |
| 5 | 組織の活性化 |

30

## ●人事異動の種類（社内）●

| 1 | 転勤 | 継続的に社員の勤務場所を変更するもの。転居が伴うものもある |
|---|---|---|
| 2 | 配置転換 | 同一勤務地（事業所）内での職務変更 |
| 3 | 昇進 | 社内での役職が上がること（例：主任→課長） |
| 4 | 降職・降任 | 社内での役職が下がること（例：部長→課長） |
| 5 | 昇格 | 社内での等級が上がること（例：M2級→M1級） |
| 6 | 降格 | 社内での等級が下がること（例：経営職→M1級） |
| 7 | 職種変更 | 職種を変更すること<br>（例：総合職→一般職、事務職→研究職） |
| 8 | 派遣 | 社外勤務地への派遣（例：デパートへの派遣店員）や、他事業所へ一時的に派遣するもの<br>派遣法による人材派遣は含まない |
| 9 | 長期出張<br>応援 | 長期出張は、一時的に社員の勤務場所を変更し、自己の業務を行うもの<br>応援は、一時的に勤務場所を変更し、他社員の業務を補助するもの |
| 10 | 休職 | 就労することができない、または就労するに不適当な場合に、雇用関係は継続したまま就労を免除・禁止するもの |

## ●人事異動の種類（社外）●

| 1 | 出向 | 自社の社員として在籍したまま、親会社もしくは子会社といった関連会社等で、他社の指揮命令の下、業務に従事するもの |
|---|---|---|
| 2 | 転籍 | 在籍している会社との労働契約を解除し、転籍先の会社と労働契約を締結し、転籍先の業務に従事するもの |

2章

人事異動

31

# 2

# 職種・勤務地限定の特約①

## ☑ 職種・勤務地限定を合意した労働契約とは

個々の社員と締結した**労働契約**（場合によっては労働協約や就業規則の規定も含みます）で、**職種や勤務地を限定する内容で合意**をした場合には、他の職種や勤務地に就かせることは原則としてできません。

実務的には、以下のいずれかの方法で合意することになります。

| 1 | 就業規則等での包括的な合意 |
|---|---|
| 2 | 個別の労働契約での合意 |

**職種や勤務地を限定して雇用した社員**に、**他の職種や勤務地への人事異動命令**を出すためには、**社員個別の同意**を得なければならず、同意を得ない人事異動命令は無効になります。

## ☑ 職種限定合意の原則と例外

**労働契約の締結時**または**労働契約の展開過程**で職種が限定されていると判断される場合には、他の職種への配転には社員の**個別的同意が必要**です。

職種限定の合意は、就業規則等や個別の労働契約で**明示の合意**がある場合に認められるのが原則です。

就業規則等や個別の労働契約で職種限定の明示がない場合であっても、特殊な技術・技能・資格を有する職種で、採用時の職種限定の合意が認められた裁判例があります。また、採用時に職種限定合意が認められない場合であっても、長期間同一業務に従事した場合に職種限定合意が認定された裁判例もあります。もっとも、後者のケースについては、**長期雇用を前提として採用された労働者については、同一の仕事に長年継続して従事してきたことのみでは職種限定の合意が成立しているとは認められにくい傾向**があります。

## ☑ 勤務地限定合意の原則と例外

**労働契約の締結時**または**労働契約の展開過程**で勤務地が限定されていると判断される場合には、他の勤務地への配転には社員の**個別的同意が必要**

になります。

　勤務地限定の合意は、就業規則等や個別の労働契約で**明示の合意**がある場合に認められるのが原則です。

　就業規則等や個別の労働契約で勤務地限定の明示がない場合で、コース別管理制度のなかの「一般職」や「現地採用社員」などとして採用されたというだけで、明示または黙示の勤務地限定合意があると認められるものではありません。この場合には、**採用面接における使用者側および労働者側の説明・申述内容、契約締結時の事情、配転に関する就業規則等の規定などを考慮して**、勤務地限定の合意があるかが判断されます。

**●職種限定の合意と配転の有効性の関係に関する裁判例●**

| | 事件名・判決の要旨 |
|---|---|
| 1 | **職種限定の合意を認めたケース**<br>日本テレビ事件（東京地判昭51.7.24）<br>　大学在学中からアナウンサーとしての能力を高めるよう努力してアナウンサー専門の試験に合格し、以後20年間アナウンサー業務だけに従事してきた女性に対し、他職種への配置転換を命じた事案。<br>　採用時の労働契約でアナウンサー職種に限定されていたとして配置転換命令を無効。 |
| 2 | **職種限定の合意を否定したケース**<br>九州朝日放送事件（福岡高判平8.7.30、最判平10.9.10）<br>　テレビ・ラジオ放送局に入社してから24年間アナウンサー業務に従事していた女性に対して、テレビ編成局番組審議会事務局に配置転換命令をした事案。<br>　採用時にアナウンサーとしての特殊技能があったとまではいえないこと、就業規則に職種限定の規定はなく、本件労働契約締結にあたって職種を限定する合意はされていないこと、また就業規則・労働契約でも配置転換対象者からアナウンサーを除外していないこと、労働契約上でも特殊技能を必要とするアナウンサーから一般職種への配置転換については意向を十分に尊重すると規定されアナウンサーも配置転換の対象とされていること、アナウンサーについても一定年齢に達すると他職種への配置転換が頻繁に行われていること等を総合して考えると、職種限定の合意が成立していたと認めることはできないとの高等裁判所の判決を維持。 |

**2章**

人事異動

**33**

# 3 職種・勤務地限定の特約②

## ☑ 限定合意と求人広告等の記載内容との関係

　求人広告などには従事する業務内容や当初の勤務場所を記載します。これらの記載事項は、採用当初の担当業務や勤務地を示しているにすぎず、将来にむけて従事する職種や勤務地を限定する意図ではない場合もあります。

　社員との間の職種や勤務地の限定合意は労働トラブルにもなりやすいので、**会社側は面接時からあいまいな表現は避け、労働契約締結時にも限定の有無について明確に記載**するようにしてください。

## ☑ 限定合意と採用面接時の申告との関係

　採用面接で、応募者に対して入社後の希望職種や勤務地の希望を聞くことは、よく行われています。

　採用当初は本人が希望する職種や勤務地に配属されたものの、その後、他職種や勤務地への配置転換がされた場合、労働契約の内容と異なると主張できるでしょうか。

　この場合、**特別な事情がない限り、採用面接時の労働者からの申告内容によって、職種や勤務地を限定したことにはならない**とされています。

　やはりこの点についても、**会社側は面接時からあいまいな表現は避け、労働契約締結時にも限定の有無について明確に記載**するようにしておくことが解決策となります。

## ◉採用面接時の申述内容が労働契約内容となるか否かの裁判例◉

| | 事件名・判決の要旨 |
|---|---|
| 1 | **採用面接時の申告内容が労働契約内容とならないとされたケース**<br>三協精機事件（長野地諏訪支判昭47.7.3）<br>　入社時に希望した部署（開発本部研究部）に配属されたが、その1か月後に同本部企画部に配置転換を命じられた事案。<br>　企業が従業員を雇用するにあたり、勤務地・配属先その他について意見を求めることは、採否あるいはその後の配属先その他処遇の決定について参考資料を得るために過ぎないのが一般的であって、特に契約して雇用関係の内容とする場合もあろうけれども、本件の場合、その特例に該当することを認めるに足る疎明はないと判示し、希望職種の申告によって労働契約で職種が特定されているとはみなさないとした。 |
| 2 | **採用面接時の申告内容が労働契約内容とならないとされたケース**<br>東亜ペイント事件（大阪地判昭57.10.25）<br>　入社以来営業担当として勤務していた社員に神戸営業所から名古屋営業所への転勤が命じられた事案。<br>　新入社員募集の際に入社志願者に入社後の希望勤務地を記載させるのは、新入社員の最初の勤務地を決定する際の参考にするために過ぎず、労働条件の1つとして勤務地を特定する趣旨の申込みではないから、会社が新入社員の最初の勤務地をその希望通りにしたとしても、これによって、会社と新入社員との間において、労働契約の内容として勤務地に限定合意が成立するものではないと判示し、希望勤務地の申告が勤務地限定の申告にあたらず、希望地以外の転勤命令を拒否する理由にはならないとした。 |
| 3 | **採用辞令の記載が労働契約内容とならないとされたケース**<br>日機装事件（東京地判昭55.12.24）<br>　入社時の採用辞令に「技師5級に任じ東村山工場技術部技術1課1係勤務を命じる」と記載されていた事案。<br>　採用辞令の記載は、入社後当面担当すべき職務を特定したものと解すべきであり、労働契約において労働者の労務の提供につき、その勤務地を東村山工場に、業務内容を技術関係に、それぞれ限定する旨の合意が成立したものと解せられないとした。 |

## ◉書式例 「採用通知書」のなかの文言◉

　このたび、○○年○月○日付で正社員として採用することといたしました。職務内容、配属、賃金等につきましては、下記の通りとなります。

　なお、今後、会社は業務上の必要により、他の職務、勤務地や部署に配置転換することがありますので、あらかじめ申し添えいたします。

# 4 配転命令と権利濫用法理①

## ✅配置転換（配転）とは

　配置転換（配転）とは、**同一会社内で職種や職務内容、勤務地などを長期間にわたって変更すること**であり、人事異動の１つです。そのうち、同一会社内で他の勤務場所への配転を**転勤**といいます。

　配置転換は一般的に会社内の異動（職種や勤務先などの変更）をいいます。

　**会社には社員に対する人事権があり、就業規則等の労働契約上の根拠がある場合に、配転を命じる権利である配転命令権を持ちます。**しかし、配転命令が権利の濫用に該当する場合には、無効となります。

## ✅配置転換（配転）はすべて有効とは限らない

　会社が実際に配置転換を行うには、以下の２点が重要です。

| | |
|---|---|
| 1 | 配置転換の根拠が就業規則などに記載されているかどうか |
| 2 | 配転命令が権利濫用に当たる場合は無効となること |

　多くの会社で、就業規則に、業務上必要がある場合には配置転換を命じることがあると規定していますが、**配置転換が有効となるのは就業規則等に規定されているだけでなく、配転命令が権利の濫用に該当しないことが必要**です。

## ●就業規則の「人事異動」の規定例●

（人事異動）

第○条　会社は社員に対し、その者の能力、体力、経験等を勘案して配置を行う。ただし、業務の都合により必要がある場合は、社員に配置転換、職務の変更、転勤、出向その他人事上の異動を命じ、または担当業務以外の業務を行わせることがある。

2．人事異動の区分は次の通りとする。

　⑴　役職、格付け、職種及び職務の変更（担当業務、権限の変更も含む）

　⑵　転勤

　⑶　駐在

　⑷　出向、転籍

3．前項の人事異動を命じられた者は、正当な理由なくこれを拒むことはできない。

4．人事異動を命じられた場合は、指定された期日までに着任しなければならない。

5．社員は、異動の際に、会社が指定する日までに業務の引継ぎを行わなければならない。

6．会社は、子会社・関連会社、取引関係のある企業、その他これに準ずる取引先に対して、社員の人材育成、業務支援、連携強化、その他の事由により社員に出向を命じる場合がある。このとき、社員は正当な理由なしにこれを拒むことはできない。

7．出向を命じる場合、出向期間は、原則として○年以内とする。ただし、必要に応じて○年間を限度に延長することがある。

8．出向先での労働条件は出向元での労働条件を原則として下回らないようにする。出向先での労働条件が出向元の労働条件を下回る場合は、会社はその解消に努める。

9．出向元での復帰は、原則として原職に復職するものとする。

10．転籍を命じる場合は、社員の同意を得て行う。

# 5

## 配転命令と権利濫用法理②

### ✅権利の濫用になる配置転換（配転）とは

　家庭の事情により転勤命令を拒否したことで懲戒解雇となった労働者が、使用者の**権利濫用**であるとして訴えた判例として東亜ペイント事件（最判昭61.6.14）があります。

　この判示では、使用者が労働者に対して**配転命令権を有する場合**でも、**使用者の配転命令権は無制限に許されるものではなく、以下のいずれかに該当するようであれば、その配転命令は、権利の濫用として無効になる**と判示しています。

| 1 | 業務上の必要性が認められない場合 |
|---|---|
| 2 | 業務上の必要性が認められる場合でも、不当な動機や目的に基づいて行われている場合 |
| 3 | 労働者に通常、受容すべき程度を超える著しい不利益を与える場合 |
| 4 | 労働条件が大幅に悪化する場合 |

### ✅有効な配慮

　「労働者に通常、受容すべき程度を超える著しい不利益を与える」かどうかについては、会社が十分な配慮策を講じることで社員の受ける不利益を軽減することが可能です。

　過去の裁判例においては、以下の施策が、会社側の配慮としてプラス評価されました。

| 1 | 転勤対象者の家族の状況について事情聴取を行う |
|---|---|
| 2 | 上記1の事情聴取で要介護者の申告があった場合に、その実態を調査する |
| 3 | 単身赴任を避けられるのであれば避け、家族帯同が可能となる措置（家族宿舎の提供、規定以上の住宅手当など）を講ずる |
| 4 | 持ち家を転勤者の利益に沿うように管理する |
| 5 | 転勤先での保育所の空き情報を提供する |
| 6 | 本来は社宅入居資格のない社員に社宅入居資格を特別に付与する |
| 7 | 有職者の妻を帯同して赴任する場合に、赴任先での共働き実現のため就職先のあっせんを行う　など |

## ●配転命令の有効性の裁判例（東亜ペイント事件〈最判昭61.6.14〉）●

| 1 | 業務上の必要性が認められない |
|---|---|
| | 　業務上の必要性についても、当該転勤先への異動が余人をもっては容易に替え難いといった高度の必要性に限定することは相当でなく、労働力の適正配置、業務の能率増進、労働者の能力開発、勤務意欲の高揚、業務運営の円滑化など企業の合理的運営に寄与する点が認められる限りは、業務上の必要性の存在を肯定すべきである。<br>→名古屋営業所のG主任の後任者として適当な者を名古屋営業所へ転勤させる必要があったのであるから、主任待遇で営業に従事していた被上告人を選び名古屋営業所勤務を命じた本件転勤命令には業務上の必要性が優に存したものということができる。 |
| 2 | 不当な動機や目的に基づいて行われている |
| | 　当該転勤命令が他の不当な動機・目的をもってなされたものであるときもしくは労働者に対し通常甘受すべき程度を著しく超える不利益を負わせるものであるとき等、特段の事情の存する場合でない限りは、当該転勤命令は権利の濫用になるものではないというべきである。 |
| 3 | 労働者に通常、受容すべき程度を越えた著しい不利益を与える |
| | 　使用者は業務上の必要に応じ、その裁量により労働者の勤務場所を決定することができるものというべきであるが、転勤、特に転居を伴う転勤は、一般に、労働者の生活関係に少なからぬ影響を与えずにはおかないから、使用者の転勤命令権は無制約に行使することができるものではなく、これを濫用することの許されないことはいうまでもない。<br>→被上告人の家族状況に照らすと、名古屋営業所への転勤が被上告人に与える家庭生活上の不利益は、転勤に伴い通常甘受すべき程度のものというべきである。 |

**2章**

人事異動

39

# 6 配転命令を行う場合の注意点

## ✅仕事と生活の両立にも必要な配置転換

　配置転換は労基法の妊産婦に対する保護規定、あるいは労契法の安全配慮義務などに基づき必要になることがあります。

　また、労衛法による長時間労働対象者や、ストレスチェック制度（240ページ）における高ストレス者の面接指導などでも、必要な場合には就業上の措置として就業場所の変更などが行われます。

　さらに、近年、仕事と生活の両立を推進するための配慮として、配置転換が行われるようになりました。

　たとえば、育児や介護、あるいは治療を受けながら就労を継続する社員に対し、職務内容や勤務先などを変更することがあります。

　このように働き方が多様となるなかで配置転換の目的も変化し、配置転換の必要性や重要性は一層高まっています。

　その一方で、就業上の措置として行った配転が、結果として社員との深刻なトラブルに発展したケースもあります。**遠隔地への異動や給与の低下など労働条件が著しく変わる場合には、社員と事前によく話し合うことが**重要です。

　会社として、社員に著しい不利益が生じないよう、当事者の意向をよく確認し、配転の必要性や諸手当などの代替措置について十分説明するなど、誠意のある対応を心がけるべきでしょう。

40

## ●配転命令時のポイント●

| 1 | 業務上の必要性がある<br>・経営規模の拡大、縮小<br>・人事上のローテーション（人員配置、能力開発）など |
|---|---|
| 2 | 配転対象者の人選に妥当性がある<br>・組織構成上で必要とされる人員配置<br>・健康状態　など |
| 3 | 不当な動機・目的がない<br>・不当労働行為に対するもの<br>・嫌がらせ人事<br>・性差別、妊娠や出産等に対する不利益な取扱い<br>・内部告発など公益通報を理由とする不利益な取扱い<br>・思想、信条、人種等に対する差別的な取扱いなどではないこと |
| 4 | 配転に伴う生活上の著しい不利益がない<br>・家族の看護や介護に影響がない<br>・子の養育への影響がない　など |
| 5 | 転居を伴う場合、会社の配慮がされている<br>・転居に伴う引っ越し代<br>・転居先での住居賃料の負担<br>・単身赴任の場合の生活費負担、一時帰宅時の交通費<br>・持家への配慮<br>・子どもの学校への配慮（転入学）<br>・共稼ぎの場合、一方の配偶者の就労機会確保の努力　など |
| 6 | 配転により大幅な労働条件の低下は生じない<br>労働条件の低下が生じる場合には、一定の対処がされている |

# 7

## 出向①

### ✓出向とは

　一般的に**出向**とは、**出向元の会社との労働契約を維持したまま、別の会社（出向先）に異動し、出向先の指揮命令下で勤務すること**をいいます。同一会社内で行われる配置転換とは異なる人事異動で、在籍出向とも呼ばれます。

　出向にあたり、**出向元と出向先の会社間で、出向者の給与負担や出向期間中の出向に関する取り決めをし、出向契約を締結**します。出向する社員は、在籍している会社との労働契約を継続したまま、出向先会社との間で新たに労働契約が締結されることとなります。

　「出向」の定義は、労基法などの法律にはありません。そのため、事前に就業規則や社内規程を作成し、具体的な出向の手続き、出向してからの具体的内容等を決めておくことが必要です。

### ✓転籍や労働者派遣との違い

　出向と転籍の違いは、**出向元・転籍元の会社との雇用関係があるかどうか**です。出向の場合は、出向期間が終了した後に出向元の会社に復帰するのが前提になっています。転籍の場合、転籍した社員が、転籍元の会社に復帰（再雇用）することはありません。また、**出向は就業規則等**に、会社が社員に出向を命じることがあり、社員はその命令に服するべき義務を規定していれば、**社員個別の同意は必要ありません**。一方、**転籍**は、**社員個別の同意が必要**です。

　労働者派遣の場合は、労働者派遣法に基づいて、派遣社員は派遣元の会社とのみ労働者派遣契約を締結し、指揮命令権のみが派遣先の会社となります。労働者派遣では、派遣先は業務上の指揮命令権はあるものの派遣社員との労働契約は存在しないため、派遣社員に対する懲戒権などはありません。労働者派遣では、派遣元で時間外・休日労働に関する労使協定の締結と届け出を行っていなければ、派遣先は時間外労働や休日労働をさせることはできません。

42

●出向と労働者派遣の違いの概念図●

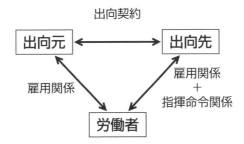

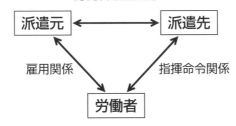

●出向の目的●

| | | |
|---|---|---|
| 1 | 人材援助 | 優秀な人材を子会社、関連会社などに出向させ、出向先の技術や経営戦略の指導などの教育を目的として行われます |
| 2 | 人材育成 | 出向元の会社では経験できない地位や職務を経験させ、当該社員の職業能力を開発するために行う出向です<br>出向社員自身の技術習得や能力開発など、キャリア形成の一環として行われます |
| 3 | 雇用調整 | 自社での雇用が難しい場合に、解雇を回避する目的で実施したり、自社での管理ポストが不足している場合に、関連会社で役職に登用したりするなど、雇用機会の確保を目的として行います |
| 4 | 人材交流 | グループ会社や、取引の多い会社同士が、人事交流や職場環境の活性化、取引の円滑化などを目的に行います |

# 8 出向②

## ✅出向者に対する労務管理

　出向社員に対する労務管理として、給与以外に、**退職や定年など身分に関するものと、労働時間や安全衛生など就労に関するものがあります**。

　出向社員は、身分上の労働関係（出向元）と指揮命令関係（出向先）とで二重の労働関係が生じるため、**労働法の適用については、出向元、出向先につき、それぞれ労働契約関係が存在する限度で労働法の適用があります**（昭61.6.6基発333号）。

　**就業規則について、勤務条件**（労働時間や就業の場所など）**に関わる部分は出向先の就業規則が適用され、解雇や退職などの労働者としての地位に関わる部分については出向元の就業規則が適用されます**。

　**給与については、現実の支払者の就業規則が適用になり、また現実の支払者が労基法の遵守義務を負うとされています**。

　出向者の労務管理で注意すべき点は労災保険の関係です。出向者が、出向先の指揮監督を受けて労働に従事する場合は、労働保険料の計算上では、出向先の労働保険料に含まれます。これは出向元から支給されている給与格差の補てん分も含めて、すべて出向先で労働保険料を申告納付することになります。また、**労災発生時の手続きも出向先**が行います。

　**健康保険・厚生年金保険の適用は、出向元・出向先どちらでも保険加入ができますので、出向社員がどちらかを選択することができます**。実務上では、ほとんどの場合、出向元の社会保険に加入しています。保険料を計算する基となる**報酬額については、出向元・出向先双方から支払われている給与額を合算します**。

　**雇用保険は、出向元・出向先いずれか一方でしか加入できませんので、出向社員が主な給与支払いを受けている会社で加入**をします。このとき、保険料の計算には加入したほうの給与額（多い方の給与額）を対象とします。

44

## ●出向元・出向先での適用範囲●

| | 内容 | 出向元 | 出向先 |
|---|---|---|---|
| 1 | 基本的な労働契約 | ○ | － |
| 2 | 指揮命令 | － | ○ |
| 3 | 就業規則の適用 | ○ | ○ |
| 4 | 身分関係に関する事項（退職、定年、解雇、休職など） | ○ | － |
| 5 | 勤務に関する事項（労働時間、休憩、休日、休暇、服務規律など） | － | ○ |
| 6 | 給与・退職金の支払い（通達では出向元） | 出向契約による | |
| 7 | 安全衛生、健康診断、労働災害補償 | － | ○ |
| 8 | 労働者名簿、賃金台帳への記入と保存 | ○ | ○ |
| 9 | 労働組合（対象社員が組合員の場合） | ○ | ○ |
| 10 | 身元保証人の責任範囲 | ○ | － |
| 11 | 健康保険・厚生年金保険 | ○ | ○ |
| 12 | 雇用保険（主たる給与支払い先での加入） | ○ | ○ |
| 13 | 労災保険<br>※役員として出向した場合は適用外 | － | ○ |

出所：厚生労働省通達（昭35.11.18基収4901号）をもとに作成

# 9 転籍

## ✓ 転籍とは

出向と似たものに転籍があります。両方とも他の企業の指揮命令下で就労させるものですが、出向は出向元との雇用契約が継続しているのに対し、**転籍は転籍元との雇用契約が終了している**点に違いがあります。転籍は移籍出向とも呼ばれます。

転籍は、転籍元会社との合意退職と転籍会社との新たな雇い入れとがセットになっています。もしも転籍予定者と転籍先会社との労働契約が成立しないと、転籍予定者と転籍元会社との合意退職も無効になります。

## ✓ 転籍には２つの方法がある

転籍には、以下の２つの方法があります。

| 1 | 現在の労働契約の合意解約と新たな労働契約の締結 |
| 2 | 労働契約上の使用者の地位の譲渡（債権債務の包括的譲渡） |

出向の場合は、出向元会社との労働契約が維持されるのに対して、転籍は出向元会社との労働契約関係を終了させる点で決定的に異なります。

したがって、転籍対象の社員との**個別的な同意が必要**です。ミロク製作所事件（高知地判昭53.4.20）や日本石油精製事件（横浜地判昭45.9.29）などの裁判例では、本人の個別的合意のない転籍命令は無効であるとされています。

退職金制度がある場合も、将来トラブルとなる可能性があるので、転籍時に支払うのか、転籍時点での退職金額を転籍先に引き継ぐのかなど、**必ず明確**にしておくことが大切です。

また、年次有給休暇の付与や賞与算定などに、転籍元会社での勤続年数が考慮されるかどうかも、転籍時の要件として確認が必要です。

定年制度は、転籍先会社の制度が適用されることになります。

## ●書式例 「転籍同意書」●

株式会社○○
代表取締役 ○○ ○○ 様

### 転籍同意書

　私は、次の労働条件で株式会社□□に転籍することに同意します。

（転籍先での労働条件）
転籍先会社名：株式会社□□
　　　所在地：東京都○○区○○～
　　　代表者：代表取締役△△△△
　　事業内容：○○
　転籍年月日：○年○月○日
　　　勤務地：本社所在地
　　　　役職：○○部マネージャー
　　　　職務：○○業務全般
　　雇用形態：正社員（雇用期間の定めなし）
　　労働条件
　　　　賃金：月額　　　　　　XXX,XXX円
　　　　　　　役職手当　　　　XX,XXX円
　　　　　　　技術手当　　　　XX,XXX円
　　　　　　　賞与年2回（6月、12月、○年実績3.6か月分）
　　労働時間：フレックスタイム制（コアタイム10時～15時、休憩1時間）
　　　　休日：土・日・祝日
　　　　休暇：夏季休暇3日、年末年始休暇5日、誕生日休暇1日
年次有給休暇：転籍元での付与数ならびに勤続年数を引き継ぐ
　　　その他：転籍先の就業規則による
退職金取扱い：当社退職金規程に基づき、会社都合退職事由による退職金を、
　　　　　　　○年○月○日に支払う。

　　　　　　　　　　　上記条件により転籍することに同意します。
　　　　　　　　　　　○年○月○日
　　　　　　　　　　　転籍者氏名　○○　○○

# これからは組織のための個でなく"個のための組織"の時代

**注目を集める「ティール組織」**

　これまでの組織といえば「護送船団方式」に代表されるような、産業全体の存続と収益力を高める政策が主で、社員個人というよりも組織優先の考え方でした。これまでの組織は、組織全体での調和が大事とされ、「個」は優先されてないというよりも、無視されてきたといえます。

　2011年東日本大震災以降、社員の意識が大きく変わっていきます。会社のために働くのではなく自分自身のために働く、働く意味を深く考えるようになっていきます。「個」を大事にする働き方は、これまでの組織にはなじまず、新たな組織論が出てきます。「ティール組織」です。

　ティール組織は、フレデリック・ラルー氏が2014年に自身の著書で発表したのをきっかけに注目を集めました。

　ティール組織は、3つの特徴があります。

(1) **意思決定の分権化（セルフマネジメント、自分ごとになる）**

　上司が逐一判断するのではなくて、その現場を担当している者・そのプロジェクトに一番精通しているものが意思決定をします。権限が分散されていますので、役職を決める必要がほとんどないのも特徴の1つです。

(2) **全体性（ホールネス）**

　組織内の心理的安全性を高め、すべてのメンバーが自分の個性や長所を前面に出して活動できる環境を整えることによって、集団的知性が生み出す力を最大化させることができるという考え方です。

(3) **組織の存在する目的は、利益ではない**

　生命体や生物のように生きているティール組織は、日々新たな目的を求めながら進化し続けています。そのため、従来の組織のように存在目的や将来ビジョンを固定化して脇目も振らずその方向に向かって突き進むのではなく、組織の声にしっかりと耳を傾け、組織の存在目的が変化していないかを常に意識しておかなければなりません。

　ティール組織は、従来のものと大きく異なる独自の組織構造や慣例、文化を持つ次世代型組織モデルです。真の働き方改革を目指す参考になるかもしれません。

# 3章

## 労働時間・休日

# 労働時間と休憩時間①

## ☑ 労働時間とは

労働者が使用者のために労務を提供する時間を**労働時間**といいます。労働時間かどうかは、**使用者の指揮命令下**に置かれているかどうかで判断します（三菱樹脂事件〈最判平12.3.9〉）。

労働時間と休憩時間は、使用者の拘束下にある時間として、合わせて拘束時間と呼ばれています。

## ☑ 法定労働時間と所定労働時間

労基法では、労働時間の上限を、**1日8時間・1週原則40時間**と規定しています。これを**法定労働時間**といいます。

常時10人未満の社員を使用する、商業、映画・演劇業、保健衛生業、接客娯楽業の事業（「特例措置対象事業場」といいます）では、1週の法定労働時間は44時間に緩和されています。

一方、会社が就業規則などで法定労働時間の範囲内で設定した勤務時間を**所定労働時間**といいます。

また、法定労働時間を超える労働を**時間外労働**といいます。時間外労働をさせる場合には、**36協定**（⇒60ページ）を締結して所轄労基署に届け出て、**割増賃金**（⇒136ページ）を支払わなければなりません。

## ☑ 休憩時間とは

社員が労働から**離れることを保証されている時間**を休憩時間といいます。**1日の労働時間が6時間を超える場合には少なくとも45分、8時間を超える場合には少なくとも1時間の休憩時間**を、労働時間の途中に与えることが義務付けられています。この休憩時間は、1日のなかで何回かに分割して与えることも許されています。

## ☑ 休憩時間の一斉付与の原則と自由利用の原則

休憩時間は、**原則として一斉に与えなくてはなりません**。ただし、**労使協定**を結べば一斉付与をしなくても差し支えありません。この労使協定は

所轄労基署への届出は不要です。

一斉付与をすると業務に支障が出る運輸交通、商業、金融・広告業、映画・演劇業、通信業、保健衛生業、接客娯楽業、現業の官公署については、一斉付与の原則の適用がありません。

休憩時間は、社員に**自由**に**利用**させなくてはなりません。

使用者が事業場の施設管理権に基づいて、たとえば一定の場所への立入りを禁じたり、危険性があるスポーツを禁じたり、他の労働者の休息を妨害するような行為を禁止したりすることは可能です。また、休憩時間中の外出については、許可制は難しく実務的には届出制にとどめておくのが無難です。

●**労働基準法上の使用者の範囲**●

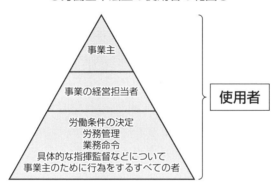

●**労働時間の時系列イメージ**●

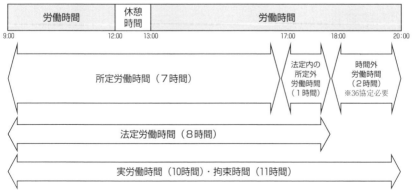

# 2

## 労働時間と休憩時間②

### ✅手待ち時間

**手待ち時間**とは、業務に従事しているわけではないが使用者の指示があり次第直ちに業務に従事しなくてはならない時間です。店員がお客様が来るまで待っている時間、貨物の積込み係が貨物自動車の到着を待っている時間、休憩時間中の電話当番待機などが該当します。**労働から完全に離れることを保証されていないので、休憩時間ではなく労働時間に該当します。**

### ✅始業前・終業後の着替え・準備など

始業前の着替えや準備のための時間、終業後の着替えや後片付けのための時間は、**使用者からそれを行うことを命ぜられたり余儀なくされた場合は、使用者の指揮命令下にある時間として労働時間にカウント**されます。

### ✅仮眠時間

電話対応や緊急事態への対応を**義務付けられている場合**には、**使用者の指揮命令下にある時間として労働時間にカウント**されます。

### ✅行事や教育研修への参加時間

**参加を義務付けているものでなければ労働時間ではありません。**ただし、参加しないと実質的に業務に差し支えるといった**黙示の命令がある場合は使用者の指揮命令下にある時間として労働時間にカウント**されます。

### ✅健康診断

**業務上必要な特殊健康診断**（⇒238ページ）を受けるのに必要な時間は**労働時間にカウント**されます。**一般健康診断**（⇒238ページ）を受けるのに必要な時間は、**労働時間ではありません。**

### ✅通勤時間、直行直帰の時間、出張先への移動時間

移動中の行動は自由なので次ページ上表のいずれかに該当しない限り、使用者の指揮命令下にあるとはいえず、労働時間には該当しません。

52

## ●移動時間が労働時間とされるケース（例外）●

| 1 | 金品の運搬、重要書類の監視、人の送迎や警護などの具体的な労務提供を使用者より指示されている場合 |
|---|---|
| 2 | 途中の行程で一度出社・帰社するように義務付けられた場合 |
| 3 | 上司と一緒に行動しなくてはならない場合 |

## ●就業規則の「所定労働時間」「休憩時間」の規定例●

（所定労働時間、始業・終業時刻）

第○条　所定労働時間（休憩時間を除く。以下同じ。）は、原則として、１週間については40時間とし、１日については８時間とする。

２．始業時刻及び終業時刻は、以下の各号通りとする。

　⑴　始業時刻…午前９時00分

　⑵　終業時刻…午後６時00分

３．社員は、始業時刻に業務を開始できるよう余裕をもって出勤しなければならない。また、終業時刻（本規則第○条〈所定外労働及び休日労働〉の規定により所定外労働を行うときはその業務終了時刻）までに業務が終了するよう職務に専念しなければならず、業務終了後は、速やかに退社しなければならない。

４．第１項及び第２項の規定にかかわらず、短時間正社員及びパート社員等の所定労働時間については、業務の態様、本人の希望に応じて、別途定める就業規則及び個別労働契約により定めることができる。

（休憩時間）

第○条　会社は、正午から午後１時までの１時間の休憩を与える。ただし、本規則第○条で規定する半日単位年休取得者又は第○条で規定する時間単位年休取得者で、その日の労働時間が６時間を超えない場合には、休憩時間は与えない。

２．会社は、業務上の必要があるときは、前項の休憩時間の時間帯を繰り上げ、又は繰り下げることがある。

3章

労働時間・休日

53

# 3

## 法定休日と所定休日

### ✅ １週１休の原則と変形週休制、所定休日

労基法では、原則として、**毎週少なくとも１日の休日を与えることを義務付けています。これを法定休日**といいます。

休日は、**０時から24時までの暦日でカウントする**のが原則です。前日の勤務終了から24時間の休みがあったとしても、この暦日のカウントができないと原則として休日として認められません。

以下のいずれにも該当する場合には、**例外的に継続24時間の休みで休日としてカウント**できることになっています。

| 1 | 番方編成による交代制が就業規則等により制度化されていること |
|---|---|
| 2 | 番方交代が規則的に定められており、勤務割表等でそのつど設定されるものでないこと |

この例外は一定期間（たとえば１週間ごと）は同じシフトで勤務するケースであり、日々シフトが移り変わるケースではないので注意してください。

１週１休の原則の適用が困難な場合、労基法は、**４週間を通じて４日以上の休日の変形週休制を許容**しています。変形週休制を採用する場合には、就業規則等で起算日を定めておかなくてはなりません。

就業規則等で定める休日を**所定休日**といいます。**所定休日は法定休日を下回ってはいけません。**

### ✅ 自動車運転車、旅館業の例外

タクシーやトラックなどの**自動車運転者の場合、休日は休息時間（原則８時間以上、隔日勤務の場合は20時間以上）＋24時間の連続した時間で休日としてカウント**できます。(1)分割休息期間が認められる場合、(2)２人乗務の場合、(3)フェリーに乗船する場合については、特定として30時間以上の連続した時間を与えれば休日として取り扱えます。

旅館業の休日に関して次ページ下表の３つの基準をいずれも満たす場合、正午から翌日正午までを含む継続30時間以上（ただし当分の間27時間以上で可）の休みを休日扱いとする例外が認められています。

### ●一昼夜交代勤務の場合の休日の考え方●

【設例】
始業時刻：8時、終業時刻：翌日の8時の24時間勤務と非番を繰り返すケース

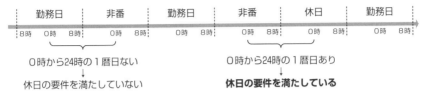

### ●番方編成による24時間3交代勤務の場合の休日の例外●

【設例】
・早番方、遅番方、夜勤番方の24時間3交代制勤務の場合
・早番方：7時～15時・休憩1時間、遅番方：15時～23時・休憩1時間、夜勤番方：23時～翌7時・休憩1時間

### ●4週4日のイメージ●

### ●旅館業での休日の例外の要件●

| 1 | フロント、調理、仲番、客室係の業務であること |
|---|---|
| 2 | 1年間の法定休日数の少なくとも半数を、暦日で与えること |
| 3 | 休日を2歴日にまたがる形で与えることがある旨およびその時間帯が、あらかじめ労働者に明示されていること |

# 4

# 振替休日と代休

## ☑ 振替休日とは

振替休日は以下の2つのポイントを満たさなくてはなりません。

| 1 | 就業規則等で振替休日について規定すること |
|---|---|
| 2 | あらかじめ労働者に振替日を指定して通知すること |

振替休日が制度として就業規則等に明記されており、**少なくとも前日まで**に、**どの休日を労働日に、どの労働日を休日に振り替えるかを特定した**うえで**通知**していなくてはなりません。

振替休日は、休日であった日が労働日に、労働日だった日が休日に振り替わるので、働いた日に対する休日労働手当等や休んだ日に対する**欠勤控除は必要ありません**。しかし、法定労働時間を超える場合には、その時間に対応した時間外労働の割増賃金は必要です。

振替休日を実施する場合であっても、**1週1休・4週4日の法定休日の要件は必ず満たさなくてはならなりません**。

## ☑ 代休とは

**代休とは、振替休日の要件を満たさずに休日に労働させ、その代りに労働日に休ませることをいいます。**

働かせる休日は労働日に振り替わっているわけではないので、依然として休日のままです。この日が**法定休日の場合は休日労働の割増賃金が発生**します。法定休日ではない**法定外の所定休日の場合で法定労働時間を上回る場合は時間外労働の割増賃金が発生**します。

また、休ませる労働日も依然として労働日のままなので、この日休ませたことは欠勤となり、就業規則（賃金規程）に則って**欠勤控除**になります。この場合は、**休日労働等と欠勤控除で賃金を相殺できるわけではなく、割増率のうち上乗せ部分（25%、35%等）の支払いが必要になるのが振替休日との違い**ですので注意してください。

56

## ●振替休日と代休の違い●

【振替休日】

| | 日曜日 | 月曜日 | 火曜日 | 水曜日 | 木曜日 | 金曜日 | 土曜日 |
|---|---|---|---|---|---|---|---|
| 変更前 | 法定休日 | 労働日 | 労働日 | 労働日 | 労働日 | 労働日 | 労働日 |

| | 日曜日 | 月曜日 | 火曜日 | 水曜日 | 木曜日 | 金曜日 | 土曜日 |
|---|---|---|---|---|---|---|---|
| 変更後 | 労働日 | 労働日 | 労働日 | 法定休日 | 労働日 | 労働日 | 労働日 |

・あらかじめ、法定休日（日曜日）と労働日（水曜日）を振り替えているので、日曜日は通常の労働日に労働し、水曜日は通常の法定休日に休日を取っている形に
→したがって、**割増賃金も発生せず、欠勤控除にもならない**

【代休】

| | 日曜日 | 月曜日 | 火曜日 | 水曜日 | 木曜日 | 金曜日 | 土曜日 |
|---|---|---|---|---|---|---|---|
| 変更前 | 法定休日 | 労働日 | 労働日 | 労働日 | 労働日 | 労働日 | 労働日 |

| | 日曜日 | 月曜日 | 火曜日 | 水曜日 | 木曜日 | 金曜日 | 土曜日 |
|---|---|---|---|---|---|---|---|
| 変更後 | 法定労働 | 労働日 | 労働日 | 欠勤 | 労働日 | 労働日 | 労働日 |

・あらかじめ労働日と休日を振り替えていない
→日曜日は法定休日のまま、水曜日は労働日のまま
→日曜日の労働は休日労働となり、水曜日休んだ分は欠勤となる
→日曜日の労働には**休日労働の割増賃金が必要**となり、水曜日の欠勤は欠勤控除の対象となる

## ●就業規則の「振替休日」の規定例●

（所定休日）

（中略）

3．会社は、業務上の都合によりやむを得ない場合には、あらかじめ振替休日を指定して、当初休日とされた日に労働させることができる。なお、あらかじめ振替休日を指定できないときは、本規則第○条（代休）に定めるところによる。

4．前項の休日の振替は、月の初日を起算日とする4週間に4日の休日が確保できる範囲で行うものとする。

5．当初休日とされていた日に労働する場合には、当該日は通常の労働日として、原則として本規則第○条（所定労働時間、始業・終業時刻）に定める所定労働時間の規定により業務を行わなければならない。

6．振替休日の指定は、前日までに行うものとし、原則として振替休日の再振替は認めないものとする。

# 5

## 時間外労働・休日労働・深夜労働

### ✓ 時間外労働・休日労働に必要な36協定と時間外労働の上限規制

　時間外労働や休日労働をさせるためには、あらかじめ労使協定を締結し、所轄労働基準監督署に届け出をしなくてはなりません。

　この労使協定は労基法36条に定める労使協定なので**36（サブロク）協定**と呼ばれています。**36協定なしに時間外労働や休日労働をさせたり、36協定の上限時間を超える時間外労働をさせた場合には労基法違反**となり、6か月以下の懲役または30万円以下の罰金が科せられます。

　36協定で協定する**原則の限度時間**は、以下のいずれの基準も満たさなくてはなりません。

| 1 | 月45時間以内 |
|---|---|
| 2 | 年間360時間以内 |

　**36協定では原則としてこの時間を超える時間を定めることができません。**

　一方、繁忙期や納期のひっ迫時などには、この原則の限度時間を超える時間の時間外労働等が必要な場合もあります。こうした**臨時的と認められる事情がある場合に限り、あらかじめ特別条項付36協定を締結する**ことで、**原則の限度時間を超える時間外労働等が認められます**。ただし、この**特別条項が適用される場合であっても、以下の3つの上限規制があります。**

| 1 | 年間720時間以内 |
|---|---|
| 2 | 単月100時間未満　※休日労働を含む |
| 2 | 2～6か月の複数月の平均で80時間以内　※休日労働を含む |

　**特別条項は最大で年6回までしか適用できない**ので注意してください。

### ✓ 深夜労働の規制

　労基法では**午後10時から午前5時までの労働**（場合によっては午後11時から午前6時まで）を**深夜労働**といいます。年少者（満18歳未満）は原則、深夜労働が禁止されています。そのほか育児や家族の介護を行う労働者の深夜業の制限の規定もあります。

　この要件に該当しない限り深夜労働に制限はなく、時間外労働や休日労働とは異なり、**36協定は必要ありません。**

## ●時間外労働の上限規制の考え方●

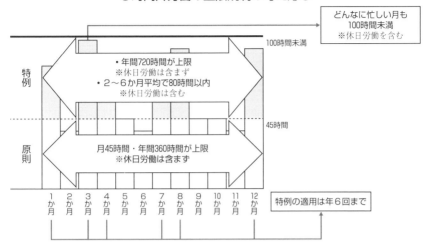

## ●2〜6か月の複数月で平均80時間未満の考え方●

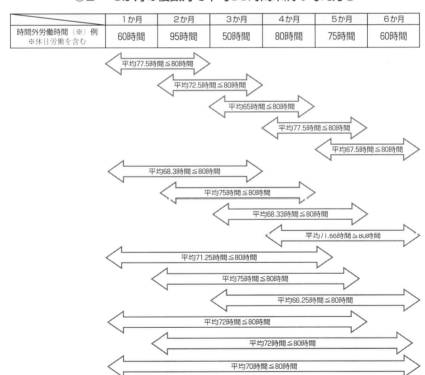

# 6

## 36協定

### ✓36協定締結・届出の方法

36協定は使用者と労働者の代表とが締結します。ここでいう労働者の代表とは、以下のいずれかに該当する者です。

| 1 | 労働者の過半数で組織する労働組合がある場合はその労働組合 |
|---|---|
| 2 | 上記1の労働組合がない場合は労働者の過半数を代表する者 |

36協定の所轄労基署への届出は、**36協定届**で行います。この36協定の締結・届出は、法人単位ではなく**事業所単位**となります。本社以外に複数の支店や営業所などがある場合、**各拠点ごと**に労使で協定を締結し、**各拠点の所轄労基署に届出**しなくてはならないので注意してください。

### ✓過半数代表者選出のポイント

上記2の**過半数代表者**は、以下のいずれの要件も満たしていなくてはなりません。

| 1 | 管理監督者（⇒78ページ）ではないこと |
|---|---|
| 2 | 過半数を代表する者を選出することを明らかにして実施される投票、挙手等の方法による手続きで選出された者(民主的な方法で選出された者)であること |
| 3 | 使用者の意向に基づき選出された者ではないこと |

36協定を含む労使協定の締結や就業規則（変更）届の意見聴取において、労働者の過半数代表者の適正な選出が行われていないとして労働基準監督署から指摘を受けるケースが増えています。適正に過半数代表者が選出されていないと、36協定などの有効性自体が認められない事態にもなりかねません。上記ポイントを満たす適切な選出をしましょう。

### ✓36協定の対象期間と有効期間

36協定の対象期間の**最長は1年間**です。36協定で起算日を特定しなければなりません。36協定は1年ごとに締結し、**労基署に届出**しなければなりません。

（参考：厚生労働省労働基準局 「改正労働基準法に関するQ＆A」 平成31年3月）。

## ☑️特別条項付36協定の重要ポイント

特別条項付36協定の協定届の様式は、2ページで構成されています。

1ページ目が**原則の限度時間**について、2ページ目が**特別条項**についてです。

2ページ目の「**限度時間を超えて労働させる場合における手続き**」欄は、特別条項が発動されるキッカケとなる労使間の手続きを書きます。協議や通告など、労使で協議して実効性のあるものを決定してください。

「**限度時間を超えて労働させる労働者に対する健康及び福祉を確保するための措置**」欄は、特別条項が適用される労働者に対する健康・福祉確保措置を書きます。労使で協議し、下記の10個の選択肢から実効性のあるものを1つ以上選択して実施してください。

### ●特別条項が適用される労働者に対する健康・福祉確保措置●

| | |
|---|---|
| 1 | 労働時間が一定時間を超えた労働者に医師による面接指導を実施すること |
| 2 | 深夜労働の時間帯において労働させる回数を1か月について一定回数以内とすること |
| 3 | 勤務間インターバル制度を適用すること |
| 4 | 労働者の勤務状況およびその健康状態に応じて、代償休日または特別な休暇を付与すること |
| 5 | 労働者の勤務状況およびその健康状態に応じて、健康診断を実施すること |
| 6 | 年次有給休暇についてまとまった日数連続して取得することを含めてその取得を促進すること |
| 7 | 心とからだの健康問題についての相談窓口を設置すること |
| 8 | 労働者の勤務状況およびその健康状態に配慮し、必要な場合には適切な部署に配置転換をすること |
| 9 | 必要に応じて、産業医等による助言・指導を受け、または労働者に産業医等による保健指導を受けさせること |
| 10 | その他 |

# ●特別条項付36協定届の記載例　1枚目（表面）●

労働時間の延長および休日の労働は必要最小限にとどめられるべきであり、労使当事者はこのことに十分留意したうえで協定するようにしてください。なお、使用者は協定した時間数の範囲内で労働させた場合であっても、労働契約法第5条に基づく安全配慮義務を負います。

◆36協定の届出は電子申請でも行うことができます。
◆36協定の届出様式（本様式）に記載の（任意）の欄は、記載しなくても構いません。

◆臨時的に限度時間を超えて労働させる場合には、様式第9号の2の協定届が必要です。
様式第9号の2は、
　・限度時間内の時間外労働についての届出書（1枚目）と、
　・限度時間を超える時間外労働についての届出書（2枚目）の2枚の記載が必要です。

様式第9号の2（第16条第1項関係）

**時間外労働　休日労働　に関する協定届**

| 労働保険番号 | | | |
| --- | --- | --- | --- |
| 法人番号 | | | |

労働保険番号・法人番号を記載してください

| 事業の種類 | 事業の名称 | 事業の所在地（電話番号） | 協定の有効期間 |
| --- | --- | --- | --- |
| 金属製品製造業 | ○○金属工業株式会社　○○工場 | （〒000-0000）○○市○○町1-2-3　（電話番号：000-0000-0000） | ○○○○年4月1日から1年間 |

事業場（工場、支店、営業所等）ごとに協定してください

この協定が有効となる期間を定めてください。1年間とすることが望ましいです

## 時間外労働

| | 時間外労働をさせる必要のある具体的事由 | 業務の種類 | 労働者数（満18歳以上の者） | 所定労働時間（1日）（任意） | 1日　法定労働時間を超える時間数 | 1日　所定労働時間を超える時間数（任意） | 1箇月　法定労働時間を超える時間数 | 1箇月　所定労働時間を超える時間数（任意） | 1年　起算日○○○○年4月1日　法定労働時間を超える時間数 | 1年　所定労働時間を超える時間数（任意） |
| --- | --- | --- | --- | --- | --- | --- | --- | --- | --- | --- |
| ①下記②に該当しない労働者 | 受注の集中 | 設計 | 10人 | 7.5時間 | 3時間 | 3.5時間 | 30時間 | 40時間 | 250時間 | 370時間 |
| | 臨時の受注、納期変更 | 機械組立 | 20人 | 7.5時間 | 2時間 | 2.5時間 | 15時間 | 25時間 | 150時間 | 270時間 |
| | 製品不具合への対応 | 検査 | 10人 | 7.5時間 | 2時間 | 2.5時間 | 15時間 | 25時間 | 150時間 | 270時間 |
| ②1年単位の変形労働時間制により労働する労働者 | 月末の決算事務 | 経理 | 5人 | 7.5時間 | 3時間 | 3.5時間 | 20時間 | 30時間 | 200時間 | 320時間 |
| | 棚卸 | 購買 | 5人 | 7.5時間 | 3時間 | 3.5時間 | 20時間 | 30時間 | 200時間 | 320時間 |

時間外労働をさせる必要のある具体的事由

業務の範囲を細分化し、明確に定めてください

事由は具体的に定めてください

対象期間が3か月を超える1年単位の変形労働時間制が適用される労働者については、②の欄に記載してください

1日の法定労働時間を超える時間数を定めてください

1か月の法定労働時間を超える時間数を定めてください。①は45時間以内、②は42時間以内です

1年の法定労働時間を超える時間数を定めてください。①は360時間以内、②は320時間以内です

1年間の上限時間を計算する際の起算日を記載してください。その1年間においては協定の有効期間にかかわらず、起算日は同じ日である必要があります

## 休日労働

| 休日労働をさせる必要のある具体的事由 | 業務の種類 | 労働者数（満18歳以上の者） | 所定休日（任意） | 労働させることができる法定休日の日数 | 労働させることができる法定休日における始業及び終業の時刻 |
| --- | --- | --- | --- | --- | --- |
| 受注の集中 | 設計 | 10人 | 土日祝日 | 1か月に1日 | 8:30～17:30 |
| 臨時の受注、納期変更 | 機械組立 | 20人 | 土日祝日 | 1か月に1日 | 8:30～17:30 |

休日労働をさせる必要のある具体的事由

上記で定める時間数にかかわらず、時間外労働及び休日労働を合算した時間数は、1箇月について100時間未満でなければならず、かつ2箇月から6箇月まで平均して80時間を超過しないこと。（チェックボックスに要レ）☑

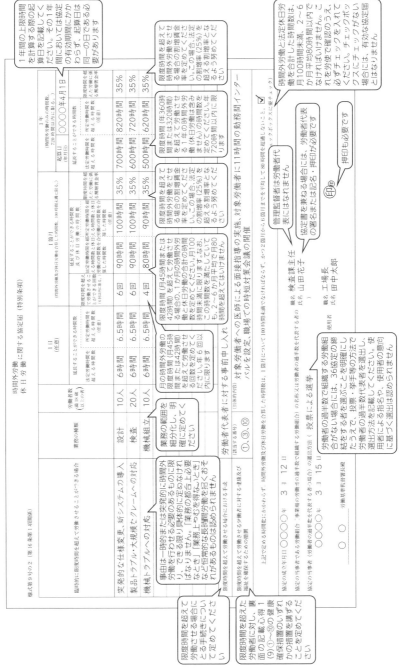

# 7

# １か月単位の変形労働時間制

## ✅ この制度を導入するときのポイント

　１か月単位の変形労働時間制とは、１か月以内の一定の期間（**変形期間**）を平均して**40時間**（特例措置対象事業場は44時間）以内であれば、忙しい日または週について**法定労働時間を超えて労働させることができる制度**です。

　この制度は、月のなかでの繁閑の差が激しい職場や、１週当たりの所定労働日数は少ないが１日当たりの所定労働時間数が長い雇用形態（例：１日の所定労働時間10時間、週所定労働日数４日間など）、一昼夜交代制勤務の職場などで活用すると便利な制度です。

　制度を導入するには、**労使協定を締結し所轄労働基準監督署に届け出るか、就業規則**またはこれに準ずるものに制度の定めをする必要があります。なお、全社員に導入するだけでなく、**部署や職種を区切って導入することも可能**です。

　労使協定または就業規則（以下、「労使協定等」といいます）には**対象労働者の範囲、１か月以内の変形期間、変形期間の起算日を労使協定等に定める必要があります。**

　変形期間における法定労働時間の上限は以下によって計算されます。

> 40時間（または44時間）×変形期間の歴日数÷7

　対象従業員に対しては、**起算日の前までに各日の労働時間を定めた勤務シフト表**を作成し、通知してください。変形期間の途中でシフトを変更することは原則としてできません。

## ✅ 時間外労働手当の計算方法

　シフトで決められた労働時間を超え、かつ、１日・１週・変形期間の総枠の法定労働時間を超えた場合、時間外労働手当が必要です。時間外労働にはならないが当初定めたシフトの労働時間を超える労働は、法定内の所定外労働となります。

## ●時間数早見表●

| 暦日数 | 法定労働時間が40時間の場合 | 法定労働時間が44時間の場合 |
|---|---|---|
| 31日 | 177.1時間 | 194.8時間 |
| 30日 | 171.4時間 | 188.5時間 |
| 29日 | 165.7時間 | 182.2時間 |
| 28日 | 160.0時間 | 176.0時間 |

## ●1か月単位の変形労働時間制の時間外労働の考え方●

【説例】
- 1日が起算日
- この月の歴日数は31日

【第1週】所定労働時間：47時間　　　【第2週】所定労働時間：30時間

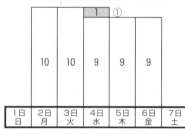
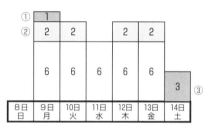

【第3週】所定労働時間：30時間　　　【第4週】所定労働時間：41時間

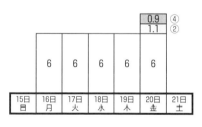

【第5週】所定労働時間：20時間

〈考え方具体例〉

① 1日8時間超、かつ、シフトに定めたその日の所定労働時間を超えているので時間外労働時間

② 1日8時間、1週40時間を超えておらず、かつ、この月の法定労働時間の総枠を超えていないので、**法定内の所定外労働時間**

③ 1日8時間は超えていないが、1週40時間は超えており、時間外労働時間

④ 1日8時間、1週40時間を超えていないが、この月の法定労働時間の総枠を超えているので、時間外労働時間

# 8

# １年単位の変形労働時間制

## ☑この制度を導入するときのポイント

　１年単位の変形労働時間制とは、１か月を超え１年以内の一定の期間（対象期間）を平均して40時間以内であれば、忙しい日または週について、**法定労働時間を超えて労働させることができる制度**です。

　特例措置対象事業場についても対象期間の週の労働時間は、平均40時間以内でなければなりません。

　この制度は、季節ごとの繁閑の差が激しい職場や、１か月を超える期間での変形労働時間制を導入したい職場などで活用すると便利な制度です。

　導入するには、**労使協定を締結し所轄労働基準監督署に届け出る必要が**あります。全社員に導入するだけでなく、**部署や職種を区切って導入することも可能**です。

　労使協定には、**対象労働者の範囲、１か月超１年以内の対象期間、対象期間の起算日を定めておきます**。対象期間中の特に業務の繁忙な期間を**特定期間**として定めることができます。

　対象期間中の法定労働時間の総枠は、以下の算式で計算します。

| **40時間×対象期間の歴日数÷7** |
|---|

　時間外労働手当の計算の考え方は、１か月単位の変形労働時間制と同様です。

## ☑シフト表の定め方

　１か月単位の変形労働時間制と異なり、最長１年間と長期になることから、１年単位の変形労働時間制にはシフト表の決め方に特例が認められています。**対象期間を１か月以上の期間ごとに区分して、この各区分期間の労働日と各日の労働時間**について、労使協定で以下の通り定める必要があります。

| 1 | 最初の期間における労働日および労働日ごとの労働時間 |
|---|---|
| 2 | 上記１の期間以外の各期間における労働日数および総労働時間 |

各期間の初日の30日前までに、当該期間における労働日と各日の労働時間を、労働者の過半数で組織する労働組合がある場合はその労働組合、ない場合には**労働者の過半数を代表する者の同意を得て書面で定めてください**。この場合であっても**労使協定で定めた労働日数や総労働時間の範囲内**でなければならないので注意してください。

### ●労働日と労働日ごとの労働時間の限度●

| 1 | 労働日数 | 280日（1年当たり） |
|---|---|---|
| 2 | 1日の労働時間 | 10時間 |
| 3 | 1週間の労働時間 | 52時間<br>ただし、対象期間が3か月超の場合には、以下の2点も満たすこと。<br>① 労働時間が48時間を超える週を連続させることができるのは3週以下<br>② 対象期間を3か月ごとに区分した各期間において、労働時間が48時間を超える週は、週の初日で数えて3回以下 |
| 4 | 連続労働日 | 6日間（特定期間は12日間） |

### ●1年単位の変形労働時間制での労働日・労働時間決定の考え方●

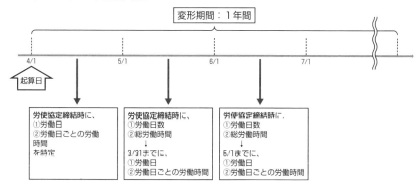

# 9

# フレックスタイム制

## ☑この制度を導入するときのポイント

　フレックスタイム制とは、3か月以内の一定期間（**清算期間**）の労働時間の総枠を定めておき、その範囲内で**社員が始業時刻と終業時刻を自由に選択して勤務できる制度**です。フレックスタイム制が適用される社員の清算期間の総枠の労働時間は、**1週平均40時間以内**（特例措置対象事業場については44時間以内）であり、これを超えた時間に対して**時間外労働手当**が必要になります。

　この制度は、始業および終業時刻を、社員の決定に委ねることができる職場で活用すると便利な制度です。一方、急な会議や来客対応が必要な職場では、制度自体が機能しにくい面があります。

　導入するには、**就業規則またはこれに準ずるもので始業時刻および終業時刻について社員の決定に委ねる**ことを定めます。始業・終業時刻のいずれも社員の決定に委ねる制度なので、どちらか一方だけであったり、特定の曜日のみ適用するということはできないので注意してください。

　次に、**労使協定**で以下の事項を定めます。この労使協定は**原則として所轄労基署への届出は不要**ですが、**清算期間が1か月超の場合は届出が必要**になります。

| 1 | 対象となる労働者の範囲 | 全社員、特定の部署・職種だけでも、いずれも可能 |
|---|---|---|
| 2 | 清算期間 | 3か月以内 |
| 3 | 清算期間における総労働時間 | 下記算式で計算した範囲内 |
| 4 | 標準となる1日の労働時間 | 清算期間内における総労働時間を、その期間における所定労働日数で除したもの。有給休暇の付与にも使用する時間数 |
| 5 | コアタイム、フレキシブルタイムの開始および終了の時刻 | **コアタイム**（必ず就業しなくてはならない時間帯）、**フレキシブルタイム**（始業・終業時刻を自由に選択できる時間帯）の開始・終了時刻 |

### ◉清算期間の総枠の労働時間の限度（原則）◉

法定労働時間×歴日数÷7

### ●限度時間（原則）の早見表（法定労働時間週40時間の場合）●

| 1か月単位 || 2か月単位 || 3か月単位 ||
|---|---|---|---|---|---|
| 暦日数 | 限度 | 暦日数 | 限度 | 暦日数 | 限度 |
| 31日 | 177.1時間 | 62日 | 354.2時間 | 92日 | 525.7時間 |
| 30日 | 171.4時間 | 61日 | 348.5時間 | 91日 | 520.0時間 |
| 29日 | 165.7時間 | 60日 | 342.8時間 | 90日 | 514.2時間 |
| 28日 | 160.0時間 | 59日 | 337.1時間 | 89日 | 508.5時間 |

### ●清算期間の総枠の労働時間の限度（例外）●

1日8時間・完全週休2日制の会社で、労使協定で規定することで以下の計算式を使うことができます。

> 清算期間の所定労働日数×8時間

### ●時間外労働手当の計算方法●

| 清算期間が1か月以内の場合 | 清算期間の総枠を超えた労働時間 |
|---|---|
| 清算期間が1か月超3か月以内の場合 | ① 清算期間を1か月ごとの期間に区切り、週平均50時間超の時間<br>② 清算期間の総枠を超えた労働時間。ただし、①の時間は除く |

### ●フレックスタイム制の時系列イメージ●

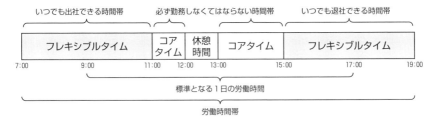

### ●3か月単位のフレックスタイム制での時間外労働手当計算例●

【設例】
・4/1～6/30の3か月単位でフレックスタイム制を実施
・4月…総労働時間240時間、5月 総労働時間150時間、6月 総労働時間170時間

| | 4月 | 5月 | 6月 | 合計 |
|---|---|---|---|---|
| 暦日数 | 30日 | 31日 | 30日 | 91日 |
| 総労働時間（A） | 240時間 | 150時間 | 170時間 | 560時間 |
| 週平均50時間となる時間数<br>50時間×暦日数÷7<br>（B） | 214.2時間 | 221.4時間 | 214.2時間 | ― |
| 週平均50時間超の時間数<br>（A－B＝C） | 25.8時間 | 0時間 | 0時間 | 25.8時間 |
| 法定労働時間の総枠（D） | ― | ― | ― | 520時間 |
| 法定労働時間の総枠を超える時間数のうち、Cを除く時間数<br>（A－D－C＝E） | ― | ― | 14.2時間 | 14.2時間 |

【給与計算上の処理】
・4/1～4/30の勤怠に対応した給与計算…25.8時間分の時間外労働手当を支給
・5/1～5/31の勤怠に対応した給与計算…時間外労働手当なし
・6/1～6/30の勤怠に対応した給与計算…14.2時間分の時間外労働手当を支給

# 10

# １週間単位の非定型的変形労働時間制

## ✅ この制度を導入するときのポイント

　１週間単位の非定型的変形労働時間制とは、日によって繁閑の差が激しい小規模のサービス業の一部の業種で適用される制度です。この制度を導入すると、１日10時間以内・１週40時間以内の範囲内であれば、１日８時間を超える日があっても時間外労働とはされません。

　この制度を適用する事業所は以下の２点を満たしていなくてはなりません。

| 1 | 常態として就業している社員数が30人未満であること |
|---|---|
| 2 | 業種が、小売業、旅館業、料理店、飲食店であること |

　この制度を適用すると、特例措置対象事業場（⇒50ページ）であっても、法定労働時間は44時間ではなく40時間となります。

　制度を導入するには、まず、**労使協定**でこの制度を導入することを協定し、所轄労働基準監督署に届け出てください。

　次に、**各日の労働時間**については、**週の始まる前日までに、社員に書面で通知**しなくてはなりません。**各日の労働時間の変更は、緊急でやむを得ない場合のみ許され、**この場合には前日までには社員に書面で通知してください。

　時間外労働手当の計算の考え方は、１か月単位の変形労働時間制、１年単位の変形労働時間制と同様です。

## ✅ ４種類の変形労働時間制の制度導入の対比と注意点

　これまで解説してきた、４種類の変形労働時間制の各制度を導入する方法の違いを対比した表を次ページに掲載しました。１か月単位の変形労働時間制や１年単位の変形労働時間制、フレックスタイム制（清算期間１か月超の場合）のように、労使協定を締結し所轄労働基準監督署に届出をして制度を導入するものであっても、**その労働時間制を取ることを定めた就業規則の規定は必ず必要になりますので注意してください。**

70

### ●1週間単位の非定型的変形労働時間制の時間外労働のイメージ●

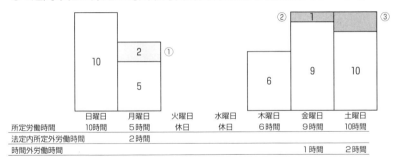

①その日の所定労働時間（5時間）を超えるものの、8時間を超えないので、**法定内の所定外労働時間**
②その日の所定労働時間（9時間）を超え、かつ、8時間を超えるので、**時間外労働時間**
③その日の所定労働時間（10時間）を超えないものの、この週の総労働時間は43時間で、1週間の法定労働時間：40時間を超過している
　→43時間－40時間＝3時間が時間外労働となる
　→ただし、②で1時間をカウントしているので、この日の時間外労働は3時間－1時間＝2時間

### ●4種類の変形労働時間制の制度導入に関する対比●

|  | 1か月単位 | 1年単位 | フレックスタイム | 1週間単位の非定型的 |
|---|---|---|---|---|
| 制度を導入するには | 就業規則等または労使協定 | 労使協定 | 就業規則等＋労使協定 | 労使協定 |
| 労使協定の届出 | 必要 | 必要 | 不要ただし、清算期間1か月超の場合は必要 | 必要 |
| 週の平均労働時間 | 法定労働時間 | 40時間 | 法定労働時間 | 40時間 |
| 1日・1週の労働時間の上限 | なし | 1日10時間 1週52時間（※） | なし | 1日10時間 |

※対象期間が3か月超の場合のさらなる要件（⇒67ページ）あり

3章 労働時間・休日

# 11 事業場外労働のみなし労働時間制

## ✅ この制度を導入するときのポイント

**事業場外労働のみなし労働時間制**とは、外回りの営業マンや在宅勤務、出張など、社員が会社の外で勤務する場合等であって、下記の2つの要件を満たした場合に適用できる労働時間の特例です。これが適用されると、その日の**事業場外労働について労働時間算定が免除**され、後述する**みなし時間労働したものとみなすことができます**。

| | |
|---|---|
| 1 | 事業場外で業務に従事すること |
| 2 | 使用者の指揮監督が及ばず、事業場外の業務について労働時間の算定が困難であること |

以下のようなケースでは、**使用者の指揮監督が及んでいる**といえるため、**事業場外労働のみなし労働時間制は適用できません**。

| | |
|---|---|
| 1 | 何人かのグループで事業場外労働に従事する場合で、そのメンバーのなかに労働時間の管理をする者がいる場合 |
| 2 | 携帯電話等によって随時使用者の指示を受けながら事業場外で労働している場合 |
| 3 | 会社で、その日の訪問先、帰社時刻などの業務の具体的指示を受けた後、事業場外で指示通りに業務に従事し、その後、事業場に戻る場合 |

制度適用者に対するみなし時間には以下の2つのパターンがあり、就業規則等で定めた時間労働したものとみなされます。

| | |
|---|---|
| 1 | その会社の所定労働時間 |
| 2 | その業務に通常必要とされる時間 |

**事業場外労働に通常必要とされる時間が所定労働時間を超えるときには労使協定で通常必要とされる時間を協定**します。この労使協定は原則として所轄労基署への届出は不要ですが、協定する時間が法定労働時間を超える場合、届け出が必要になるので注意してください。

この場合には、**通常必要とされる時間労働したものとみなされますが**、**所定労働時間を超える労働時間については、法定内の所定外労働手当や時間外労働手当の対象**となります。

## ✓ 在宅勤務にこの制度を適用するためには

**在宅勤務**が、社員が自宅で、パソコンなどの情報通信機器を使う勤務形態であって、以下の3つの要件を満たす場合には、**原則として、事業場外労働のみなし労働時間制**を適用することができます。

| 1 | 業務が起居寝食などの私生活を営む自宅で行われること |
|---|---|
| 2 | 情報通信機器が、使用者の指示により常時通信可能な状態に置くこととされていないこと |
| 3 | 業務が随時使用者の具体的な指示に基づいて行われていないこと |

### ●事業場外のみなし労働時間制の労働時間算定パターン●

【設例】
- 始業時刻：9:00、終業時刻：18:00、休憩時間：正午〜13:00
- 就業規則で定めるみなし時間は所定労働時間

(1) 直行直帰の場合

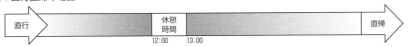

- 労働日の全部が事業外労働なので、この日は**所定労働時間労働したものとみなす**
- ただし、業務が所定労働時間の8時間を超えることが通常必要なときには、その業務に通常必要な時間労働したものとみなす

(2) 直行の場合

- 労働日の一部が事業場外労働なので、この日は**事業場外の業務に必要な時間：5時間＋事業場内の労働時間：3時間の合計8時間労働したものとみなす**
- ただし、事業場外の業務に必要な時間がみなし時間：5時間を超えるときは、通常な必要な時間＋事業場内の労働時間：3時間の合計時間労働したものとみなす

(3) 直帰の場合

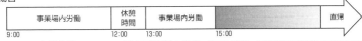

- 労働日の一部が事業場外労働なので、この日は**事業場外の業務に必要な時間：3時間＋事業場内の労働時間：5時間の合計8時間労働したものとみなす**
- ただし、事業場外の業務に必要な時間がみなし時間：3時間を超えるときは、通常な必要な時間＋事業場内の労働時間：5時間の合計時間労働したものとみなす

# 12

# 専門業務型裁量労働制

## ☑この制度を導入するときのポイント

専門業務型裁量労働制は、法令で定めた対象業務に従事する者に対して認められた労働時間算定の特例です。この制度が適用されると**労働時間の長さではなく、労使協定で協定したみなし時間労働したものとみなされます**。

使用者は、**業務の遂行の手段や時間の配分などに関し具体的な指示をする**ことができません。業務の遂行の手段や時間の配分などに関する社員の裁量権が維持されていさえすれば、プロジェクト開始前の目標や期限の設定、中間報告、目標などの修正指示、会議への出席などといった必要な指示をすることは認められます。

この制度の対象業務は次ページを参照してください。**ここに列挙された対象業務以外の業務については、制度の対象外**です。

対象業務に従事する場合であっても、数人でプロジェクトチームを組んで開発業務を行っている場合で、そのチーフの管理の下に業務遂行、時間配分が行われている者や、プロジェクト内で業務に付随する雑用、清掃等のみを行う者は制度の対象外です。

裁量権のないプログラマーの業務、社内報の編集者の業務、記者に同行するカメラマンの業務、アシスタントディレクターの業務に従事する者も対象外になります。

この制度を導入するには、**労使協定**を締結し、**所轄労働基準監督署への届け出**が必要になります。

対象労働者の労働時間の状況、健康・福祉確保措置、苦情処理措置の状況の記録については、**労使協定の有効期間中およびその期間満了後3年間の保存義務**があります。

この制度が適用されても、**休憩、休日、深夜労働、割増賃金の労基法の規定は適用**されます。

## ●専門業務型裁量労働制の労使協定内容●

| 1 | 対象業務 |
|---|---|
| 2 | 1日のみなし労働時間数 |
| 3 | 業務の遂行方法、時間配分の決定などに関して具体的な指示をしないこと |
| 4 | 対象業務に従事する労働者の労働時間の状況の把握方法と、それに応じて実施する健康・福祉確保措置 |
| 5 | 対象労働者からの苦情処理に関する措置 |
| 6 | 労使協定の有効期間（3年以内とすることが望ましい） |

## ●対象業務●

| 1 | 新商品・新技術の研究開発、人文科学・自然科学に関する研究の業務 |
|---|---|
| 2 | 情報処理システムの分析または設計の業務 |
| 3 | 新聞・出版の取材・編集の業務または放送番組の制作の取材・編集の業務 |
| 4 | 衣服、室内装飾などの新たなデザインの考案の業務 |
| 5 | 放送番組、映画等のプロデューサー・ディレクターの業務 |
| 6 | コピーライター |
| 7 | システムコンサルタント |
| 8 | インテリアコーディネーター |
| 9 | ゲーム用ソフトウェアの創作の業務 |
| 10 | 証券アナリスト |
| 11 | 金融工学等の知識を用いて行う金融商品の開発の業務 |
| 12 | 大学教授（主として研究に従事するものに限る） |
| 13 | 公認会計士 |
| 14 | 弁護士 |
| 15 | 建築士 |
| 16 | 不動産鑑定士 |
| 17 | 弁理士 |
| 10 | 税理士 |
| 19 | 中小企業診断士 |

# 13 企画業務型裁量労働制

## ☑この制度を導入するときのポイント

**企画業務型裁量労働制**は、本社・本店などの経営企画、人事・労務、財務経理、広報、営業企画、生産企画等の業務を担当する部署で、**企画・立案・調査・分析の業務**を担当する社員に対する労働時間算定の特例です。

この制度が適用されると、**労働時間の長さではなく、後述する労使委員会の決議で決議したみなし時間労働したものとみなされます。**使用者は、業務の遂行の手段や時間の配分などに関し具体的な指示をすることができないことは**専門業務型裁量労働制**と同様です。

制度対象となる拠点は以下の**いずれかに該当**しなくてはなりません。

| 1 | 本社、本店 |
|---|---|
| 2 | 事業運営に重要な影響を及ぼす決定がなされる拠点 |
| 3 | 本社等の指示を受けずに独自に、事業運営に重要な影響を及ぼす事業計画や営業計画の決定を行っている拠点 |

対象となる業務は以下の**4つの要件いずれも満たす**必要があります。

| 1 | 会社やその拠点の事業運営に影響を及ぼす業務であること |
|---|---|
| 2 | 企画、立案、調査、分析のいずれかの業務であること |
| 3 | 業務の遂行を大幅に社員の裁量に委ねる必要がある業務であること |
| 4 | 業務の遂行手段および労働時間の決定などに関して使用者が具体的な指示をしない業務であること |

対象労働者は以下2つの要件**いずれも満たす**業務となります。

| 1 | 業務を適切に遂行する知識、経験等を有すること<br>（大卒後実務経験3年から5年以上） |
|---|---|
| 2 | その業務に常態として従事していること |

この制度を導入するには、労使双方を代表する委員で構成する**労使委員会を設置**し、**出席している委員の5分の4以上の多数による決議**を経て、**この決議を所轄労働基準監督署に届出**が必要です。

決議を所轄労基署に届け出た後、**対象となる社員に同意を得**なくてはならない点が専門業務型裁量労働制と異なるので注意してください。

この制度が適用されても、**休憩、休日、深夜労働、割増賃金**の労働基準

法の規定は適用されます。

### ●企画業務型裁量労働制の導入の流れ●

| ①労使委員会を設置する |
|---|

- ●労使委員会の要件
- ・委員の半数は労働者の代表者に任期を定めて指名された者であること
- ・議事録が作成・保存され（3年間。決議については有効期間満了後3年間）、社員に周知されていること
- ・委員会の招集、定足数、議事その他労使委員会の運営について規定する運営規程を策定していること

| ②労使委員会で決議する |
|---|

- ●決議の要件
- ・出席委員の5分の4以上の多数による決議
- ●必要決議事項
- ①対象業務
- ②対象労働者の範囲
- ③1日当たりのみなし労働時間
- ④健康・福祉確保措置
- ⑤苦情処理措置
- ⑥本人に同意を得なくてはならないこと、その手続き、不同意者の不利益取扱い禁止について
- ⑦有効期限（3年以内が望ましい）
- ⑧記録の保存について

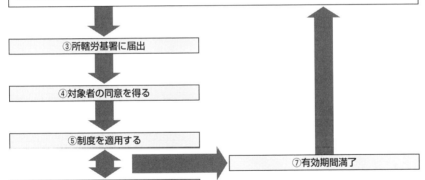

- ●報告の頻度…決議が行われた日から起算して6か月ごとに1回
- ●報告する内容
- ・対象社員の労働時間の状況
- ・対象社員の健康・福祉確保措置の実施状況

# 14 管理監督者と 高度プロフェッショナル制度

## ✅ 管理監督者

　労基法上の管理監督者に該当する社員は、**法定労働時間などに関する一部の労基法の規定が適用除外**です。

　管理監督者は、**経営者と一体的な立場で仕事をしている社員**で、**名称にとらわれず実態で判断**されます。部長、課長といった**管理職であっても、労基法上の管理監督者に該当しない社員については、労働時間などの規定は適用除外とされず、時間外労働手当・休日労働手当の支払いが必要**になります。

　仮に、本来は管理監督者ではなく一般社員と同様に会社に管理されている「名ばかり管理職」であるのに、時間外労働手当などの不払いがあると、**最大で過去2年分の未払い賃金請求**をされることがあるので注意してください。

## ✅ 高度プロフェッショナル制度

　以下の要件を満たした**高度プロフェッショナル制度**が適用される社員は、**法定労働時間などに関する一部の労基法の規定が適用除外**となります。

| 1 | 年収1,075万円以上であること |
|---|---|
| 2 | 高度な専門的知識を必要とする業務であること |

　また、上記2に該当する業務は、以下の5つになります。

| 1 | 金融商品の開発 |
|---|---|
| 2 | 金融ディーラー |
| 3 | アナリスト |
| 4 | コンサルタント |
| 5 | 研究開発 |

　この制度を適用する流れは、基本的には**企画業務型裁量労働制の導入の流れと同様**です。なお、以下の通り、高度プロフェッショナル制度には企画業務型裁量労働制にはない独自義務がありますので注意してください。

78

## ●高度プロフェッショナル制度の独自義務●

| 1 | 年間104日以上、かつ、4週4日以上の休日確保 |
|---|---|
| 2 | 月間の健康管理時間（会社内にいた時間＋事業場外で労働した時間）を把握し、100時間超の社員への医師による面接指導 |
| 3 | 以下のいずれかの措置を実施<br>・勤務間インターバル制度（前日の業務終了時刻と当日の業務開始時刻の間に一定以上の休息時間を設定する制度）＋深夜労働の回数制限<br>・健康管理時間の上限設定<br>・2週間連続の休日<br>・臨時の健康診断 |

## ●管理監督者・高度プロフェッショナル制度の適用除外の比較●

| | 管理監督者 | 高度プロフェッショナル制度 |
|---|---|---|
| 適用除外になる | ・法定労働時間<br>・休憩<br>・休日<br>・時間外労働手当、休日労働手当 | ・法定労働時間<br>・休憩<br>・休日<br>・時間外労働手当、休日労働手当、深夜労働手当<br>・労働時間の把握（※） |
| 適用除外にならない<br>（一例） | ・労働時間の把握<br>・深夜労働手当<br>・年次有給休暇<br>・医師による面接指導 | ・年次有給休暇<br>・医師による面接指導 |

※別途、健康管理時間の把握義務があり

## ●高度プロフェッショナル制度の労使委員会の決議事項●

| 1 | 対象業務 | 6 | 健康管理時間の状況に応じた健康確保措置 |
|---|---|---|---|
| 2 | 対象労働者の範囲 | 7 | 同意撤回の手続き |
| 3 | 健康管理時間の把握と管理方法 | 8 | 苦情処理措置 |
| 4 | 年間104日以上、かつ、4週4日以上の休日を与えること | 9 | 不同意者への不利益取扱い禁止 |
| 5 | 健康確保措置 | 10 | 決議の有効期間　など |

# 15 労働時間の把握

## ✓ 労働時間の把握義務

労衛法の規定により、会社は社員の**労働時間の把握**をしなくてはなりません。労働時間の把握とは、社員の労働日ごとの**始業時刻、終業時刻および休憩時間を適切な方法で記録**することです。記録の方法は**原則、以下のいずれかの方法**となります。

| 1 | 使用者または労働時間管理者が現認すること |
|---|---|
| 2 | タイムカード、パソコンの使用記録（ログ）などの客観的な方法 |

**自己申告制**は、社員が労働時間を過少に申告する温床になりかねないので、**一部の例外を除き認められていません**。労働時間の記録は原則として上記のいずれかの方法で実施してください。

タイムカードなどの労働時間把握の記録は、**3年間の保存義務**があります。

労働時間の把握義務の対象は、**高度プロフェッショナル制度**（⇒78ページ）**の対象社員を除く全社員**です。**管理監督者**やみなし労働時間制（事業場外労働のみなし労働時間制、専門業務型裁量労働制、企画業務型裁量労働制）の適用社員も**労働時間の把握義務があります**。

高度プロフェッショナル制度の対象社員に対しては、別途、健康管理時間の把握義務があります。

会社は、**就業規則の出退勤の規律の規定を整備**して、**適切な労働時間管理ができるルール**を定めておきましょう。

裁判例では、無断早出・無断残業について会社が明確に禁止する命令を出している場合、その時間は原則として使用者の指揮命令下にあるとはいえず労働時間ではないと示されています。したがって、就業規則を整備して、**時間外労働・休日労働の事前申請・承認制を徹底**してください。

## ●就業規則の「出退勤の規律」の規定例●

（出退勤の規律）

第○条　社員は、以下の事項を遵守しなければならない。

(1)　始業時刻までに業務が開始できるように出勤すること

(2)　出退勤の際は、速やかに、出勤の事実ならびに始業時刻及び終業時刻を、会社が指定する勤怠管理システムに記録すること

(3)　出勤時の勤怠管理システムの記録は業務開始の際に、退勤時の勤怠管理システムの記録は業務終了の際に、速やかに行うこと

(4)　直行又は直帰その他特別の事情があり会社が設置する勤怠管理システムの端末での記録を行えない場合には、携帯電話、タブレット端末又はパソコン等を活用してアプリケーションから勤怠管理システムの記録を行うこと

(5)　業務終了後速やかに退勤すること

(6)　時間外労働もしくは休日労働又は深夜労働については、本規則第○条ないし第○条の規定に従うこと

(7)　前号によらないで、いわゆる「無断早出」や「無断残業」をすることで、会社が本規則第○条で定める始業時刻よりも前の時間帯及び終業時刻よりも後の時間帯に業務を行わないこと

(8)　原則として、本規則第○条で定める時間外労働等の申請・承認がない限り、本規則第○条で定める始業時刻よりも前の時間帯及び終業時刻よりも後の時間帯に在社しないこと。ただし、通勤混雑緩和や業務ソフトの練習などやむを得ない事由がある場合には、会社は特別に時間外の在社を許可することがある。この場合には、会社が認めた時間での出勤及び退勤の打刻をしなくてはならず、会社が許可しない時間の在社時間は労働時間ではない。

## 働き方改革の真の意味

### 失敗してしまう会社の傾向

　筆者は「残業ゼロ®将軍」として200社を超える会社の働き方改革支援に携わってきました。そのなかで、改革が成功する会社ばかりではなく、残念ながら失敗してしまう会社も、少なからず目にしてきました。

　多く見られる傾向として、働き方改革＝時短だととらえてしまっているという点があります。こうした会社では、経営者が現場に「早帰り」を励行するだけであったり、部下を早く帰すためにその日の残った仕事を上司の管理職に引き継いで帰らせるなどの付け焼刃的な方策を実施していることが少なくありません。

　筆者が初めて本を出版したのは2013年の残業ゼロの労務管理に関するものですが、当時は現場の自助努力の範囲内で収まる業務改善で減らせる「ムダな残業」というものが存在し、付き合い残業も少なからず見られました。

　しかし、それから数年を経た現在、筆者の感覚としては、ムダな残業に対する改善活動は各社ではやりきってしまった感があるように思います。

### 経営者の決断による大改革

　では、「残業削減に向けて各社でできることはもうないのか？」というと、そうではありません。

　近時の業務改善の主眼は、長時間労働削減と生産性の向上、このどちらかか両方に役立つシステム、仕組みなどを取り入れることです。

　これは、現場の自助努力でなんとかできるものではありません。経営者が決断しないと前に進まないものです。にもかかわらず、経営者がその決断から逃げ、早帰り励行など現場にだけ自助努力を求めるのでは、働き方改革など到底成功しません。ましてや、上司が部下の仕事を肩代わりして見た目上の残業をなくそうとするのは、改善ですらありません。

　筆者はこう考えます。働き方改革とは、時短ではなく、長時間労働せずともマトモな賃金を支払える仕組みになるようにする大改革である、と。

　時間をかけ、手間をかけ、お金もかけて、自社の仕組みのなかで長時間労働削減の阻害要因となるものを全部改め、限られた時間で高い生産性を上げる社員を高く処遇する制度に人事制度も賃金制度も大改革するのです。つまり、働き方改革の成否は、経営者の思考と行動の結果なのです。

# 4章

## 休暇

# 年次有給休暇の付与日数

## ☑ 年次有給休暇とは

　**年次有給休暇**とは、一定期間勤続した社員に対して、心身の疲労を回復し、ゆとりある生活を保証するために付与される休暇のことで、**有給で休むことができる休暇**です。労基法で規定する初回の年次有給休暇が付与される要件は、以下の2つの**いずれも**満たす場合になります。

| 1 | 雇い入れの日から6か月経過 |
|---|---|
| 2 | その期間の全労働日の8割以上出勤 |

　この要件を満たした社員には、**10労働日**の年次有給休暇が付与されます。また、最初に年次有給休暇が付与された日から1年間で、全労働日の8割以上出勤していれば、**11労働日**の年次有給休暇が付与されます。その後同様に要件を満たすと、次ページの表に示す日数が付与されます。

## ☑ パートタイムの社員の年次有給休暇

　**パートタイムで勤務する社員**（以下、「パート社員等」といいます）にも年次有給休暇の付与があります。所定労働日数が少ないパート社員等の場合は、**週や1年間の所定労働日数に応じて比例的に付与**されます。この考え方を、比例付与といいます。

　**週所定労働時間が30時間以上、または週所定労働日数が5日以上の社員は、正社員と同様に付与**されます。比例付与の対象となる社員には、次ページの表の日数が付与されます。

　なお、所定労働日数と勤務実態が同じではない場合、年次有給休暇を付与する日（基準日）により、以下の取扱いをします。

| 1 | 入社日より6か月経過時点 | 過去6か月間の勤務実績を2倍したものを「1年間の所定労働日数」とみなして付与日数を算出する |
|---|---|---|
| 2 | 基準日の付与 | 過去1年間の勤務日を集計し、この合計日数を「1年間の所定労働日数」として付与日数を算出する |

　行政通達でも、「基準日において予定されている所定労働日数を算出し難い場合には、基準日直前の実績を考慮して所定労働日数を算出することとして差し支えない」と示されています。

## ☑️年次有給休暇の時効

年次有給休暇の権利は、**2年間で時効によって消滅**します。つまり、付与された日＝基準日から起算して2年間で時効により消滅することになります。

年次有給休暇の付与日数に、前年度から繰越された分と新たに付与された分が含まれている場合に、どちらの分から請求できるかについては労基法上に定めはありませんので、**就業規則等の定めによる**こととなります。

就業規則等に定めがない場合には、社員の時季指定権（⇒94ページ）は、前年度から繰り越された分から行使されていくと推定されます。また、就業規則等に当年分より請求すると定められていても、実態として前年分の残日数から充当している場合は、実態に従って前年分から充当することとなります。

### ●有給休暇の付与日数（原則）●

| 勤続年数 | 0.5 | 1.5 | 2.5 | 3.5 | 4.5 | 5.5 | 6.5～ |
|---|---|---|---|---|---|---|---|
| 付与日数 | 10 | 11 | 12 | 14 | 16 | 18 | 20 |

### ●有給休暇の付与日数（比例付与）●

| 週所定労働日数 | 1年間の所定労働日数 | 雇い入れ日から起算した継続勤務期間（単位：年） | | | | | | |
|---|---|---|---|---|---|---|---|---|
| | | 0.5 | 1.5 | 2.5 | 3.5 | 4.5 | 5.5 | 6.5以上 |
| 4日 | 169日～216日 | 7 | 8 | 9 | 10 | 12 | 13 | 15 |
| 3日 | 121日～168日 | 5 | 6 | 6 | 8 | 9 | 10 | 11 |
| 2日 | 73日～120日 | 3 | 4 | 4 | 5 | 6 | 6 | 7 |
| 1日 | 48日～72日 | 1 | 2 | 2 | 2 | 3 | 3 | 3 |

# 2 全労働日に含まれる日と 出勤したものとみなす日

## ✅ 出勤率の考え方

　年次有給休暇年が付与される要件に、**付与日数を算定する期間中の全労働日の8割以上出勤していること**という**出勤率**があります。出勤率は次の計算式により計算します。

> **出勤率＝出勤日数÷全労働日≧8割**

　**出勤日数**は、年次有給休暇の付与日数を算定する期間の全労働日のうち、出勤した日数です。

　**全労働日**は、同様に算定期間の総暦日数から会社の就業規則などで決めた休日を除いた日数です。

　**全労働日の8割以上の出勤**は、出勤率を計算する算定期間の総暦日数から所定休日を除いた全労働日のうち何日出勤したかにより判断されます。つまり、**所定休日に労働させた場合**は、その日は**全労働日に含まれない**ことになります。

## ✅ 分母（全労働日）、分子（出勤日数）に含まれる日・含まれない日

　出勤率を計算する際に分母・分子となる全労働日と出勤日数に含まれる日・含まれない日は、次の通りです。

| No. | 事由 | 全労働日 | 出勤日数 |
|---|---|---|---|
| 1 | 年次有給休暇を取得した日 | 含める | 含める |
| 2 | 業務上の負傷・疾病などにより療養のために休業した期間 | 含める | 含める |
| 3 | 産前産後休業期間 | 含める | 含める |
| 4 | 育児休業期間 | 含める | 含める |
| 5 | 介護休業期間 | 含める | 含める |
| 6 | 子の看護休暇、介護休暇 | 含める | 任意 |
| 7 | 使用者の責めによる休業 | 含めない | 含めない |
| 8 | 就業規則等に定められた所定の休日 | 含めない | 含めない |
| 9 | 休職期間 | 含めない | 含めない |
| 10 | ストライキなど正当な争議により労働がまったくできなかった日 | 含めない | 含めない |

| 11 | 裁判員休暇 | 含めない | 含めない |
|----|-----------|---------|---------|
| 12 | 通勤災害による休業日 | 任意 | 任意 |
| 13 | 生理休暇日 | 任意 | 任意 |
| 14 | 母性健康管理のための休暇 | 任意 | 任意 |
| 15 | その他の会社休暇日（慶弔休暇など） | 任意 | 任意 |

　なお、付与日（基準日）を全社員統一にする斉一的取扱いを行っている会社が、年の途中に入社した社員に対し前倒しして年次有給休暇の付与を行う場合には、短縮付与した期間については全期間出勤したものとみなす必要があります。

## ●就業規則の「年次有給休暇」の規定例●

（年次有給休暇）
第○条　会社は、社員に対し、入社日（月の途中に入社した者はその月の初日に入社したものとみなす。以下同じ。）から起算する次表上欄の勤続期間を満たす月の初日に、当該勤続期間に応じた同表下欄の日数の年次有給休暇を与える。

（中略）

2．前項の出勤率の算定につき、次の各号に掲げる期間は出勤したものとみなす。
　⑴　業務上の負傷、疾病による療養のための休業期間
　⑵　産前産後の休業期間
　⑶　育児・介護休業法に基づく育児休業及び介護休業期間

（中略）

3．第2項の出勤率の算定につき、次の各号に掲げる期間であって労働しなかった日は、同項の所定労働日に含めない。
　⑴　第○条（特別休暇）の期間
　⑵　第○条（裁判員休暇）の期間
　⑶　第○条（会社都合による休業）の期間

（中略）

4．年次有給休暇の有効期間は、付与日から2年間とする。

（後略）

# 3

# 半日年休と時間単位年休①

## ☑半日年休は、法律上の義務ではない？

　年次有給休暇は、１日単位で１日まるまる休むというのが原則です。時間単位や半日単位での年休取得が認められるのは、数時間、あるいは半日程度の用事を済ませるためなど、社員が有効に年休を活用できるようにするためです。

　時間単位年休を導入する場合には、事業場で**労使協定**を結ぶ必要があるなど、その要件が法律で定められていますので、この要件を守る必要があります。

　一方、**半日単位の年次有給休暇については法律で規定されているわけではなく、使用者にこれを与える義務はありません。** しかし、労働者が希望し、使用者が同意すれば、１日単位での年休取得に影響しない範囲で与えることは差し支えないとされています。多くの会社が半日単位での年休取得を認めているのは、年休を使いやすくし、かつ、事務手続きが簡便であるためです。

　したがって、年次有給休暇本来の趣旨からみれば、社員が１日単位での取得を希望しているにもかかわらず、**会社側が「仕事が忙しい」からと時間単位ないしは半日単位で年休を取るように強制することはできません。**

　半日年休の半日とは、午前半日・午後半日とされており、**午前と午後の労働時間が異なる場合でも年休取得日数としては0.5日としてカウントを**します。

　前述の通り、半日単位の年休制度は任意のもので、時間単位年休と半日単位の年休は別のものとなり、**「半日＋○時間」という年休取得は認めら**れていません。

## ☑時間単位の年休は繰り越しを含めて年５日まで

　時間単位で年休制度を設けるには、会社などの法人単位ではなく**事業所ごとに労使協定を締結**する必要があります。なお、この労使協定は、所轄労基署への届け出は不要になります。

　この労使協定では、以下のことを規定します。

**88**

| 1 | 対象となる労働者の範囲<br>（変形労働時間制の対象者、交代制勤務者や短時間勤務者等は対象外とすることは可能。育児介護を行う者に限るなど利用目的による制限は不可） |
|---|---|
| 2 | 時間単位で付与する日数<br>（年5日以内〈前年繰り越しを含む〉） |
| 3 | 時間単位年休の1日の所定労働時間数 |
| 4 | 1時間単位以外を単位とする場合の時間数<br>（原則は1時間ですが、2時間や3時間とすることも可能） |

　時間単位で付与される年休の日数は、繰越し分も含めて年5日以内です。また30分単位など、1時間に満たない単位で与えることはできません。

### ●有給残日数・残時間数の管理の考え方一例●

〈設例〉会社の所定労働時間が8時間の場合

| 有休取得例の時系列 | 残日数（うち時間単位で取得可能な日数） | 時間単位の残日数・残時間数 |
|---|---|---|
| 最初 | 20日（5日） | 5日 |
| 3時間の年休取得 | 19日（4日） | 4日+5時間 |
| 1日の年休取得 | 18日（4日） | 4日+5時間 |
| 6時間の年休取得 | 17日（3日） | 3日+7時間 |
| 5時間の年休を5回取得 | 14日（0日） | 0日+6時間 |
| 14日の年休を取得 | 1日 | 0日+6時間 |
| 6時間の年休取得 | 0日 | 0日+0時間 |

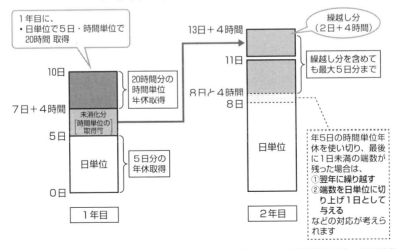

### ●時間単位年休の繰り越しの考え方●

注　1日の所定労働時間が8時間で、1年目は10日、2年目は11日の年休が付与され、時間単位で年5日まで取得できるとしている場合

4章　休暇

# 4 半日年休と時間単位年休②

## ✓ 全社員が時間単位年休を取得する必要はない

　年休に関して時間単位制度があったとしても、個々の社員に時間単位の年休取得を義務づけるものではありません。つまり、時間単位で取得するか日単位で取得するかは、**社員の自由意思**によることになります。

## ✓ 時間単位年休を取得できる事業場からできない事業場へ異動した場合

　時間単位年休を取得できる事業場から取得できない事業場へ異動した場合、時間単位で残っている年休の取扱いはどうするのでしょう。この場合、労働者の年休取得の権利が阻害されないように、時間単位で取得した残時間を「日単位」に切り上げる等の措置を、あらかじめ定めておくことが望まれます。

## ✓ 1年の途中で所定労働時間が変更された場合

　1年の途中で所定労働時間が変更された場合、時間単位の年休時間の扱いも変更されます。この場合、時間単位年休として取得できる範囲のうち、日単位で残っている部分について1日が何時間にあたるかは**変更後の所定労働時間**によることとなります。日単位に満たず時間単位で保有している部分については、所定労働時間の変動に比例して時間数が変更されることとなります。

　たとえば、所定労働時間が8時間から4時間に変更され、年休が3日と3時間残っている場合は、3日と3／8時間残っているとし、残時間を計算します。

---

〈計算例〉
【変更前】3日（1日当たりの時間数は8時間）＋3時間

【変更後】3日（1日当たりの時間数は4時間）＋2時間
　注：比例して変更すると1.5時間となりますが、1時間未満の端数は切り上げます

## ●就業規則の「半日単位年休」「時間単位年休」の規定例●

（半日単位年休）

第○条　社員は、会社に事前に申請した場合、半日単位で年次有給休暇を取得することができる。ただし、半日単位の取得は年度当たり5日を限度とする。

2．前項に基づき、半日単位で取得した場合の始業時刻及び終業時刻は、次の各号に掲げる通りとする。

　(1)　午前休……始業：午後1時、就業：午後6時

　(2)　午後休……始業：午前9時、就業：午後1時

（時間単位年休）

第○条　会社は、労使協定に定めるところにより、第○条の年次有給休暇の日数（繰越し分を含む。）のうち、一年度につき5日を限度として、1時間を1単位として、年次有給休暇を付与することができる。ただし、次の各号に掲げる者を除く。

　(1)　裁量労働制が適用される従業員

　(2)　第○条（適用除外）に該当する従業員

2．時間単位年休を付与する場合における1日の年次有給休暇に相当する時間数は、1日当たりの所定労働時間数（1時間未満の端数があるときは、これを1時間に切り上げる。以下同じ。）とする。ただし、日によって所定労働時間が異なる従業員については、一年度における1日平均の所定労働時間数とする。

3．時間単位年休は1時間単位で付与する。

4．時間単位年休の時間については、通常の賃金を支払うものとし、その時間は通常の出勤をしたものとして取り扱う。

（後略）

# 5 自由利用の原則

## ✅ 年次有給休暇は自由利用が原則

　**年次有給休暇の使い方は、社員の自由**です。判例でも、「年休の利用目的は労働基準法の関知しないところであり、休暇をどのように利用するかは、使用者の干渉を許さない労働者の自由であるとするのが法の趣旨である」としています（道立夕張南高校事件〈最判昭61.12.18〉他）。

　病気やけがなどで欠勤した場合、**社員からの申出に基づくものであれば、年次有給休暇に振り替えることも差し支えはありません**。ただし、会社に振り替える義務があるわけではありません。

　**遅刻・早退等の場合は、たとえ社員からの請求であっても半日単位で付与する義務はありません**。これは、年次有給休暇は、心身の休養のために付与されるべきものであり、法律上も1日単位を原則としているためです。

　もっとも、半日単位で付与する義務はないものの、社員が半日単位で年次有給休暇を希望し、これに会社が同意した場合に、適切に年次有給休暇制度が運用されていれば、半日単位の付与も認められます。

## ✅ 年次有給休暇を取得するとき理由を伝える必要はない

　年次有給休暇の使い方は自由であるため、その理由を会社に伝える必要はありません。ただし、ストライキを目的としての取得時は理由を会社に伝えなければいけません。

　そうはいっても、年次有給休暇の管理上、取得理由を確認したいという会社は多くみられます。このとき年次有給休暇を請求する際に、利用目的を記載させても、**その目的によって年休取得を請求してきた社員に不利益な扱いをせず、記載すること自体が任意によるものであれば違法ということにはなりません**。

　また、記載を求めることに対して、「利用目的の重大性や緊急性によって時季変更権の行使対象者を定めることは、合理性と必要性がある」との裁判例（大阪職安事件〈大阪地判決昭44.11.19〉）もあり、**年次有給休暇の取得請求時に利用目的を求めることも違法ではないとされています**。

## ●書式例 「有給休暇届」 ●

年　　　月　　　日

# 年次有給休暇届

| 所　属 | | | | |
|---|---|---|---|---|
| 氏　名 | | | | |

| 期　間 | 年　　月　　日　から<br><br>年　　月　　日　まで　　　　　　日間 |
|---|---|
| 事　由 | |
| 備　考 | |

4章

休暇

93

# 6

# 時季指定権と時季変更権

## ✅社員の時季指定権

　年次有給休暇の権利は、法律上の要件を満たした際に当然与えられる権利なので、年次有給休暇の「取得を承認する」という概念は本来ありません。

　通常、年次有給休暇を取得する場合に「年次有給休暇を請求する」という表現を使いますが、この「請求」とは年次有給休暇の時季を指定（時季指定権を行使）することを意味しています。

## ✅使用者の時季変更権と時季変更権の行使時期

　社員から年次有給休暇の時季が指定された＝請求があった場合、**事業の正常な運営を妨げる事情**があれば、会社は、請求があった日を別の日に変更することができることになっています。これを**時季変更権**といいます。

　裁判例によると、**事業の運営を妨げるとは、単に業務が多忙であったり、人員不足という理由だけでは、事業の正常な運営を妨げる理由としては足りない**とされています。なぜなら、事業の正常な運営を妨げないだけの人員配置をすることは、使用者として当然のことであるからです。

　それでも**事前に予測困難だった突発的事由の発生など特別の事情により休暇を与えることができない場合には時季変更権の行使が認められる**とされています（高知郵便局事件〈高知地判 昭51.2.5〉）。

　会社の時季変更権をいつまでにできるかという点は、一般的には**年次有給休暇日の前日の勤務終了時刻まで**とされています。ただし、当日に請求された場合には、その日に行使しても有効との判例もあります（此花電電局事件〈最判昭S57.3.18〉）。

　年次有給休暇の事後の請求を認めるかどうかは、使用者の自由であるため、当日の請求を認めないとしても違法ではありません。事後請求を認めない場合、会社としては、就業規則等に定める必要がありますが、定めていたとしても、事後請求を認めることが常態化している場合には、これを認めざるを得ないことになりますので、運用ルールとしてどうあるべきかを確認する必要があるでしょう。

### ●年次有給休暇のこれまでの全体像の考え方●

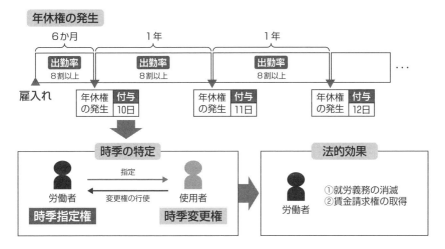

### ●就業規則の「年次有給休暇の取得手続き」の規定例●

(年次有給休暇の取得手続き)
第○条 社員が年次有給休暇を取得しようとするときは、原則として1週間前までに、遅くとも前々日までに会社に届け出なければならない。
2. 社員が年次有給休暇を取得し、休日を含めて1週間以上勤務から離れるときは、原則として1か月前までに、遅くとも2週間前までに所定の手続きにより、会社に届け出なければならない。
3. 年次有給休暇は本人の届出による時季に与えるものとする。ただし、その時季に与えることが事業の正常な運営を妨げる場合には、他の時季に変更することができる。
4. 突発的な傷病その他やむを得ない事由により欠勤した場合で、あらかじめ届け出ることが困難であったと会社が承認した場合には、事後の速やかな届出により当該欠勤を年次有給休暇に振り替えることができる。ただし、当該承認は会社又は所属長の裁量に属するものとし、必ず行われるものではない。
5. 第○条(年次有給休暇)の規定により付与する年次有給休暇(繰越し分を含む。)のうち、5日を超える分については、労使協定を締結し、当該協定の定めるところにより年次有給休暇の時季を指定することができる。この場合において社員は、会社が特に認めた場合を除き、当該協定の定めるところにより年次有給休暇を取得しなければならない。
6. 年次有給休暇取得は、会社が指定する方法で届け出なくてはならない。

# 7 計画的付与①

## ✅計画的付与とは

**計画的付与**とは、社員に付与されている年次有給休暇のうち、5日を超える分については、**労使協定を締結すれば、会社が労使協定の定めるところによって時季を指定して計画的に取得させる**ことができる制度のことをいいます。

しかし、計画的付与は、年次有給休暇の付与日数すべてについて認められているわけではありません。なぜなら、社員が病気や他の個人的事由による取得ができるよう指定した時季に与えられる日数を一定数残しておく必要があるためです。

そのため**年次有給休暇の日数のうち5日は個人が自由に取得できる日数として必ず残しておかなければなりません**。計画的付与の対象となるのは、社員の年次有給休暇の日数のうち**5日を超えた部分**となります。

たとえば、年次有給休暇の付与日数が10日の従業員に対しては5日、20日付与されている場合は15日までを計画的付与の対象とすることができます。

前年度に取得せず次年度に繰り越された日数がある場合には、**繰り越された年次有給休暇を含めて5日を超える部分を、計画的付与の対象とする**ことができます。

## ✅計画的付与の方法

計画的付与の方法としては、以下の3つの方法など様々な方法で活用されています。

| | |
|---|---|
| 1 | 会社全体の休業による一斉付与 |
| 2 | 班別やグループでの交替制付与 |
| 3 | 年休計画表による個人別付与　など |

計画付与制度を導入する場合には、就業規則に規定し、その内容を定めた**労使協定**の締結が必要になります。なお、この労使協定は、所轄労基署への届出は不要です。

96

## ● 「計画的付与」の労使協定の記載事項 ●

| 1 | 計画的付与の対象者、もしくは対象から除く者 |
|---|---|
| 2 | 対象となる年次有給休暇の日数 |
| 3 | 計画的付与の具体的な方法 |
| 4 | 対象となる年次有給休暇を持たない者の扱い |
| 5 | 計画的付与日の変更 |

## ●「計画的付与」の労使協定の規定例①　会社全体の一斉付与の場合●

　　株式会社○○と労働者代表○○とは、年次有給休暇の計画的付与に関して
次の通り協定する。
1．当社の本社に勤務する社員が有する○○年度の年次有給休暇のうち○日
　　分については、次の日に与えるものとする。
　　　○月○日、○月○日、○月○日、○月○日
2．当社社員であって、その有する年次有給休暇の日数から5日を差し引い
　　た残日数が○日に満たない者については、その不足する日数の限度で、第
　　1項に掲げる日に特別有給休暇を与える。
3．この協定の定めにかかわらず、業務遂行上やむを得ない事由のため指定
　　日に出勤を必要とするときは、会社は労働者代表と協議のうえ、第1項に
　　定める指定日を変更するものとする。
　　　　　　　　　　　　　　　　　　　　　　　　　　　　　　（後略）

## ●「計画的付与」の労使協定の規定例②　班別やグループでの交代制付与の場合●

　　　　　　　　　　　　　　　　　　　　　　　　　　　　　　（前略）
1．各課において、その所属の社員をA、Bの2グループに分けるものとする。
　　その調整と決定は各課長が行う。
2．各社員が保有する○○年度の年次有給休暇のうち○日分については各グ
　　ループの区分に応じて、次表の通り与えるものとする。
　　（1）　Aグループ……○月○日～○日
　　（2）　Bグループ……○月○日～○日
　　　　　　　　　　　　　　　　　　　　　　　　　　　　　　（後略）

# 8

# 計画的付与②

## ☑計画的付与で勝手に付与日は変更できない

　計画的付与での年次有給休暇の**時季を変更**する場合には、通常の年次有給休暇と同じく**事業の正常な運営を妨げる事由**が必要であり、かつ、**労使協定でその旨（変更手続き等）を定めておかなければ認められません。**

　つまり、計画的付与の場合でも、労働者および使用者からの一方的な変更は認められません。

## ☑年次有給休暇の日数が少ない場合の対応

　入社日より日が浅く、まだ年次有給休暇が付与されていない社員や、元々付与された年次有給休暇の日数が少ない社員に、年次有給休暇を計画的に付与する場合には、**特別の休暇を与える、もしくは年次有給休暇の日数を増やす等の措置を講じることが望ましい**とされています。

　このような措置を取らずに、年次有給休暇の権利のない者を休業させた場合には、**労働基準法26条の規定により休業手当**（⇒150ページ）**の対象となる**と考えられます。ただし、労使協定等で当日を休日と規定した場合には、休業手当の支払いは不要となります。

## ☑計画的付与の活用事例

　計画的付与を活用している会社では、以下のような効率的な使い方をしている事例があります。

### ⑴　お盆や年末年始の大型連休

　お盆（8月）や年末年始に、会社の就業規則で規定する所定休日と連結して、大型連休を実現する方法です。前述の方法では、会社全体の休業による一斉付与や班別やグループでの交替制付与の具体策としてよく活用される方法です。

### ⑵　ブリッジホリデーとして大型連休

　暦の関係で休日が飛び石となっている場合に、休日同士の橋渡し（ブリ

98

ッジ）として計画的付与を活用し、大型連休を実現する方法です。この事例も、会社全体の休業による一斉付与や班別やグループでの交替制付与の具体策としてよく活用される方法です。

### (3) リフレッシュ休暇として大型連休

社員の有給休暇取得を促進し、1週間から2週間連続という長期間の休暇・休日を取ることで、心身ともにリフレッシュしてもらうための大型連休を実現する方法です。この事例は、年休計画表による個人別付与の具体策としてよく活用される方法です。

●「計画的付与」の労使協定の規定例③　個人別付与方式の場合●

（前略）
1. 当社の社員が保有する○○年度の年次有給休暇（以下「年休」という。）のうち、5日を超える部分については○日を限度として計画的に付与するものとする。なお、その保有する年休の日数から5日を差し引いた日数が○日に満たないものについては、その不足する日数の限度で特別有給休暇を与える。
2. 年休の計画的付与の期間及びその日数は、次の通りとする。
　① 前期＝○月～○月の間で○日間
　② 後期＝○月～○月の間で○日間
3. 各個人別の年休付与計画表は、各回の休暇対象期間が始まる2週間前までに会社が作成し、通知する。
4. 各社員は、年休付与計画の希望表を、所定の様式により、各回の休暇対象期間の始まる1か月前までに、所属長に提出しなければならない。
5. 所属長は、第4項の希望表に基づき、各社員の休暇日を調整し決定する。
6. この協定の定めにかかわらず、業務遂行上やむを得ない事由のため指定日に出勤を必要とするときは、会社は労働者代表と協議の上、第2項に定める指定日を変更するものとする。
（後略）

# 9

# 斉一的取扱い

## ✓斉一的取扱いの注意点

　斉一的取扱いとは、年次有給休暇の付与日を全社員統一の日付とすることをいいます。

　労基法で規定する初回の年次有給休暇が付与される要件は、①雇い入れの日から6か月経過、②その期間の全労働日の8割以上出勤という2つのいずれも満たす場合になります。

　**各々の社員によって異なる入社日**に応じて年次有給休暇を付与し、取得日数や繰越日数を管理していくのは、社員数が少ないうちはできますが、人数が増えていくと**非常に煩雑**になってきます。

　これを解消し年次有給休暇の管理をしやすくするのが斉一的取扱いです。1月1日や4月1日など、会社の決算時期や人事の期など大きな節目に合わせて設定をしたりします。また、正社員は斉一的取扱いにし、アルバイト・パートは原則通りに付与することも可能です。

　運用上の主な注意点は次の3つになります。

### (1)　出勤率

　斉一的取扱いによって**法定の付与日より前倒しになった期間については、すべて出勤したものとみなす必要があります。**

　たとえば、4月1日に一斉付与をする会社に1月1日に入社するとすると、6か月後の6月30日までの3か月間についても出勤したものとみなすということです。もし1〜2月は出勤し3月に休職に入ったような場合も、出勤率は8割以上出勤したことになり、休暇を付与しなければいけません。

### (2)　公平性

　たとえば、10月1日一斉付与とする場合、下記のような現象が起きます。

・4月1日入社・・・10月1日に10日、翌年10月1日に11日付与
・3月1日入社・・・9月1日に10日、同年10月1日（翌月）に11日付与

　入社日が1か月違うだけで、10月1日時点で保持している日数にだいぶ差が出てしまいます。このため、付与日を年に2回（4月1日と10月1日など）設けたり、入社した時点で何日か付与したりといった対応を取って

100

いる会社もあります。

### (3) 1回目に付与された休暇の有効期間（消滅時期）

たとえば、4月1日に一斉付与、かつ、初回の有休は入社日に付与する会社に、2019年1月1日に入社するすると、下記のように休暇が付与されていきます。有給休暇の消滅時効は2年であるため、2019年1月1日に付与された休暇は2020年12月31日まで有効になります。

ここで注意したいのは、3回目の付与のときに1回目に付与した休暇の残数を消滅したことにしてしまうことがあります。前年度からの繰り越し分と当年度に付与されたものの合算が残数と思い込んでいると、この点を間違えます。この場合、まったく年次有給休暇を取得していなければ、2020年12月31日まで年次有給休暇は33日にあることになります。

|  | 1回目付与 | 2回目付与 | 3回目付与 |
|---|---|---|---|
| 付与日 | 2019年1月1日 | 2019年4月1日 | 2020年4月1日 |
| 付与日数 | 10日 | 11日 | 12日 |
| 有効期限 | 2020年12月31日 | 2021年3月31日 | 2022年3月31日 |

●斉一的取扱いの具体ケース●

例①：入社日に10日、以後は4/1に斉一的に付与するケース

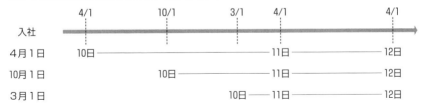

※次年度の付与日までの付与日数に差が出るため、入社日に応じて日数を調整する場合もあります

例②：入社時には付与せず、基準日を10/1と4/1の年2回とするケース

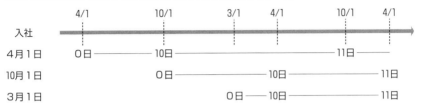

※入社月に応じて基準日を設けます

# 10

# 年次有給休暇取得義務①

## ☑️年次有給休暇の取得義務とは

年次有給休暇の取得義務とは、年10日以上の年次有給休暇が付与されている社員に対しては、付与日から1年以内に年5日については、会社が時季を指定して取得させることが義務付けられていることをいいます。

労基法では、年次有給休暇は原則、労働者が請求する時季に与えることとされていますが、職場への配慮や周囲との関係性などから年休が取りにくいなどの理由により、年次有給休暇の取得促進が課題となっています。このため、2019年4月から、すべての会社において、この年次有給休暇取得義務が適用されるようになりました。

対象者は、年次有給休暇が10日以上付与される社員（管理監督者を含む）に限られ、社員ごとに、年次有給休暇を付与した日（基準日）から1年以内に5日について、会社が取得時季を指定して与える必要があります。ただし、年次有給休暇を5日以上取得済みの社員に対しては、使用者による時季指定は必要ありません。

この義務は、2019年4月1日以降に10日以上の年休が付与される分から適用になります。

## ☑️意見を聴く義務と意見を尊重する義務

労基法施行規則によれば、年次有給休暇の取得義務を果たすために、会社は、社員ごとに時季について意見を聴くことが義務付けられています。また、時季の指定に際しては、社員の意見を尊重するように努めるべきであるとされています。

## ☑️年次有給休暇管理簿の作成と保管義務

労基法施行規則によって、年次有給休暇管理簿の作成と、3年間の保管が義務付けられています。

## ☑️半日単位でも取得義務は認められる

半日単位の年休取得は、年5日の取得に含めて取り扱って差し支えない

とされています。

　会社から社員に取得時季の希望を聴いた際に、半日単位の希望があれば、時季指定を半日単位で行うことも差し支えないとされています。これら半日単位で年休を取得した場合、年休の日数は0.5日として取り扱います。元々就業規則等により半日単位の年休取得がルール化されている場合は、ルールに基づいて半日単位で取得します。

　**時間単位の年休取得は年5日の取得義務に含まれません。**

### ●就業規則の「年次有給休暇の取得義務」の規定例●

（年次有給休暇の取得義務）
第○条　会社は、前条による基準日に、10日以上の年次有給休暇を付与する社員に対しては、そのうちの5日については、当該基準日から1年以内の期間に、社員ごとにその時季を指定して付与し、社員は指定された時季に年次有給休暇を取得しなくてはならない。ただし、社員本人の時季指定に対して会社が時季変更権を行使しない場合、又は、計画年休によって会社が年次有給休暇を付与した場合には、当該付与した年休日数（当該日数が5日を超える場合には、5日とする）分については、会社の指定した日時の年休付与を行わない。
2．前項の5日の年休付与にあたっては、年休権を有する社員に対して、時季に関する意見を聴かねばならず、時季に関する従業員の意見を尊重するように努めるものとする。

### ●書式例　「有給休暇管理簿」●

**年次有給休暇管理簿**

| 部門名 | | | | 氏名 | | 年度分 |

| 入社年月日 | 基準日(付与日) | 有効期間 | 前年度繰越日数 | 日 | 計 | 日 |
|---|---|---|---|---|---|---|
| 年　月　日 | 年　月　日 | 年　月　日 (基準日) ～ 年　月　日 | 今年度付与日数　　　　日 | | | |

| 年次有給休暇取得年月日 | 使用日数(時間数) | 残日数(時間数) | 請求等種別 | 請求日(指定日) | 本人印 | 直属上司印 | 部門長印 | 備考 |
|---|---|---|---|---|---|---|---|---|
| 自　年　月　日～至　年　月　日 | | | ・本人請求 ・計画年休 ・会社指定 | ／ | | | | |
| 年　月　日～　年　月　日 | | | ・本人請求 ・計画年休 ・会社指定 | ／ | | | | |
| 年　月　日～　年　月　日 | | | ・本人請求 ・計画年休 ・会社指定 | ／ | | | | |
| 年　月　日～　年　月　日 | | | ・本人請求 ・計画年休 ・会社指定 | ／ | | | | |
| 年　月　日～　年　月　日 | | | ・本人請求 ・計画年休 ・会社指定 | ／ | | | | |
| 年　月　日～　年　月　日 | | | ・本人請求 ・計画年休 ・会社指定 | ／ | | | | |

# 11 年次有給休暇取得義務②

## ✓ 年次有給休暇を基準日より前倒しで付与する場合の取扱い

入社日から年次有給休暇を付与する場合や、斉一的取扱いのように、全社的に年次有給休暇の起算日を合わせるため2年目以降に付与日を変更する場合は、以下のような取扱いとなります。

(1) **法定の基準日（雇入れの日から半年後）より前に10日以上の年次有給休暇を付与する場合**

付与した日から1年以内に5日を指定して取得させなければなりません。

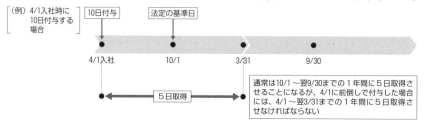

(2) **入社した年と翌年で年次有給休暇の付与日が異なるため、5日の取得指定義務が発生する2年間の期間が重複する場合（全社的に起算日を同じくするために入社2年目以降の社員への付与日を統一する場合など）**

重複するそれぞれの期間を通じた期間（前の1年間の始まりから後の1年間の終わり期間）の長さに応じた日数を、この期間内に取得させることも認められます。

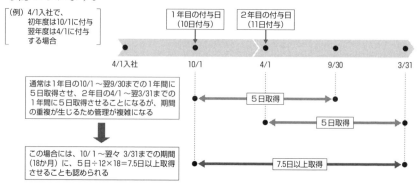

## (3) 前記(1)と(2)の期間経過後

これら期間後の1年間に、5日の年休取得指定義務が生じることとなります。

［(例) 前記(1)の場合］

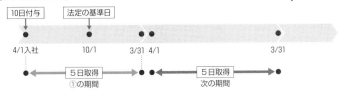

［(例) 前記(2)の場合］

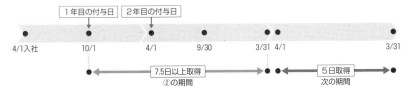

## (4) 付与された10日のうち一部を法定の基準日より前倒しで付与し、労働者が自ら年次有給休暇を取得した場合

分割して前倒しで付与した場合には、付与日数の合計が10日となった日から1年間に5日の指定義務が生じます。分割して前倒しで付与した年次有給休暇をすでに取得していた場合には、取得した日数を5日の指定義務から控除することができます。

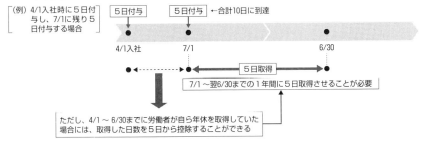

# 12

## 特別休暇の種類と規定

### ✓ 特別休暇は会社によって様々ある

　**特別休暇**とは、**法律で義務付けられている休暇以外に、会社が就業規則その他労働契約に基づいて与える休暇**のことをいいます。福利厚生的な意味合いの休暇もあれば、会社独自の特長ある休暇まで、様々な種類があります。

　年次有給休暇は労基法に定められていますので、万が一就業規則に記載がなくとも、労働者の権利として取得できますが、特別休暇は就業規則等により制定されていない場合、取得できません。

### ✓ 特別休暇の運用ポイント

　特別休暇の内容が決まったら、**就業規則等に定め、社員に周知し、労働者代表の意見を聴き、労働基準監督署へ届出**をします。

　特別休暇を制定する際には、社員間で不公平感が生じないよう、制度の目的や意図に沿うかたちで、以下の内容を検討しましょう。

| 1．対象者 | 正社員・契約社員等雇用形態、勤続年数など |
| --- | --- |
| 2．取得可能日数 | 取得日数、翌年繰り越しの可否など |
| 3．制限事項 | 退職予定者、試用期間中など |
| 4．取得可能期限 | 取得事案発生日から〇か月以内など |

　たとえば、結婚休暇を取る際、入籍日や挙式後から半年以内など一定期間内（たとえば、半年以内など）で取得するように制限をしておかないと、まったく関係ない時期に取得できてしまう可能性があります。取得期間の制限を制定しないと、退職予定者が退職日前に過去取得していなかったリフレッシュ休暇をまとめて取得できてしまう可能性もあります。

　特別休暇は、会社にとっては社員のモチベーションアップが期待できる制度です。**社員にとって、どういった休暇があれば働きやすく満足度が上がるか検討し、自社にマッチした有意義な制度を整えましょう。**

106

## ●特別休暇の例●

| 1 | 会社設立記念休暇 |
| --- | --- |
| 2 | 結婚・出産休暇 |
| 3 | 慶弔休暇 |
| 4 | 夏季休暇、年末年始休暇 |
| 5 | リフレッシュ休暇 |
| 6 | 転勤時・異動休暇 |
| 7 | 誕生日休暇 |
| 8 | アニバーサリー休暇 |
| 9 | 永年勤続休暇 |
| 10 | ボランティア休暇 |
| 11 | 自己研鑽休暇、教育訓練休暇 |
| 12 | 傷病休暇　など |

## ●就業規則の「特別休暇」の規定例●

（特別休暇）

第○条　社員が次の各号に掲げる事由に該当し、会社がその必要を認めたときは、当該各号に定める日数（原則として連続する日数）の特別休暇を与える。

(1)　本人が結婚するとき……結婚式又は入籍のいずれか遅い日から起算して6か月以内の5労働日

(2)　子が結婚するとき……子の結婚式当日を含む2労働日

(3)　妻が出産するとき……出産予定日又は出産日を含む2労働日

（中略）

3．前二項の特別休暇は有給とし、その期間については、通常の賃金を支払うものとする。

4．社員が特別休暇を取得しようとするときは、あらかじめ会社が指定する方法で届け出なければならない。この場合において会社は社員に対し、必要最小限の書類を提出させることができる。

（後略）

# 13

# 裁判員休暇

## ✅裁判員制度とは

　**裁判員制度**とは、国民が裁判員として刑事裁判に参加し、被告人が有罪かどうか、有罪の場合どのような刑にするかを裁判官と一緒に決める制度です。**裁判員は、職種・性別を問わず選出されるため、会社に勤務する者**であっても選出されます。

　裁判員候補に選出されると原則として辞退できませんが、70歳以上の人や学生、重い病気やけがで参加できない人などは1年間を通じて辞退できます。ただし、**仕事を理由とした辞退については、単なる「仕事が忙しい」**という理由では原則として辞退できません。

## ✅裁判員休暇の対象となる事由

　就業規則で裁判員休暇の制度を規定する場合には、以下の2つのシチュエーションに対する休暇を設定することになります。

| 1 | 裁判員候補者として裁判所に出頭する場合 |
|---|---|
| 2 | 裁判員または補充裁判員として裁判に参加する場合 |

## ✅会社に報告させる事由

　就業規則では、裁判員休暇対象者から、以下の事柄について会社に報告をさせる規定を定めておくことも忘れてはいけません。

| 1 | 裁判員候補者名簿に記載された旨の通知を受けたとき |
|---|---|
| 2 | 裁判員候補者として呼出状の送付を受けたとき |
| 3 | 裁判員または補充裁判員に選任され、あるいは不選任となったとき |
| 4 | 裁判員および補充裁判員として審理に参加したとき |

## ✅裁判員休暇は有給？　無給？

　裁判員休暇を有給・無給のいずれかとするかについては、法律の定めはありません。

## ●就業規則の「裁判員休暇」の規定例●

（裁判員休暇）

第○条　社員が、労働契約期間中に次の各号のいずれかの事由に該当する場合は、次の各号で定める裁判員休暇を与える。

　⑴　裁判員候補者として裁判所に出頭する場合……必要な日数又は時間

　⑵　裁判員又は補充裁判員として裁判に参加する場合……必要な日数又は時間

２．社員は、次の各号のいずれかに該当する場合には、各号に定めた期限までに会社が定めた手続きにより会社に必要な報告をしなければならない。なお、会社は社員にそれぞれの状況を証明する文書の添付を求めることがある。

　⑴　裁判員候補者名簿に記載された旨の通知を受けたとき……当該通知を受けてから１週間以内

　⑵　裁判員候補者として呼出状の送付を受けたとき……当該通知を受けてから１週間以内

　⑶　裁判員又は補充裁判員に選任され、あるいは不選任となったとき……当日中

　⑷　裁判員及び補充裁判員として審理に参加したとき……前々営業日まで

３．社員が裁判員休暇を取得した日については、本規則第○条（特別休暇）を取得したときの賃金額を支給する。

（後略）

4章

休暇

# オランダ人の働き方、日本人の働き方

**あなたには「休日を楽しむ習慣」がありますか？**

　「日本人は働きすぎだ」というのは世界のジョーシキ。時間が足りないと休日出勤もしています。

　ヨーロッパ、なかでもオランダの人を例にすると、基本的に17時には家に帰り、家族そろって夕食を楽しみます。レストランは18時に行けば満席で、20時にはほとんど客はおらず、21時にはラストオーダーです。カフェも18時には閉まり、本屋や美容室、歯医者などは、基本的に日曜日は閉まっています。

　そもそも日本は便利なサービスを提供しすぎている気がします。365日24時間営業のコンビニはあれば便利です。深夜1時まで営業しているスーパーも、なければないで次の日に買い物をするだけです。夜中3時に食べるコンビニのアイスは最高かもしれませんが、それが23時でもさして感動は変わらないはず。本来の「セブン-イレブン」の営業時間で十分です。

　要は、便利さを支えている人たちの労働時間を減らすことで、巡り巡って社会全体の労働時間が抑えられるのではないかと考えています。需要がなければ供給も生まれませんので、少しずつでも便利すぎるサービスから離れてみるのも一考ではないでしょうか。

　「日本人は働きすぎ」のイメージにつながっている原因に、3年連続で世界最下位の有休消化率があります。有休消化100％のブラジル、フランス、スペイン、ドイツに対し、日本は消化率50％で10日間に留まり、自分の付与されている有休日数を知らない人も、まだ多くいます。

　ヨーロッパでは、有休利用の権利が仕事中にお手洗いに行くのと同じくらい当たり前の権利であるのに対し、日本人には「どうしても休みたいときに使う必殺のカード」です。またヨーロッパに比較すると祝日数が多いのも、有休取得を低くしている大きな原因です。2019年のゴールデンウイーク10連休も、アンケート調査では楽しくないとの回答が6割あったとされています。

　まずは有休を取りやすい職場の雰囲気にするのが先決ですが、各国より多い祝日を活かし、祝日に有休を1日プラスして休日を楽しむだけでもリフレッシュにつながるかもしれません。

110

# 5章

## 妊娠・出産・育児・介護

# 1 母性保護規定・母性健康管理規定

## ☑均等法における母性保護規定

**母性保護**とは、妊娠、出産、育児に関する女性労働者に対する保護のことをいいます。母性保護には、(1)均等法における母性保護と(2)労基法における母性保護の2種類があります。

均等法では、母性保護の一環として、**母性健康管理措置**について、以下の2つを定めています。

### (1) 保健指導または健康診査を受けるための時間の確保

女性社員から妊娠・出産に関して受診のために必要な時間の確保について申出があった場合には、原則として、以下の回数の通り必要な時間を確保できるようにしなくてはなりません。

---

健康診査等を受診するために確保しなければならない回数
① 妊娠中
　妊娠23週目までは4週間に1回
　妊娠24週から35週までは2週間に1回
　妊娠36週から出産までは1週間に1回
② 産後（出産後1年以内）
　医師等の指示に従って必要な時間を確保する

---

### (2) 医師等の指導事項を守るための必要な措置

妊娠中および出産後の女性社員が、健康診査等を受け、医師等から指導を受けた場合は、その女性社員が受けた指導を守ることができるようにするために、事業主は勤務時間の変更、勤務の軽減等必要な措置を講じなければなりません。

## ☑労基法における母性保護規定

労基法では、母性保護について、次ページの7つを定めています。

112

## ✓ 不利益取扱いの禁止

妊娠や出産などを理由とした解雇その他不利益な取扱いをすることは均等法で禁止されています。

### ●労基法上の母性保護規定●

| 1 | 産前産後休業（⇒114ページ） |
|---|---|
| 2 | 妊産婦に係る坑内業務の就業制限 |
| 3 | 妊産婦に係る危険有害業務の就業制限 |
| 4 | 軽易業務への転換<br>（妊娠中の女性社員が請求した場合には、他の軽易な業務に転換させなくてはなりません） |
| 5 | 変形労働時間の適用制限<br>（妊娠中および産後1年以内の女性社員が請求した場合には、変形労働時間制が適用される場合であっても、1日・1週について法定労働時間を超えて労働させてはいけません） |
| 6 | 時間外・休日労働、深夜業の制限<br>（妊娠中および産後1年以内の女性社員が請求した場合には、時間外労働、休日労働、深夜労働をさせることができません） |
| 7 | 育児時間（⇒126ページ） |

### ●母性保護に関する制度の時系列●

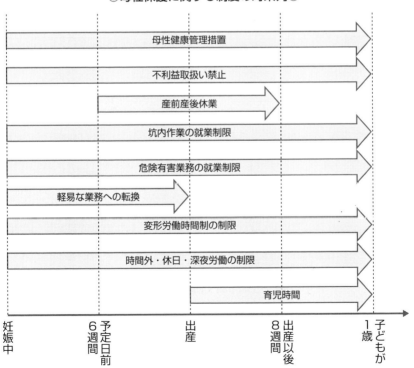

# 2

## 産前産後休業

### ✓ 産前産後休業とは

　産前産後休業とは、出産した女性社員が、母体保護のために出産前後に取る休業のことです。労基法により、**出産予定日以前6週間**（多胎妊娠の場合は14週間）および**出産日後8週間**は、産前産後休業として原則として**女性社員を働かせることはできません。**

　産前休業については、**女性社員が産前休業の取得を希望しなければ、働かせることも可能です。産後休業は、出産日後6週間については、たとえ女性社員が希望したとしても働かせることはできませんが、6週間経過後については女性社員が請求し、医師が支障ないと認めた業務については、働かせることは差し支えありません。**

### ✓ 産前産後休業の賃金支払い義務

　産前産後休業中の賃金は、ノーワーク・ノーペイの原則（⇒142ページ）によって、**支給する義務はありません。**

### ✓ 出産手当金

　健康保険法に基づく全国健康保険協会（協会けんぽ）や健康保険組合に加入している被保険者が、**産前産後休業中に賃金を受けられない場合**には、**出産手当金**が支給されます。

　協会けんぽの場合、出産手当金の金額は、標準報酬日額（標準報酬月額を30で除した金額）の3分の2です。

　健保組合の場合には、これを超える金額が支給されることがあります。なお、休業日に賃金の支払いがある場合には、これらの金額と支払われた賃金との差額のみが支給されます。

### ✓ 産前産後休業中の社会保険料免除

　産前産後休業中の**健康保険料**（介護保険料も含みます）および**厚生年金保険料**は、年金事務所（または健康保険組合）に手続きすることにより、**社員負担分だけでなく会社負担分も免除**になります。この申出は、産前産

114

後休業の期間中に行う必要があり、免除期間は産前産後休業の開始月から終了予定日の翌日の前月までになります。

● 産前産後休業の時系列 ●

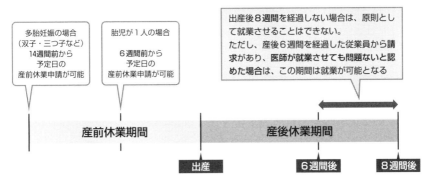

〈産前休業〉…必ず休業させる必要はなく、本人から申請されたら取得させる
〈産後休業〉…産後6週間は本人から希望があっても就業は禁止

● 出産手当金の支給パターン ●

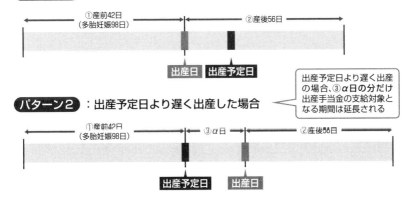

# 3

# 育児休業

## ☑️育児休業とは

　**育児休業**とは、出産後の一定期間、育児のために休業できる制度です。産前産後休業とは違い、**女性社員だけではなく、男性社員も取得すること**ができます。育児休業の期間は、原則として、**子どもが1歳の誕生日の前日まで**です。

　育児休業を取得した女性社員については、産前産後休業を終了した後に育児休業を取得することになります。また、男性社員など育児休業を取得しなかった場合には、出産日から育児休業を取得することになります。

## ☑️育児休業の延長

　本人または配偶者が、子どもの1歳の誕生日の前日に育児休業をしており、かつ、以下のいずれかに該当する場合には、**1歳6か月の誕生日にあたる日の前日まで育児休業を延長**することができます。

| 1 | 保育所（※）に入所の申し込みを行っているが、子の1歳の誕生日以後の期間について、当面入所できない旨通知された場合<br>※無認可保育園は含みません |
|---|---|
| 2 | 常態として子の養育を行っている配偶者であって、子の1歳の誕生日以後の期間について常態として子の養育を行う予定であった者が死亡、負傷・疾病、離婚などによって子を養育することができなくなった場合 |

　本人または配偶者が子どもの1歳6か月の誕生日にあたる日の前日において育児休業をしており、かつ、上表の1歳を1歳6か月と読み替えていずれかの要件に該当する場合には、**2歳の誕生日の前日まで育児休業を延長**することができます。

## ☑️有期契約労働者の育児休業

　有期契約労働者のうち、育児休業の申出の時点で、以下の2点をいずれも満たす社員は、**育児休業を取得することができます。**

| 1 | 同じ会社で引き続き1年以上雇用されていること |
|---|---|
| 2 | 子が1歳6か月に達する日までに労働契約の期間が満了する者ではないこと |

## ☑️労使協定による適用除外

いわゆる正社員のような期間の定めのない労働契約の場合であっても、**労使協定**を締結することで、以下のケースについて**育児休業を適用除外**とすることができます。

| 1 | 入社1年未満の社員 |
|---|---|
| 2 | 申出の日から1年（後述する延長の場合には6か月）以内に、労働契約が終了することが明らかな社員 |
| 3 | 1週間の所定労働日数が2日以下の社員 |

## ☑️育児休業中の賃金支払い義務と育児休業給付金

育児休業中の**賃金支払い義務はありません**。雇用保険から**育児休業給付金**が支給されます。育児休業給付金は、育児休業を開始してから180日間は、休業開始時賃金日額×支給日数の67％、それ以降は50％となります（毎年8月1日に改定）。

## ☑️育児休業中の社会保険料免除

育児休業中の**社会保険料**は、手続きすることにより**社員負担分だけでなく会社負担分も免除**になります。なお、育児休業中の社会保険料免除は、**最長で子どもの3歳の誕生日の前月まで**です。

### ◉適用除外者の労使協定例◉

育児・介護休業等に関する労使協定

　株式会社○○（以下「会社」という）と従業員の過半数を代表する＿＿＿＿＿＿は、会社における育児・介護休業等に関し、以下の通り協定する。

（育児休業の申出を拒むことができる社員）
第1条　会社は、次の社員から1歳（法定要件に該当する場合は1歳6か月又は2歳）に満たない子を養育するための育児休業の申出があったときは、その申出を拒むことができるものとする。
　(1)　入社1年未満の社員
　(2)　申出の日から1年（法第5条第3項及び第4項の申出にあっては6か月）以内に雇用関係が終了することが明らかな社員
　(3)　1週間の所定労働日数が2日以下の社員

(以下略)

**5章**

妊娠・出産・育児・介護

# 4 介護休業

## ✅要介護状態と対象家族

　**介護休業**とは、**要介護状態**にある**対象家族**を介護する社員が取得できる休業制度です。

　介護休業には、後述する**対象家族1名につき合計3回まで**という回数制限があります。また、取得期間は、**対象家族1名につき合計93日まで**という取得期間の制限もあります。

　介護休業は、**2週間以上の期間にわたり常時介護を必要とする状態にある対象家族**を介護するための休業です。この常時介護を必要とする状態については、次ページの下表を参照しつつ、判断することとなります。

　介護休業の対象家族は、以下の通りです。

| 1 | 配偶者（事実婚を含む） |
|---|---|
| 2 | 父母 |
| 3 | 子（養子を含む） |
| 4 | 配偶者の父母 |
| 5 | 祖父母 |
| 6 | 兄弟姉妹 |
| 7 | 孫 |

## ✅有期契約労働者の介護休業

　有期契約労働者のうち、介護休業の申出の時点で、以下の2点を**いずれも満たす**社員は、**育児休業を取得することができます**。

| 1 | 同じ会社で引き続き1年以上雇用されていること |
|---|---|
| 2 | 介護休業開始予定日から起算して93日経過日から6か月を経過する日までに、その労働契約の期間が満了することが明らかでないないこと |

## ✅労使協定による適用除外

　いわゆる正社員のような期間の定めのない労働契約の場合であっても、**労使協定**を締結することで、以下のケースについて介護休業を適用除外と

することができます。

| 1 | 入社1年未満の社員 |
|---|---|
| 2 | 申出の日から93日以内に、労働契約が終了することが明らかな社員 |
| 3 | 1週間の所定労働日数が2日以下の社員 |

## ✅介護休業中の賃金支払い義務と介護休業給付金

　介護休業中の**賃金支払い義務はありません**。雇用保険から**介護休業給付金**が支給されます。介護休業給付金は、最大3か月で、休業開始時賃金日額×支給日数の67%です（毎年8月1日に改定）。

## ✅介護休業中の社会保険料免除制度はない

　育児休業とは異なり、介護休業中の保険料免除制度はありません。

### ●常時介護を要する状態に関する判断基準●

「常時介護を必要とする状態」とは、以下の⑴または⑵のいずれかに該当する場合であること。
⑴　介護保険制度の要介護状態区分において**要介護2以上**であること。
⑵　状態①〜⑫のうち、2が2つ以上または3が1つ以上該当し、かつ、その状態が継続すると認められること。

| 項目 ＼ 状態 | 1 | 2 | 3 |
|---|---|---|---|
| ①座位保持（10分間一人で座っていることができる） | 自分で可 | 支えてもらえればできる | できない |
| ②歩行（立ち止まらず、座り込まずに5m程度歩くことができる） | つかまらないでできる | 何かにつかまればできる | できない |
| ③移乗（ベッドと車いす、車いすと便座の間を移るなどの乗り移りの動作） | 自分で可 | 一部介助、見守り等が必要 | 全面的介助が必要 |
| ④水分・食事摂取 | 自分で可 | 一部介助、見守り等が必要 | 全面的介助が必要 |
| ⑤排泄 | 自分で可 | 一部介助、見守り等が必要 | 全面的介助が必要 |
| ⑥衣類の着脱 | 自分で可 | 一部介助、見守り等が必要 | 全面的介助が必要 |
| ⑦意思の伝達 | できる | ときどきできない | できない |
| ⑧外出すると戻れない | ない | ときどきある | ほとんど毎回ある |
| ⑨物を壊したり衣類を破ることがある | ない | ときどきある | ほとんど毎日ある |
| ⑩周囲の者が何らかの対応をとらなければならないほどの物忘れがある | ない | ときどきある | ほとんど毎日ある |
| ⑪薬の内服 | 自分で可 | 一部介助、見守り等が必要 | 全面的介助が必要 |
| ⑫日常の意思決定 | できる | 本人に関する重要な意思決定はできない | ほとんどできない |

出所：厚生労働省　「育児休業、介護休業等育児又は家族介護を行う労働者の福祉に関する法律の施行について」　平成28年8月2日

119

# 5

## 子の看護休暇・介護休暇

### ☑いずれも1日または半日単位での取得が可能

子の看護休暇は、6歳に達する日の属する年度の3月31日までの子ども を養育する社員が取得できる、病気、けがをした子の看護をするため、ま たは予防接種、健康診断を受けさせるための休暇制度です。

日数は、**年間5日**（対象となる**子どもが2人以上の場合には10日**）で、 **1日または半日単位での取得が可能**です。

**介護休暇**は、要介護状態にある対象家族の**介護**や、通院等の付添い、対 象家族が介護サービスの適用を受けるために必要な手続きの代行、その他 の対象家族に必要な**世話**をするために社員が取得できる休暇制度です。な お、要介護状態と対象家族に関する考え方は、介護休業と同様です。

日数は、**年間5日**（**対象家族が2人以上の場合には10日**）で、1日また は半日単位での取得が可能です。

**労使協定**を締結することで、以下のケースについて**子の看護休暇および 介護休暇を適用除外**とすることができます。

| 1 | 入社6か月未満の社員 |
|---|---|
| 2 | 1週間の所定労働日数が2日以下の社員 |

なお、子の看護休暇および介護休暇中の**賃金支払い義務はありません**。

## ●育児介護休業規程の「子の看護休暇」「介護休暇」の規定例●

（子の看護休暇）

第○条　小学校就学の始期に達するまでの子を養育する社員は、負傷し、もしくは疾病にかかった当該子の世話をするために、又は当該子に予防接種や健康診断を受けさせるために、就業規則に規定する年次有給休暇とは別に、当該子が１人の場合は１年間につき５日、２人以上の場合は１年間につき10日を限度として、子の看護休暇を取得することができる。この場合の１年間とは、４月１日から翌年３月31日までの期間とする。

２．前項の規定にかかわらず、労使協定により除外された以下の社員からの子の看護休暇の申出は拒むことができる。

　⑴　入社６か月未満の社員

　⑵　１週間の所定労働日数が２日以下の社員

３．取得しようとする者は、原則として、事前に子の看護休暇申出書を会社に提出して申し出なければならない。ただし、緊急かつやむを得ない事情がある場合には、当日始業時刻までに電話連絡等により申し出るものとし、事後すみやかに子の看護休暇申出書を提出するものとする。

４．子の看護休暇取得中は無給とする。

５．定期昇給がある場合及び賞与の支給がある場合において、その算定にあたっては、子の看護休暇取得期間は通常の勤務をしたものとみなす。

６．子の看護休暇は、半日単位で取得することができる。


（介護休暇）

第○条　要介護状態にある家族の介護その他の世話をする社員は、就業規則に規定する年次有給休暇とは別に、当該対象家族が１人の場合は１年間につき５日、２人以上の場合は１年間につき10日を限度として、介護休暇を取得することができる。この場合の１年間とは、４月１日から翌年３月31日までの期間とする。

２．前項の規定にかかわらず、労使協定により除外された以下の社員からの介護休暇の申出は拒むことができる。

　⑴　入社６か月未満の社員

　⑵　１週間の所定労働日数が２日以下の社員

　　　　　　　　　　　　　　　　　　　　　　　　（以下略）

# 6 育児・介護に関するその他の特例措置①

## ☑ 所定外労働の制限

　３歳に満たない子どもを養育する社員が子どもを養育するため、または要介護状態にある対象家族を介護する社員がその家族を介護するために請求した場合には、所定労働時間を超えて労働させてはいけません。

　労使協定を締結することで、次ページ一番上の表の社員について制度を適用除外とすることができます。

## ☑ 時間外労働の制限

　６歳に達する日の属する年度の３月31日までの子どもを養育する社員がその子どもを養育するため、または要介護状態にある対象家族を介護する社員がその対象家族を介護するために請求した場合には、制限時間（１か月24時間・１年150時間）を超えて時間外労働をさせてはいけません。

　次ページ２つ目の表の社員について制度を適用除外とすることができます。

## ☑ 深夜労働の制限

　６歳に達する日の属する年度の３月31日までの子どもを養育する社員がその子どもを養育するため、または要介護状態にある対象家族を介護する社員がその対象家族を介護するために請求した場合には、深夜労働をさせてはいけません。

　次ページ３つ目の表の社員について制度を適用除外とすることができます。

## ●所定外労働の制限を適用除外にできる社員●

| 1 | 入社1年未満の社員 |
|---|---|
| 2 | 1週間の所定労働日数が2日以下の社員 |

※配偶者が専業主婦（夫）や育児休業中である場合等の労働者は対象外にできません。

## ●時間外労働の制限を適用除外にできる社員●

| 1 | 日雇いの社員 |
|---|---|
| 2 | 入社1年未満の社員 |
| 3 | 1週間の所定労働日数が2日以下の社員 |

※配偶者が専業主婦（夫）や育児休業中である場合等の労働者は対象外にできません。

## ●深夜労働の制限を適用除外にできる社員●

| 1 | 日雇いの社員 |
|---|---|
| 2 | 入社1年未満の社員 |
| 3 | 保育または介護ができる、以下のいずれにも該当する同居の家族がいる社員<br>① 深夜に就労していないこと（深夜の就労日数が1か月につき3日以下の者を含む）<br>② 負傷、疾病または心身の障害により、保育または介護が困難でないこと<br>③ 産前6週間（多胎妊娠の場合は14週間）、産後8週間以内の者でないこと |
| 4 | 1週間の所定労働日数が2日以下の社員 |
| 5 | 所定労働時間の全部が深夜にある社員 |

## ●育児介護休業規程の「所定外労働の制限」「時間外労働の制限」「深夜業の制限」の規定例●

（育児のための所定外労働の制限）
第○条　3歳に満たない子を養育する社員が当該子を養育するために請求した場合には、事業の正常な運営に支障がある場合を除き、所定外労働をさせることはない。ただし、労使協定により、所定外労働の制限の対象から除外することとされた以下の社員は除く。なお、この場合において、当該制限期間は、次条に定める時間外労働の制限に係る制限期間と重複しないようにしなければならない。

（中略）

（育児のための時間外労働の制限）
第○条　小学校就学の始期に達するまでの子を養育する社員が当該子を養育するために請求した場合には、事業の正常な運営に支障がある場合を除き、法定労働時間を超えて延長する労働時間は、1か月について24時間、1年について150時間を限度とする。

（中略）

（育児のための深夜業の制限）
第○条　小学校就学の始期に達するまでの子を養育する社員が当該子を養育するために請求した場合には、事業の正常な運営に支障がある場合を除き、午後10時から午前5時までの間（以下「深夜」という。）に労働させることはない。

（以下略）

# 7
## 育児・介護に関するその他の特例措置②

### ☑育児短時間勤務

　3歳に満たない子どもを養育する社員について、1日の所定労働時間を原則として6時間とする短時間勤務制度を設けなければなりません。

　この制度は、1日の労働時間が6時間以下の社員を除く、原則としてすべての社員が対象となりますが、**労使協定**を締結することで、以下の社員は**制度を適用除外**とすることができます。

| | |
|---|---|
| 1 | 入社1年未満の社員 |
| 2 | 1週間の所定労働日数が2日以下の社員 |
| 3 | 業務の性質または業務の実施体制に照らして、短時間勤務制度を実施することが困難な業務に従事する社員 |

注：配偶者が専業主婦（夫）や育児休業中である場合等の労働者は対象外にできません。

　上記3の場合については、以下の**いずれか**の措置を実施しなくてはなりません。

| | |
|---|---|
| 1 | 育児休業に準じる制度 |
| 2 | フレックスタイム制度（⇒68ページ） |
| 3 | 始業・終業時刻の繰上げ、繰下げ（時差出勤の制度） |
| 4 | 事業所内保育施設の設置運営その他これに準ずる便宜の供与 |

### ☑介護短時間勤務など

　**要介護状態にある対象家族を介護する社員**について、**以下のいずれかの措置**を実施しなくてはなくてはなりません。

| | |
|---|---|
| 1 | 短時間勤務制度（※）<br>※所定労働時間が8時間の場合は2時間以上、7時間以上の場合は1時間以上の短縮が望ましい。 |
| 2 | フレックスタイム制度 |
| 3 | 始業・終業時刻の繰上げ、繰下げ（時差出勤の制度） |
| 4 | 社員者が利用する介護サービスの費用の助成その他これに準ずる制度 |

　この制度は、原則としてすべての社員が対象となりますが、**労使協定**を締結することで、以下の社員は**制度を適用除外**とすることができます。

| 1 | 入社1年未満の社員 |
|---|---|
| 2 | 1週間の所定労働日数が2日以下の社員 |

## ●育児介護休業規程の「育児短時間勤務」「介護短時間勤務」の規定例●

（育児短時間勤務）

第○条　社員（1日の所定労働時間が6時間以下である者を除く。次条において同じ。）であって、その3歳に満たない子を養育する者は、申出により、育児短時間勤務制度の適用を受けることができる。ただし、労使協定により、育児短時間勤務の対象から除外することとされた以下の社員は除く。

（中略）

2．前項第3号による適用除外者については、会社は次のいずれかの措置を代替措置として講ずる。

(1)　始業及び終業時刻の繰上げ又は繰下げ（時差出勤）

(2)　フレックスタイム制

(3)　事業所内託児施設の設置又はベビーシッターの費用負担等

(4)　子が3歳に達するまでの育児休業

3．育児短時間勤務制度の適用を受けた社員の1日の所定労働時間は、次の各号のいずれかから本人が選択した時間とする。

(1)　5時間

(2)　6時間

(3)　7時間

（中略）

（介護短時間勤務）

第○条　社員であって、要介護状態にある対象家族を介護する者は、申出により、会社の所定労働時間を、1日当たり6時間とする介護短時間勤務制度の適用を受けることができる。ただし、労使協定により、介護短時間勤務の対象から除外することとされた次の社員を除く。

（以下略）

5章

妊娠・出産・育児・介護

# 8

# 生理休暇・育児時間

## ✓生理休暇とは

　生理休暇とは、生理日に働くことが著しく困難な女性社員が、請求した場合に与える労基法所定の休暇制度です。この制度は、雇用形態に関係なくすべての女性社員が対象となります。

　労基法では、生理休暇の日数は規定されていないため、個々の女性社員の症状に応じて必要な日数・時間数を与えることになります。上限の日数・時間数を設定することはできません。

　生理日に働くことの困難さの判断は、医師の診断書を求めることは現実的ではないため、女性社員の申出を尊重することになります。

　労基法では、生理休暇中の賃金の支払い義務はありません。生理休暇中の賃金については、就業規則などで規定します。

## ✓育児時間とは

　育児時間とは、1歳未満の子どもを養育する女性社員が、通常の休憩時間のほかに取得できる育児をするための時間です。この制度は、雇用形態に関係なく制度の対象となる子どもを養育しているすべての女性社員が対象となります。

　労基法で定める育児時間の回数および時間数は、原則として、1日2回・各々少なくとも30分です。なお、1日の労働時間が4時間以下の社員については、1日1回でよいとされています。

　育児時間を取得する女性社員は、その時間中は業務から離れることが許されています。会社は、制度の対象となる子どもを養育している女性社員から育児時間を請求されたら、拒否することはできません。

　育児時間は、本来の制度趣旨が授乳や母体保護にあることから、男性社員に与える義務はありません。

　労基法では、育児時間中の賃金の支払い義務はありません。育児時間中の賃金については、就業規則などで規定します。

126

## ●就業規則の「母性健康管理」「生理休暇」「育児時間」の規定例●

（母性健康管理のための休暇等）

第○条　妊娠中又は産後1年を経過しない女性社員が、所定労働時間内に、母子保健法に基づく保健指導又は健康診査を受けるために、通院休暇を請求した場合には、以下の各号の範囲で与えるものとする。ただし、不就労時間に対する部分は無給とする。

(1)　産前の場合……以下による。ただし、医師等がこれと異なる指示をしたときは、その指示により必要な時間とする。

　　　　　妊娠23週まで　　　　　：4週間に1回
　　　　　妊娠24週から35週まで：2週間に1回
　　　　　妊娠36週から出産まで：1週間に1回

(2)　産後（1年以内）の場合……医師等の指示により必要な時間とする。

2．妊娠中又は産後1年を経過しない女性社員から、保健指導又は健康診査に基づき勤務時間等について医師等の指導を受けた旨の申出があった場合には、以下の各号の措置を講ずるものとする。ただし、不就労時間に対する部分は無給とする。

（中略）

3．第1項の請求及び前項の申出をする者は、医師等の指示又は指導内容が記載された証明書を会社に提出しなければならない。

（生理休暇）

第○条　生理日の就業が著しく困難な女性社員が請求した場合には、1日又は半日もしくは請求があった時間における就労を免除する。

2．前項の場合による不就労時間に対する部分は無給とする。

（育児時間）

第○条　生後1年未満の子を育てる女性社員が請求した場合には、休憩時間のほかに1日2回、各々30分の育児時間を与えるものとする。

2．前項の場合による不就労時間に対する部分は無給とする。

5章　妊娠・出産・育児・介護

# ワークライフバランスの歴史とその真の意味

**ワークライフバランスとは育児についてだけではない**

　日本の戦後復興を支えてきた経営手法に「日本的経営」を挙げることができます。

　「日本的経営」とは、「家族主義」、戦後の高度成長を支えた金の卵ともいわれた「新卒一括採用制度」「終身雇用制度」「年功序列制度」などが代表的なものとなります。

　男性の多くは学校を卒業して就職し、転職することなく1つの会社に定年まで勤めることが、女性の多くは学校を卒業して就職し、結婚もしくは出産を契機に退職し、専業主婦となることが一般的でした。

　当時は、雇用が安定しており、将来の自分の人生の未来予想図を描くことに大きな不安もありませんでした。

　その後、1990年頃、いわゆる「バブル崩壊」となり、長い景気の停滞期に入ります。企業も生き残りをかけ、成果主義の導入やリストラ等を行うことにより雇用関係が不安定になってきました。共働きも増え、非正規雇用の割合も増えてきました。転職も珍しいことではなくなっていきました。

　とはいえ、バブル崩壊が雇用の多様性を生み、その後のワークライフバランスの考え方の萌芽を生み出したともいえます。

　2007年12月18日政財界合意のもと仕事と生活の調和（ワークライフバランス）憲章が策定されました。これによりワークライフバランスの取組みに向けた、様々な方針や法律改正が行われるに至りました。

　ワークライフバランスとは、女性が働くための施策についてのみいっているのではありません。均等法や育児介護休業法の改正などが注目されるために、勘違いされがちですがそうではありません。

　育児に限らず、介護問題もしかり、長時間労働対策もしかり、文字どおり仕事と生活を両立していくための取り組みを実施していくということを意味しています。

# 6章

## 賃金

# 1

# 賃金支払い5原則

## ☑ 通貨で本人に全額、毎月1回、一定期日を定めて支払う

賃金とは、「賃金、給料、手当、賞与その他名称のいかんを問わず、労働の対償として使用者が労働者に支払うすべてのものをいう」と労基法11条に定義されています。

次のものは労働の対償ではないため、賃金として扱いません。

| 1 | 結婚祝金、死亡弔慰金、慶弔見舞金などの恩恵的給付<br>※就業規則などで支給条件が明確なものは除く |
|---|---|
| 2 | 社宅などの福利厚生施設 |
| 3 | 制服や作業用品などの企業設備 |

## ☑ 賃金支払の5原則

下記に示した**賃金支払の5原則**は、社員にとって唯一の生活手段となる賃金を確実に渡すためのルールです。これらの5原則を守ることで、社員は毎月安心して暮らすことができます。

### (1) 通貨払いの原則

賃金は、**通貨**で支払わなければなりません。ここでいう「通貨で」とは、現金払いしなくてはならないということです。

ところで、給料日に多額の現金を持っていると、紛失や盗難のおそれがあります。そこで、**社員の同意**があれば、銀行口座や証券総合口座へ振り込むことができます。

この場合、振り込まれた賃金の全額が賃金支払日に払い出しできるようにしておく必要があります。実務的には、社員の同意書面である**賃金口座振込同意書**を整備して、全社員分の同意書面を取っておくとよいでしょう。

例外として、**労働協約**（⇒149ページ）を締結しておけば、その労働協約の適用を受ける社員に対して、**通勤に要する費用を通勤定期券の現物で支払う**ことができます。

130

## ⑵ 直接払いの原則

賃金は**直接**社員に支払わなければなりません。労基法では、労働者本人以外の者に賃金を支払うことを禁止しています。親権者などの**法定代理人や任意代理人に支払うことはできません。**

本人の意思を伝達するにすぎない**使者に対して支払うことは問題ありません。**

## ⑶ 全額払いの原則

賃金は、**全額**を支払わなければなりません。

過払賃金の清算や**割増賃金計算の端数処理**（⇒138ページ）に伴うものは、全額払いの原則に違反しません。

所得税や社会保険料の本人負担分、労使協定による労働組合費などの**控除**をすることは問題ありません。

## ⑷ 毎月１回以上払い、⑸一定期日払いの原則

賃金は、**毎月１回以上、一定期日**を定めて支払わなければなりません。

毎月１回以上であれば、日ごと、週ごとに分割して支払うことも可能です。たとえば、年俸制の社員であっても、毎月１回以上の賃金支払いをしなければなりません。

一定期日の決定には、周期的に到来する期日を特定することが必要です。期日は、「毎月25日」「毎週土曜日」などと決定する必要があります。社員種別や社員ごとに異なる支給日とすることも可能です。

ちなみに、「毎月第１金曜日」のように決定すると、１日から７日の間で賃金支払日が変動してしまうため、一定期日とは認められません。

ところで、賃金支払期日が休日にあたるときは、支払日を繰り上げることも繰り下げることもできます。あらかじめどちらにするか確定しておく必要があります。

過去に遡って昇給決定した場合に支払われる遡及追加賃金は、決定直後の賃金支払日に支給することで差し支えありません。

# 2

# 賃金の決定に関する法規制（最低賃金）

## ✅最低賃金の種類

**最低賃金**とは、最賃法に基づいて賃金の最低基準を定め、労働者に最低賃金額以上の賃金を払わせる制度です。毎年秋頃に最低賃金の改定がなされています。最低賃金は、出来高払制の社員にも当然に適用されます。

もし、最低賃金額より低い賃金を労働者に支払っている状態であれば、**最賃法により無効**とされ、最低賃金額と同額を支払わなければなりません。最低賃金額を支払っていない場合の罰則は、50万円以下の罰金です。

最低賃金には、都道府県ごとに定められた**地域別最低賃金**と特定地域内の特定産業ごとに定められた**特定最低賃金**の2種類があります。

地域別最低賃金は、産業や職種にかかわりなく、都道府県内の事業場で働くすべての労働者に適用されます。

特定最低賃金は、地域別最低賃金よりも金額水準の高い最低賃金を定めることが必要と認める産業に設定されており、特定地域内の特定産業の基幹的労働者に適用されます。

**派遣労働者**には、**派遣先の事業場がある都道府県の地域別最低賃金もしくは特定最低賃金が適用**されます。

## ✅最低賃金の対象となる賃金

最低賃金の対象となる賃金は、毎月支払われる基本的な賃金です。

最低賃金を計算する際に、除外する賃金項目が次ページ一番上の表に記載してあります。

これらの賃金を除外した後に、次ページ2つ目の表の算式を用いて実際の賃金が最低賃金を上まわっているのか確認します。次ページ3つ目の表の要件に該当すれば最低賃金額の特例許可を受けることができます。

132

## ●最賃計算時に除外する賃金項目●

| | |
|---|---|
| 1 | 精皆勤手当、通勤手当および家族手当 |
| 2 | 時間外割増賃金 |
| 3 | 休日割増賃金 |
| 4 | 深夜割増賃金 |
| 5 | 1か月を超える期間ごとに支払われる賃金（賞与など） |
| 6 | 臨時に支払われる賃金（結婚手当など） |

## ●最低賃金額の算出式●

(1) **時間給制の場合**
   時間給　≧　最低賃金額（時間額）

(2) **日給制の場合**
   日給÷1日の所定労働時間　≧　最低賃金額（時間額）
   ※日額が定められている特定最低賃金が適用されるときは、次の式を用いて算出します。
   日給　≧　最低賃金額（日額）

(3) **月給制の場合**
   月給÷1か月平均所定労働時間　≧　最低賃金額（時間額）

(4) **出来高払制の場合**
   賃金総額÷総労働時間　≧　最低賃金額（時間額）
   ※タクシー運転手で完全歩合制のときの総労働時間は、所定労働時間と時間外労働時間の合計時間を用います。

(5) **前記(1)(2)(3)(4)の組み合わせの場合**
   それぞれを時間額に換算し合計した額　≧　最低賃金額（時間額）

## ●最低賃金額の減額の特例許可要件●

| | |
|---|---|
| 1 | 精神または身体の障害により著しく労働能力の低い方 |
| 2 | 試みの使用期間中の方 |
| 3 | 基礎的な技能等を内容とする認定職業訓練を受けている方のうち厚生労働省令で定める方 |
| 4 | 軽易な業務に従事する方 |
| 5 | 断続的労働に従事する方 |

※類型ごとに厳格な基準を設けていますので、個別に実地調査を行って、労働能率の実態を十分把握したうえで許可の判断がくだされます

# 3

## 所定内賃金と所定外賃金

### ☑所定内賃金と所定外賃金の違い

　**所定内賃金**とは、所定労働時間内の労働に対して支払われる賃金、**所定外賃金**とは、所定労働時間外の労働に対して支払われる賃金のことです。厚生労働省が行う「賃金事情調査」では次ページのように定義しています。

### ☑基本給とは

　**基本給**とは、社員に支給される賃金における基本的な給与のことです。

　基本給の決定単位により、(1)月給制、(2)日給制、(3)時間給制、(4)年俸制などに分けられます。(1)月給は、遅刻や欠勤にかかわらず全額支給される**完全月給制**と、遅刻や欠勤に相当する賃金を控除して支給される**日給月給制**に大別されます。

　決定基準は、属人的要素を基準とする**属人給**、仕事的要素を基準とする**仕事給**、属人給と仕事給を総合勘案する**総合給**の3種となっています。また、決定要素も様々です。

　賞与や退職金を計算する際に基本給をベースとして利用している会社は、多数存在しています。しかし、基本給の上昇に連動して賞与や退職金も上昇するため、資金準備や人件費のコントロールが難しくなるなどの課題が生じています。これらの課題に対し、賞与や退職金と、基本給を連動させないような仕組みづくりをしている会社が増えています。

### ☑手当とは

　手当とは、基本給に付加して支払われる賃金です。

　手当は、一般的に社員の職務内容や生活環境に応じて決定されています。会社は、手当の支給基準を自由に決定することができ、その支給基準に該当する社員に該当した時点から支給されます。

　手当は、労基法で決められた割増賃金と会社の所定労働時間を超えて法定労働時間以内の労働に対する賃金である所定外労働手当から構成される**所定外の手当**と、それ以外の会社の就業規則に基づき支払われる**所定内の手当**に分けられます。

134

●賃金構成図●

●所定内外賃金の定義●

| 所定内賃金 | 毎月決まって支給する賃金（月例賃金）のうち所定外賃金に該当しない賃金のことです。基本給、奨励給（個人能率給、団体業績給など）、役付手当、交替手当、特殊勤務手当、家族手当、通勤手当、住宅手当、地域手当などが該当します |
|---|---|
| 所定外賃金 | 毎月決まって支給する賃金（月例賃金）のうち所定外労働時間の労働に対して支給する賃金のことです。所定外労働手当、時間外労働・休日労働・深夜労働に対する割増賃金（⇒136ページ） |

●賃金の決定基準●

| 属人給 | 年齢給、勤続給、学歴給、経験給など |
|---|---|
| 仕事給 | 職務給、職能給、成果給、歩合給など |

●基本給の決定要素●

| 1 | 職務・職種など仕事の内容 | 77.4% |
|---|---|---|
| 2 | 職務遂行能力 | 64.9% |
| 3 | 年齢・勤続年数など | 60.1% |
| 4 | 業績・成果 | 40.0% |
| 5 | 学歴 | 21.1% |

出所：厚生労働省「平成29年就労条件総合調査の概況」

# 4 割増賃金①

## ✅割増賃金とは

　長時間労働や深夜労働を抑制するために、社員が、法定時間外労働、休日労働、深夜労働をしたときは、通常の賃金に**割増賃金**を上乗せして支払う必要があります。また、深夜労働の割増賃金は、通常労働時に上乗せして支払われるだけではなく、残業時、休日労働時には、それぞれの割増賃金と重複して支払う必要があります。具体的には、次節をご覧ください。

　労働時間などの制限を受けない**管理監督者**については、時間外労働と休日労働に対する割増賃金の支払いは不要ですが、**深夜労働に対しては支払う必要があります**。

　割増賃金の割増率は、発生要因別に、次のように決められています。

|   | 発生要因 | 割増率 |
|---|---|---|
| 1 | 法定**時間外労働**（月45時間**以下**） | 25%以上 |
| 2 | 法定**時間外労働**（月45時間超・年360時間超で月60時間以下） | 25%を超える率（努力義務） |
| 3 | 法定**時間外労働**（月60時間**超**）※1 | 50%以上 |
| 4 | 法定休日労働 | 35%以上 |
| 5 | 深夜労働 | 25%以上 |

※1については、現在大企業のみが対象となっていますが、2023年4月よりすべての会社が対象となります。

## ✅割増賃金の計算過程

割増賃金は、以下の順序で計算していきます。

1時間当たりの通常の賃金額を計算

1時間当たりの割増賃金額を計算（A）

Aに勤怠データを掛け合わせる

## ✅1時間当たりの通常の賃金額の計算方法

　割増賃金の基礎となる1時間当たりの賃金を次ページ一番上の表の方法

で算出します。

単価計算では、基本給だけでなく役付手当・資格手当・精皆勤手当などの所定内の諸手当も含んで計算しますが、掲載した**計算の基礎から除外できる手当**については、**計算基礎から除外して計算することができます**。

## ☑ 1時間当たりの割増賃金額の計算方法

前記の1時間当たりの割増賃金額に、前ページ表の割増率を掛け合わせて計算します。

### ●1時間当たりの通常の賃金額の計算方法●

| 1 | 時間給 | 時間給単価 |
|---|---|---|
| 2 | 日給 | 日給÷1日の所定労働時間数 |
| 3 | 月給 | 月給÷月の所定労働時間数 |
| 4 | 出来高給 | 出来高給÷1か月の**総労働時間** |
| 5 | 上記2つ以上の組み合わせの給与 | 上記のそれぞれの計算結果の合計額 |

### ●計算の基礎から除外できる手当●

| 1 | 家族手当　※ |
|---|---|
| 2 | 通勤手当　※ |
| 3 | 別居手当　※ |
| 4 | 子女教育手当 |
| 5 | 住宅手当　※ |
| 6 | 臨時に支払われた賃金 |
| 7 | 1か月を超える期間ごとに支払われる賃金 |

※の手当については、扶養家族の有無・人数に関係なく一律支給するもの、通勤費用・距離に関係なく一律支給するもの、住宅の形態ごとに一律定額支給するものは、除外できないことに注意が必要です

### ●管理監督者の深夜割増賃金請求に関する判例●

ことぶき事件（最判平21.12.18）
管理監督者が適用除外される「労働時間、休憩および休日に関する規定」には、深夜業の規制に関する規定は含まれていないと解されるため、**管理監督者に該当する労働者は深夜割増賃金を請求することができる**とされた。

# 5

## 割増賃金②

### 割増賃金額の計算方法と数処理のルール

下記の算式を用いて、それぞれの割増賃金額を計算します。

> **割増賃金額＝1時間当たりの割増賃金額×時間数**

賃金台帳には、割増賃金の種別ごとに時間数と割増賃金額を記載する必要があります。

**通常の1時間当たりの賃金額と1時間当たりの割増賃金額**については、以下の端数処理が認められています。

| 1 | 円未満四捨五入 |
|---|---|
| 2 | 円未満切り上げ |
| 3 | そのままの数字を使用（一般的には、小数第二位くらいまでを使用） |

一賃金支払期ごとの割増賃金の項目ごとの合計額については、**円未満四捨五入か円未満切り上げ**が認められています。

一賃金支払期ごとの合計時間を一定の時間単位（たとえば、15分単位・30分単位など）で社員に有利に扱うことは認められています。

### 勤怠データの取り込み

給与計算では、**計算単価などの給与計算ソフトのマスター登録情報**に、**勤怠データを掛け合わせて、割増賃金の計算**を行います。したがって、月次の給与計算では、その賃金計算期間中の勤怠データを給与計算ソフトに取り込まなくてはなりません。

紙のタイムカードやエクセルの出勤簿で勤怠管理をしている場合には、そこで集計された時間外労働時間数等を給与計算ソフトの月次の勤怠登録画面から入力することになります。

一方、クラウド勤怠管理システムなどを活用している場合には、少なくともcsv.形式で給与計算ソフトに取り込むことができます。また、導入しているソフトによっては、API連携によってボタン1つで簡単に給与計算ソフトに勤怠情報を取り込むことも可能です。

138

## ☑勤怠管理の「ムダな時間」のカット

　就業規則等で、社員が会社の指定する期限までに抜け・漏れのない完全な勤怠入力をする義務がある旨を定め、「教育」によって本人や所属長にそれが当然な文化として定着させることで、「ムダな手間」をカットしていかなくてはなりません。

### ●割増賃金の相関図●

| | | | | | |
|---|---|---|---|---|---|
| 深夜労働<br>割増賃金 | @250 | | @250 | | @250 |
| 休日労働<br>割増賃金 | | | | @350 | @350 |
| 時間外労働<br>割増賃金 | | @250 | @250 | | |
| 労働時間単価 | @1000 | @1000 | @1000 | @1000 | @1000 |
| 時間単価合計 | @1250円 | @1250円 | @1500円 | @1350円 | @1600円 |
| 割増率合計 | 25% | 25% | 50% | 35% | 60% |

6章

賃金

# 6

# 固定残業手当

## ☑固定残業手当を使用する場合の注意事項

　固定残業手当とは、毎給与計算期間ごとに一定額の時間外労働割増賃金を支払う仕組みです。

　一般的に、給与計算事務の簡素化を目的とする仕組みとして、あるいは基本給に固定残業手当を加えることで時間外労働割増賃金の単価を抑えつつも社員に一定額の賃金を支払うことのできる仕組みとして活用されています。飲食店における「名ばかり管理職」（⇒78ページ）が問題となったときは、管理職手当を固定残業手当に変更して未払い残業対策を行う会社が増えました。

　ところで、基本給にすべての時間外手当等を含んで支払っているケースが散見されます。このような会社が、労働基準監督官の指導で、これまで支払っていた基本給を、基本給と固定残業手当に分けて支払うように指導される場合もあります。

　固定残業手当の間違った解釈や中途半端な運用により、その真価を発揮できないことがあります。適正に運用しなければ、以下のようなリスクを伴います。

| 1 | 時間外労働割増賃金を支払っていないことになる |
| 2 | 時間外労働割増賃金の単価が高くなる |
| 3 | 残業代未払い状態となり、裁判を経て付加金制裁を請求される　など |

　過去の判例（※）を踏まえて、固定残業手当を適正に運用するためには、以下の項目を必ず実施するようにしてください。

| 1 | 就業規則等に「固定残業手当」の制度を明確に規定する |
| 2 | 労働条件通知書等に固定残業手当の**金額および対象となる時間数**を記載し、了承した旨の社員の署名を求める |
| 3 | 賃金台帳に固定残業手当の対象となる時間を明記する |
| 4 | 固定残業手当の対象となる時間を超えて残業したときには、**超過した残業時間に対応した時間外労働割増賃金を支払う** |

※テックジャパン事件（最判平24.3.8）など

140

## ●就業規則の「固定残業手当」の規定例●

（固定残業手当）

第○条　会社は、固定残業手当を支給することがある。

2．本手当の対象となる時間数及び金額は、個別の労働契約にて社員ごとに定め、労働条件通知書にその旨を明示する。ただし、当該時間数は、時間外・休日労働に関する協定届（36協定）の1月当たりの時間外労働時間数の原則的な上限時間又は○時間のいずれか少ない時間を超えて設定することはできない。

3．各賃金支払期における実際の時間外労働時間が前項の時間数を超過したときは、当該超過時間に応じた時間外労働割増賃金を支給する。

4．試用期間中の社員は、本手当の対象から除外する。

5．欠勤または休業もしくは休職により、基本給の支給がないときは、本手当を支給しない。

## ●労働条件通知書の「固定残業手当」に関する記載例●

| 賃　　金 | 1　　基本賃金　（イ）月給（200,000円）、ロ　日給（　　　円） |
| | 　　　　　　　　　ハ　時間給（　　　円） |
| | 　　　　　　　　　ニ　出来高給（基本単価　　　円、保障給　　　円） |
| | 　　　　　　　　　ホ　その他（　　　円） |
| | 　　　　　　　　　ヘ　就業規則に規程されている賃金等級等 |
| | 2　　諸手当の額又は計算方法 |
| | （イ）（固定残業手当　30,000円 |
| | 　　　計算方法：19時間分の時間外労働割増賃金として毎月定額支給する。19時間を超過したときは、超過した時間に相当する時間外労働割増賃金を支給する。なお、休業等により労働実体がないときは、本手当を支給しない。） |

## ●賃金台帳の「固定残業手当」に関する記載例●

| ○月度 | | | |
|---|---|---|---|
| 労働日数 | 21 | 時間外労働時間数 | 23.00 |
| 総労働時間数 | 191:00 | 休日労働時間数 | 0 |
| 年次有給休暇日数 | 0 | 深夜労働時間数 | 0 |
| 欠勤日数 | 0 | 遅早時間数 | 0 |
| 基本給 | | 200,000 | 円 |
| 固定残業手当（19時間分） | | 30,000 | 円 |
| 時間外労働割増賃金 | | 6,250 | 円 |
| 休日労働割増賃金 | | 0 | 円 |
| 深夜労働割増賃金 | | 0 | 円 |
| 支給合計 | | 236,250 | 円 |

# 7

# ノーワーク・ノーペイの原則

## ✅ ノーワーク・ノーペイの原則と例外

　ノーワーク・ノーペイの原則とは、社員の労務提供がなければ賃金を支払う必要はないという原則です。給与支払時には、ノーワーク（不就労）に応じた時間分の給与を控除して支払ったとしても、全額支給の原則（⇒134ページ）に違反することはありません。

　当然、給与計算時には、欠勤日数や遅刻、早退、私用外出時間を集計し、賃金台帳へ明記し、控除金額を明らかにしなければなりません。

　法定休暇の公民権行使のための時間、産前産後休業、育児休業、子の看護休暇、介護休業、介護休暇にも、ノーワーク・ノーペイの原則は適用され、**就業規則に別段の定めをしない限り無給**となります。これらを有給にしても差し支えありませんが、産前産後休業や育児休業、介護休業は、出産手当金、育児休業給付、介護休業給付の対象となることもあり、無給とするのが一般的です。

　また、法定外休暇である、結婚休暇、慶弔休暇なども、ノーワーク・ノーペイの原則により、**原則は無給**ですが、有給としている会社は多数存在しています。

　**ノーワーク・ノーペイの原則の例外**は、以下の2つの場合となっています。これらの事由が発生したときは、給与や休業手当（⇒150ページ）の支払いが必要となります。

| 1 | 年次有給休暇 |
|---|---|
| 2 | 使用者の責めに帰すべき事由による休業 |

## ✅ 減給制裁との関係と欠勤控除などの計算方法

　社員に**減給制裁**（⇒215ページ）をするときは、**1事案当たり平均賃金の半額**および**1賃金支払期における賃金総額の10分の1**を超えることはできません（労基法91条）。

　たとえば、社員が遅刻し、労務提供のなかった時間に対する給与を差し引いて支払うことは、ノーワーク・ノーペイの原則に基づき何ら問題はあ

りません。一方、遅刻時間の計算方法を30分単位に切り上げることとした
結果、労務提供のなかった時間に対する給与額を超えた金額を差し引いて
支払うことなどは、減給制裁とみなされ規制対象となります。したがって、
実際の不就労時間に相当する賃金額を超えたカットには注意が必要です。

　遅刻・早退・途中離業控除や欠勤控除の時間単価および日額単価を計算
するには、以下の方法によることが一般的です。

---

《遅刻・早退・途中離業の控除時間単価の計算》
①時間給の場合
　　時間給額
②日給の場合
　　日給額÷日の所定労働時間数
③週給の場合
　　週給額÷週の所定労働時間数
④月給の場合
　　月給額÷月の所定労働時間数
　　　　　　　または
　　月給額÷年間を平均した月の所定労働時間数（※月によって労働時間数が
　　変動する場合）
⑤出来高払い制の場合
　　賃金総額÷その期間中の総労働時間数

《欠勤控除日額単価の計算》
⑥月給の場合
　　月給額÷月の所定労働日数
　　　　　　　または
　　月給額÷年間を平均した月の所定労働日数（※月によって労働日数が変動
　　する場合）

---

　月給の欠勤控除計算で、月間所定労働日数が月平均よりも多い月に1日
のみの出勤した場合は、欠勤控除額（欠勤日額×欠勤日数）が給与額を上
回り、1日出勤しているにもかかわらず支給額が0円もしくはマイナスに
なることがあります。**これを回避するには次のいずれの活用が有効です。**

---

①月ごとの所定労働日数で欠勤控除日額を計算する
　　月給額÷対象月の所定労働日数×欠勤日数＝欠勤控除額
　　（※月によって控除日額単価が変動します。）
②欠勤控除せずに日割り計算する
　　月給額÷対象月の所定労働日数×出勤日数＝給与支給額

# 8 賃金の控除

## ✅ 賃金控除とその限界

賃金支払い5原則のうち、全額払いの原則の例外として、以下の2つに該当するものについては、賃金支払時に控除できます。

| 1 | 所得税、住民税、社会保険料など法令に基づくもの |
|---|---|
| 2 | 賃金控除協定書に記載されたもの |

**賃金控除協定書**とは、賃金支払時に控除対象となるものを文書化し、会社と従業員代表による協定を締結したものです。賃金控除協定書は任意様式で作成でき、**労働基準監督署への提出の必要はありません**。作成時の注意としては、具体的に控除対象項目を決めることと、控除を行う賃金支払日を各項目別に記載することです。

賃金控除協定書に記載してあれば、社員の賃金からすぐに控除できるようにとらえられますが、以下の点に注意する必要があります。

たとえば、賃金と社員の会社に対する**金銭債務**を相殺しようとするときは、「**社員の自由な意思に基づいてされたものと認めるに足りる合理的な理由が客観的に存在していること**」が必要です。**損害賠償**に伴う請求額は、**信義則上相当と認められる限度についてのみ請求が可能**です。

また、**チェック・オフ**（労働組合費の控除）を行うには、**労使協定の締結に加えて、個々の組合員からの委任を受ける必要があります**。なお、組合員は、いつでも会社にチェック・オフの中止の申し入れをすることができます（エッソ石油事件〈最判平5.3.25〉）。

> **労働者の同意の下に労働者の退職債権等に対して相殺が有効とされた判例**
> 日新製鋼事件（最判平2.11.26）
> 住宅資金貸付に伴い、融資残債務を退職金等から一括返済する手続きを、社員の自発的依頼により会社に委任し、退職時に退職金から相殺された。この相殺は、**社員の自由な意思に基づくものと認めるに足りる合理的な理由が客観的に存在**したものとして有効とされた。

144

## ●労使協定例 「賃金控除に関する協定書」●

# 賃金控除に関する協定書

　甲（使用者：株式会社○○）と乙（労働者代表：○○　○○）は、労働基準法第24条第1項ただし書きに基づき、賃金控除に関し、下記の通り協定する。

記

1　甲は、毎月○日の賃金支払日に、次に掲げるものを控除して支払うことができる。
　　① 労働組合費
　　② 互助会費
　　③ 旅行積立金
　　④ 社宅費、寮費
　　⑤ 給食費
　　⑥ 社内預金、財形貯蓄積立金
　　⑦ 退職積立金、退職共済金
　　⑧ 生命保険料、損害保険料
　　⑨ 社内購買代金、福利厚生施設使用料
　　⑩ 甲を通じて購入した商品及びサービス代金
　　⑪ 貸付金の月割り返済金（元利とも）
　　⑫ 甲が立替えた休業または休職に伴い発生する社会保険料及び税金
　　⑬ 霜害賠償金、求償権の行使に伴う求償
　　⑭ 不正利得、横領等により得た金銭の返済
2　前項各号のうち第11号ないし第14号については、社員の希望により、賞与支払の際に控除することができる。
3　前項にかかわらず、前項で所定の各号以外であっても、会社は社員の希望により、賞与支払の際の控除とする場合がある。
4　この協定は、○年○月○日から有効とする。
5　この協定は、いずれかの当事者が○か月前に文書による破棄の通告をしない限り効力を有するものとする。

　　　　　○年○月○日

　　　　　　　　　甲：　　　　　株式会社○○
　　　　　　　　　（使用者職氏名）　代表取締役　○○　○○　　　　　㊞
　　　　　　　　　乙：　　　　　○○職
　　　　　　　　　（労働者代表）　○○　○○　　　　　　　　　　　㊞

# 9

# 平均賃金

## ✓ 平均賃金を算定すべき事由と起算日の関係

　平均賃金とは、算定すべき事由が発生した日以前3か月間にその労働者に支払われた賃金総額を、3か月間の暦日数で除した金額をいいます。

　雇入れ後3か月に満たないときは、雇入れ後の賃金総額を暦日数で除して算定します。また、**算定期間中に賃金締切日があるときは、直前の賃金締切日を起算日として算定**します。

　日給、時間給もしくは出来高払制などの場合は、出勤状況により平均賃金が極端に低くなることが生じるため、**最低保障額**が定められています。

　面倒に感じる計算ですが、実務上では、労災保険の**休業補償給付支給請求書**（様式8号・別紙1・表面）の表を活用すると、平均賃金と最低保障額は容易に計算できます。

　次ページに平均賃金を算定する事由と起算日の関係をまとめたので参考にしてください。

　所定労働時間が2暦日にわたる勤務の2暦日目に算定事由が発生したときは、その勤務の始業時刻の属する日に発生したものとして扱います。

　平均賃金の公平性を保つために、以下の期間中の日数と賃金は、**算定の際に控除**するように決められています。

| 1 | 労災事故による休業の期間 |
|---|---|
| 2 | 産前産後休暇の期間 |
| 3 | 使用者の責めに帰すべき事由によって休業した期間 |
| 4 | 育児休業または介護休業の期間 |
| 5 | 試みの使用期間 |

　通常の生活資金ではない**臨時に支払われた賃金や3か月を超える期間ごとに支払われる賞与は、賃金総額には算入しません**。

　また、例外的な算定方法として、上記の「1から4の期間が算定すべき事由の発生日以前3か月以上にわたるとき」「雇入日に算定事由が発生したとき」は、都道府県労働局長の定めるところによります。日雇い労働の社員の平均賃金は、従事する事業または職業について厚生労働大臣が定める金額を平均賃金とすることになっています。

## ●平均賃金算定事由と起算日●

| No. | 事由 | 起算日 |
|---|---|---|
| 1 | 解雇予告手当 | 解雇予告をした日 |
| 2 | 休業手当 | 休業日（休業が2日以上のときは最初の日） |
| 3 | 年次有給休暇 | 当該休暇を与えた日 |
| 4 | 災害補償 | 事故発生日または疾病発生が確定した日 |
| 5 | 減給制裁 | 制裁の意思表示が相手方に到達した日 |

## ●参考書式 「休業補償給付支給請求書（様式8号・別紙・表面）」●

# 10

# 賃金の引き下げ（労働条件の不利益変更）

## ✓労働条件の不利益変更ルール

労働契約の原則として、「労働契約は、**労働者および使用者が対等の立場における合意に基づいて締結し、または変更すべきものとする**」と労契法3条に示されています。また、同8条には、「労働者および使用者は、その**合意**により、労働契約の内容である**労働条件を変更することができる**」と労働契約内容の変更ルールが示されています。

会社は、社員の**合意**がない**就業規則の不利益変更に基づく、労働条件の変更はできません**。会社が、就業規則変更による労働条件の不利益変更を適正にするためには、変更後の就業規則を社員に**周知**させることはもとより、以下の判断要素をすべて**合理的に説明できなければいけません**。仮に、**変更後の就業規則に合理性がない**と認められてしまうと、**変更後の就業規則は無効**となり、従前の就業規則が効力を持続することになります。

| 1 | 労働者の受ける不利益の程度 |
| 2 | 労働条件変更の必要性 |
| 3 | 変更後の就業規則の内容の相当性 |
| 4 | 労働組合等との交渉の状況 |
| 5 | その他の就業規則の変更に係る事情 |

**個別の特約がある労働条件**の下では就業規則変更の効力が及ばないため、**個別合意部分の労働条件が変更されることはありません**。たとえば、①**勤務地や職種限定を外す**、②**退職金受給権を喪失させる**等が挙げられます。

そのほか、人事制度や賃金制度の運用の結果、社員の賃金が下がることがあります。しかし、「多くの社員に実際に不利益を生じさせる変動賃金制（能力評価制）を導入する場合は、**変更による不利益を労働者に法的に受任させることを許容することができるだけの高度な必要性**に基づいた合理的な内容でなければならない」（アーク証券事件〈東京地判平12.1.31〉）などの裁判例もあり、**高度な必要性**と**合理的内容**を求められる点に注意が必要です。

148

### ●就業規則変更の合理的判断の構造●

就業規則を変更する際に参考にしてください。

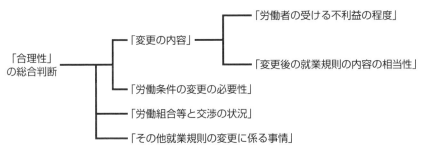

出所:『労務トラブル予防・解決に生かす"菅野「労働法」』

### ●労働協約、就業規則改正による労働条件の不利益変更手続きのフロー●

労働協約の有無によって要件と流れが変わります。

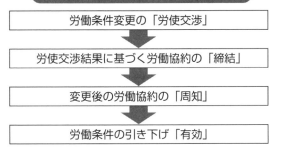

※過半数労働組合と労働協約を締結すれば、個々人の同意は不要です。

※個々人からの個別合意が必要です。

# 11

## 休業手当

### ✅賃金控除

不就労の日や時間に対する賃金の支払いは、**ノーワーク・ノーペイの原則**に基づいて、不支給が原則となっています。例外として、労働者の最低生活を保障するために、**使用者（会社）の責めに帰すべき事由**により労働が提供されなかったときには、**平均賃金の6割以上にあたる金額を休業手当として支払うように**、罰則付きで労基法26条で定められています。

1日のすべてを休業したときのみならず、一部の時間就労したときであっても、平均賃金の6割まで支払う必要があります。

### ✅使用者の責めに帰すべき事由とは

**使用者の責めに帰すべき事由**は様々なので、休業手当の支給が必要な場合と不要な場合の概要を、以下にまとめておきました。

〈休業手当の支給が必要な場合〉

| 1 | 資材、資金難による休業 |
|---|---|
| 2 | 労働組合による一部ストのあおりを受けて労働を提供しえなくなった場合に限度を超えてさせた休業 |
| 3 | 計画停電実施日の計画停電時間帯以外の時間帯<br>※企業経営上著しく不適当と認められるときは責めに帰すべき事由にはあたらない |
| 4 | 法人解散後清算事務遅延により解雇予告手当を支払われるまでの期間 |
| 5 | 新卒内定者の入社日後の自宅待機期間　など |

〈休業手当の支給が不要の場合〉

| 1 | 労働者側の争議行為の対抗措置としての作業所閉鎖による休業 |
|---|---|
| 2 | 労働組合による一部ストのあおりを受けて労働を提供しえなくなった場合の休業 |
| 3 | 電力不足や計画停電による休業 |
| 4 | 健康診断結果に基づく労働時間短縮により不就労となった時間 |
| 5 | 休業期間中の休日　など |

150

◉一日の所定労働時間の一部のみが使用者の責めに帰すべき事由による休業があった場合の休業手当の額◉

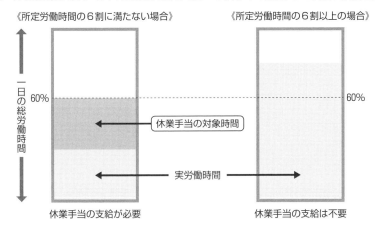

◉一日の所定労働時間に長短シフトがある場合の休業手当の額◉

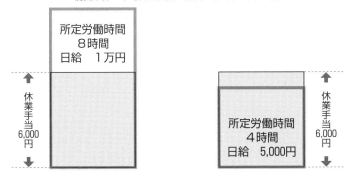

◉派遣業における休業手当発生までのフロー◉

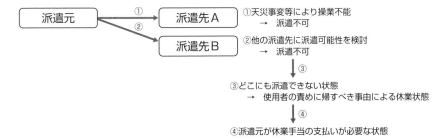

# 12

# 現物給与

## ☑現物給与

　通貨以外のもので支払われる賃金のことを現物給与といいます。現物給与には、通勤定期券、住居の貸与、食事、被服などがあります。注意しなければならないのは、労働組合と締結した労使協定がなければ、現物支給が禁止されている点です。労働組合がないため、労働者の過半数を代表する者と会社が現物支給に関する文書合意を交わしたとしても、労基法24条違反となるため現物支給はできません。

　要するに、労働組合と労使協定を締結していれば通勤定期券の現物を支給でき、労働組合がなければ、通勤手当を必ず通貨で支給することになります。

## ☑現物給与の評価額

　雇用保険法施行規則2条による現物給与の評価額は、以下の通りです。

| 1 | 法令や労働協約に定められているときは当該評価額 |
|---|---|
| 2 | 食事、被服および住居以外のもので、法令または労働協約に支払いの範囲のみが定められ、評価額の定めがない場合は、公共職業安定所長が当該事業所の所在地区の市場価格を基準として評価した額 |
| 3 | 食事、被服および住居の利益については、法令または労働協約に評価額が定められていないときは、健康保険法46条の規定に基づき、厚生労働大臣が定めた評価額を参考として公共職業安定所長が評価した額 |

　実務では、前記3の厚生労働大臣が定めた評価額は、社会保険における標準報酬月額の決定に大きな影響を与えるため、とりわけ重要です。すなわち、現物給与価額の改定は固定的賃金の変動に該当し、社会保険の月額変更届が必要になることがあるからです。

　勤務地の存在する都道府県ごとに食事と住居の価額は決められており、その他の報酬については時価とされています。

### ●食事の現物給与額計算●

食事代の徴収額により、次のいずれかにより計算されます。

A．現物給与価額の３分の２未満の価額を食事代として徴収している場合

食事代の徴収額 ＜ 現物給与価額の３分の２の価額

現物給与の価額 － 徴収額 ＝ 現物給与額

B．現物給与価額の３分の２以上の価額を食事代として徴収している場合

食事代の徴収額 ≧ 現物給与価額の３分の２の価額

現物給与額＝０円

### ●住居の現物給与額計算●

最初に現物給与の価額を計算した後に、徴収額を引いて現物給与額を計算します。

１人１か月当たりの勤務地の住宅の利益の額（畳１畳につき） × 居住用の室の面積 ＝ 現物給与の価額

現物給与の価額 － 徴収額 ＝ 現物給与額

### ●現物給与額計算時のルール●

現物給与を計算するときは以下のルールが定められています。

①価額改定日が４月１日であり、４月の給与締切日が月の途中だったときは、給与締切日は考慮せず、４月分の報酬として計算します。
②本社と支店等があわせて１つの社会保険適用事業所となっている場合は、社員の勤務地の都道府県による価額で計算します。
③月の途中で住宅に入居した場合は、日割計算により価額を計算します。

$$１か月相当の現物給与額 \times \frac{入居日以降の暦日数}{その月の総日数}$$

④住宅用の室の面積は、玄関、台所、トイレ、浴室、廊下、土間などの居住用でない室を含みません。また、店舗、事務所、旅館の客室などの営業用の室を含みません。

⑤住居表示が、畳ではなく㎡のときは、1.65㎡を１畳として計算します。

出所：日本年金機構

# 13

## 年俸制

### ✅年俸額の決定方法

　**年俸制**とは、賃金の全部または大部分を、年間の社員ごとの目標達成度を評価して、**年単位で賃金を設定する制度**です。

　仕事の成果によって翌年度の賃金が決定する仕組みであり、労働時間量によって賃金額が変動しない裁量労働制の社員や管理監督者に利用されます。

　しかし、**年俸制だからといって時間外労働割増賃金の支払義務は免除され**ず、社員が残業すれば当然に時間外労働割増賃金が発生します。

　したがって、あらかじめ固定残業手当を組み込むことで、一定額の時間外労働割増賃金の発生を防ぐ方策を選択する会社もあります。

　一般的に、**会社と社員の合意により年俸額は決定**します。会社と社員の合意なく会社が一方的に年俸額を決定するためには、就業規則等で詳細かつ合理的な明示がされ、社員へ周知しなければなりません。

　この場合、就業規則では次ページ一番上の表の内容を定めておく必要があります。

### ✅年俸額の期中減額

　年俸額の合意成立後は、就業規則を変更しても、**社員の合意がない限り、雇用契約で定められた賃金月額を契約期間の途中で変更することはできま**せん（シーエーアイ事件〈東京地判平12.2.8〉）。

　これについて、年度途中でセクハラ行為などによる有効な降格処分があっても、社員の同意がない場合には、年度途中での一方的な減額はできないとした裁判例があることも踏まえておかなくてはなりません（新聞輸送事件〈東京地判平22.10.29〉）。

154

## ●年俸制の就業規則の記載事項●

| 1 | 年俸制度の基本体系 |
|---|---|
| 2 | 年俸額決定のための目標設定 |
| 3 | 成果、業績を評価する基準 |
| 4 | 年俸額決定手続きおよび方法 |
| 5 | 労使間の合意ができなかった場合の年俸額の決定方法や基準 |
| 6 | 不服申立て手続き　など |

## ●年俸制の３つの支給パターン●

〈設例〉
年俸360万円の場合

360万円

### ①賞与を支給しない場合

| 月例給 | 30万 | 30万 | 30万 | 30万 | 30万 | 30万 | 30万 | 30万 | 30万 | 30万 | 30万 | 30万 |
|---|---|---|---|---|---|---|---|---|---|---|---|---|
| 賞与 | | | | | | | （賞与なし） | | | | | |
| | 1月 | 2月 | 3月 | 4月 | 5月 | 6月 | 7月 | 8月 | 9月 | 10月 | 11月 | 12月 |

### ②賞与を年２回確定額として支給する場合

| 月例給 | 24万 | 24万 | 24万 | 24万 | 24万 | 24万 | 24万 | 24万 | 24万 | 24万 | 24万 | 24万 |
|---|---|---|---|---|---|---|---|---|---|---|---|---|
| 賞与 | | | | | | | 36万 | | | | | 36万 |
| | 1月 | 2月 | 3月 | 4月 | 5月 | 6月 | 7月 | 8月 | 9月 | 10月 | 11月 | 12月 |

### ③賞与支給額が未定の場合

| 月例給 | 30万 | 30万 | 30万 | 30万 | 30万 | 30万 | 30万 | 30万 | 30万 | 30万 | 30万 | 30万 |
|---|---|---|---|---|---|---|---|---|---|---|---|---|
| 賞与 | | | | | | | | | | | | ＋α |
| | 1月 | 2月 | 3月 | 4月 | 5月 | 6月 | 7月 | 8月 | 9月 | 10月 | 11月 | 12月 |

## ●年俸制に関する裁判例●

**一方的な年俸額の減額が否定された裁判例**
日本システム開発研究所事件（東京高判平20.4.9）
会社が年俸額の決定権を有さず、年俸について、会社と社員の間で合意が成立しなかった場合に、**会社に一方的な年俸額決定権はなく、前年度の年俸額をもって次年度の年俸額とせざるを得ない**とした。

**年俸額の減額が会社に委ねられるとされた裁判例**
中山書店事件（東京地判平19.3.26）
年俸制導入の経緯から、**社員の同意がなくても会社が年俸額を決定できる年俸制に社員が同意している**ことから、会社が社員の同意なく年俸額を減額することは認められる。

# 14 賞与

## ✅ 賞与の性格と支払い義務

**賞与**は月例給とは別に支払われる特別な給与で、5つの性質があります。

| | |
|---|---|
| 1 | 給与の後払い的性質 |
| 2 | 生活補填的性質 |
| 3 | 勤労奨励的性質 |
| 4 | 功労報償的性質 |
| 5 | 収益配分的性質 |

これらのどの性質の色合いが強いのかは会社により千差万別です。

「基本給の○か月分を支給する」と規定している場合、賞与は功労報償や収益配分ではなく1の性質が強いといえるでしょう。また、社員は賞与額を見越して生活設計するため、2の性質も強いといえます。

一方、社員への賞与支払額が会社業績や人事評価によって差がつき、ゼロ賞与もあり得るような会社の賞与は、4や5の性質が強いといえるでしょう。

**賞与は、労基法で支給が義務付けられているものではないので、会社は原則として自由に賞与制度を設計できます。**

賞与の支給要件や支給額の算定方法は、**就業規則等で会社が自由に定めることができます。**しかし、「賞与として基本給の○か月分を支給する」などと就業規則等で規定している場合には、会社業績や人事評価に関係なく、その金額の賞与の支払い義務があります。

こうした場合で、会社業績や人事評価に連動した賞与制度とし、支給金額に差を設けたい、場合によってはゼロ賞与もあり得るようにしたいという場合には、就業規則等の規定を変更する必要があります。

就業規則等の規定を変更する場合には、就業規則の不利益変更の法理（⇒148ページ）にのっとって、**その内容は合理的でなければなりません。**

**就業規則に賞与支払義務が明示されていなければ、賞与を減額することも不支給とすることもできます。**賞与をめぐるトラブルを防止するためには、**就業規則で支給ルールを明確にしておくことが大切です。**

また、就業規則等に合理的な定めをすれば、**賞与支給日に在籍していない者の賞与を不支給**とすることも可能です。

## ●賞与制度構築検討表●

| No. | 検討項目 | 検討事項 |
|---|---|---|
| 1 | 支給対象者 | 正社員のみに支給するのか、非正規の契約社員やパートタイマーにも支給するのかを検討します |
| 2 | 試用期間中の扱い | 試用期間中の社員を賞与支給対象者とするのか、しないのかを検討します |
| 3 | 支給日在籍要件 | 賞与支給日前に退職した者に対し、賞与を一切支給しないのか、査定期間中の在籍期間に応じて支給するのかを検討します |
| 4 | 支給・不支給 | 賞与を必ず支給するのか、支給しない場合にはどのようなときがあるのか検討します |
| 5 | 支給回数 | 年に3回まで支給することができます。3回の内訳は、夏、冬、決算賞与となることが一般的です |
| 6 | 支給月（日） | 支給する場合は、何月に支給するのかあらかじめ決めておきます。支給月は、社会保険の被保険者報酬月額算定基礎届総括表の記載事項となっています |
| 7 | 査定期間 | 各賞与における査定期間を決定します。査定期間を決めないこともできますが、無用なトラブルを避けるためにも決めておきたいポイントです。なお、査定期間すべてに在籍している者のみ賞与の対象とするか、査定期間を按分させて個人成績を決定するかも検討します |
| 8 | 賞与額決定方法 | 賞与額の決定は様々な方法があります。基本給×○か月、ポイント制、査定により決定など、自由に決めることができますので、自社および職種や職務に合う方法を検討してください |
| 9 | 長期休業者の扱い | 産前産後休暇、育児休業中、介護休業中、労災休業中の期間を賞与額の計算にどのように反映させるのか検討します |
| 10 | 非正規等の整合性 | パートタイム・有期雇用労働法の趣旨を踏まえて、非正規社員の賞与待遇を、正社員と比較して説明できるようにしておきます |

## ●賞与に関する判例●

**賞与の支給日前に退職した者が当該賞与の受給権を有しないとされた判例**
大和銀行事件（最判昭57.10.7）
**賞与支給日に在籍している者に対してのみ賞与が支給される明文化された慣行**
**は、合理性がある**ため、退職後の賞与については受給権を有しないことは是認されるとした。

# 15

# 退職金

## ✅ 退職金に関する規定と制度を導入するときの留意点

厚生労働省の「平成30年就労条件総合調査結果」によると**8割を超える会社が退職給付制度（退職金）を導入**しており、制度形態別では「退職一時金（73％）」と「退職年金（9％）」に大別されます（併用は18％）。

**退職金は労基法で支給が義務付けられているものではない**ので、**原則、自由に退職金制度を設計できます**。退職金規程のような就業規則の明確な規定を作成するかどうかは会社の自由です。

しかし、就業規則等で明文化されていない場合でも、過去に何らかの基準により支払われている場合、支払義務が発生することがあるので、**実務的には支給基準などを退職金規定などで明確にしておくことが重要**です。

制度を導入する際は就業規則等に以下の事項を記載することが必要となります。

| 1 | 退職手当の定めが適用される**労働者の範囲** |
|---|---|
| 2 | 退職手当の**決定** |
| 3 | 退職手当の計算および**支払の方法** |
| 4 | **支払い時期**に関する事項 |

退職金は金額の決定方法により(1)**確定給付型**と(2)**確定拠出型**の2種類に分類されます。

**確定給付型**は、あらかじめ退職金額を確定するタイプです。退職金支払原資は、預金、借入金、生命保険の解約金など様々な方法で準備ができます。準備資金の積立や運用が必要であり、退職者発生時の退職金準備が計画的にできないなど、デメリットがあります。

**確定拠出型**は、毎月の積立額と運用収益により退職金額が確定するタイプです。一般的に積立額は損金処理され、退職給付債務が発生しないため、会社にとってメリットが大きい制度です。中小企業退職金共済（中退共）や建設業退職金共済（建退共）は、確定拠出型の退職金制度になります。

## ●退職金制度の目的●

| 1 | 賃金後払い |
|---|---|
| 2 | 功労褒賞金 |
| 3 | 退職後の生活保障 |

## ●退職金制度●

| 確定給付型 | 退職金規程により退職時の金額が確定された制度 |
|---|---|
| | 確定給付企業年金（ＤＢ） |
| 確定拠出型 | 中小企業退職金共済（中退共） |
| | 建設業退職金共済（建退共） |
| | 特定退職金共済（特退共） |
| | 厚生年金基金 |
| | 確定拠出型企業年金（ＤＣ）※日本版401K |

## ●退職金制度構築検討表●

| No. | 検討項目 | 検討事項 |
|---|---|---|
| 1 | 対象者 | 正社員のみに支給するのか、非正規の契約社員やパートタイマーにも支給するのかを検討します |
| 2 | 支給事由 | 勤続年数、退職事由、退職金額決定のための要素など、退職金が支給されるための要件を検討します |
| 3 | 算定方法 | 確定給付型か確定拠出型かを決定します。確定拠出型では、利用する制度と掛金額などを検討します |
| 4 | 支払い方法 | 一時金で支払うのか、年金で支払うのか、一時金と年金を併用するのかを検討します。なお、退職者の同意を得たときは、小切手や郵便為替で支払うこともできます |
| 5 | 不支給事由 | 懲戒解雇などの場合に、退職金を支給するかしないかを検討します |
| 6 | 支払いの時期 | 退職日後いつまでに支給するのかを検討します。なお、通常の賃金と異なり就業規則で定めた時期に支払えばよく、分割払いや年金払いによるものでも差し支えありません |
| 7 | 没収・減額・返還 | 対象となる懲戒行為や競業行為を検討します |
| 8 | 長期休業者の扱い | 産前産後休暇、育児休業中、介護休業中、労災休業中の期間を賞与額の計算にどのように反映させるのか検討します |
| 9 | 非正規等の整合性 | パートタイム・有期雇用労働法の趣旨を踏まえて、非正規社員の賞与待遇を、正社員と比較して説明できるようにしておきます |

6 章

賃金

**159**

# 労働法・税法から見た給与

**労働法と税法で給与の扱いはどう変化するか**

　労働法には、いくつかの給与の区分が存在します。たとえば、⑴割増賃金の算定に使用するか否か、⑵平均賃金の算定に使用するか否か、⑶労働保険料の算定に使用するか否か、⑷社会保険料の算定に使用するか否かに分類できます。

　一方、税法では、役員や使用人に支給する報酬や給与等は、原則、給与所得となり、所得税の対象となります。例外として、以下の手当は非課税となります。

| 1 | 通勤手当のうち、一定額以下のもの |
|---|---|
| 2 | 転勤や出張などのための旅費のうち、通常必要と認められるもの |
| 3 | 宿直や日直の手当のうち、一定額以下のもの |

　労働法においては、少額の通勤手当であっても、全額給与として扱われます。宿日直手当は、全額が労働保険料や社会保険料の算定基礎賃金となりますが、勤務1回につき支給される金額のうち4,000円までの部分については非課税として扱われます。

**現物給与の場合はどうなるか**

　現物給与は、労働組合と労働協約を締結しなければ支給することはできません。

　一方、税法では、商品の値引販売などの以下のような経済的利益が、原則として給与所得とされます。

| 1 | 物品その他の資産を無償または低い価額により譲渡したことによる経済的利益 |
|---|---|
| 2 | 土地、家屋、金銭その他の資産を無償または低い対価により貸し付けたことによる経済的利益 |
| 3 | 福利厚生施設の利用など2以外の用役を無償または低い対価により提供したことによる経済的利益 |
| 4 | 個人的債務を免除または負担したことによる経済的利益 |

　⑴職務の性質上欠くことのできないもので主として使用者側の業務遂行上の必要から支出されるもの、⑵換金性に欠けるもの、⑶その評価が困難なもの、⑷受給者側に物品などの選択の余地がないものなど、金銭給与と異なる性質のものには、金銭給与とは異なった取扱いが定められています。

# 7章

## 休職・復職

# 1

# 休職の定義・意義・リスク

## ✅ 休職の定義と意義

　**休職**とは、社員に労務提供が不能または不適当な事由が生じた場合に、会社がその社員に対し、**労働契約関係は存続**させつつ**労務提供を免除する**こと、または拒否することをいいます。

　休職制度は、労基法やその他の法令に定められた制度ではありませんので、必ずしも休職制度を定める必要はありません。

　そもそも、社員は会社に対して**労務提供の義務**がある以上、労務提供が困難となった場合は、本来、労働契約を解消（解雇）することが自然です。

　しかし、解雇は、合理性・相当性が要求されており、これらを欠く解雇は無効となります（労契法16条）。

　特に、**治療の経過により回復の見込みがある場合ですと、解雇の合理性が欠けるものとして、無効になるリスクが高いです。また、昨今問題となっているメンタルヘルス不調のケースでは、そもそも解雇の合理性があるか判断がつきにくい側面もあります。**

　休職制度は、労働契約を維持しながら、社員に治療等の機会を与えるものであり、その結果、治癒するなどして休職事由がなくなれば復職を認め、休職事由がなくならなければ退職となります。

　休職制度を採用することで、解雇を回避するための努力を尽くしたと評価されますし、休職事由がなくならない場合に「自然退職」となるように規定しておけば、解雇に伴うリスクを一定程度回避することができます。

## ✅ 休職制度のリスク

　休職制度を採用していれば、それですべてのリスクが回避できるというものではありません。

　大企業の就業規則等を検討することもなく、そのまま真似している場合などリスクが高まる場合があります。

　たとえば、(1)休職期間が当該会社に不相応な程度の長期である場合（2～3年など）、(2)就業規則が古くメンタルヘルス不調の事案に対応できていない場合などです。

162

この場合には、休職制度をあらためて見直す必要があります。昨今、問題となっているうつ病等のメンタルヘルス不調を理由とする休職は、大きな特徴として再発を繰り返すという点があげられます。

　従前、私傷病休職において想定されていた身体疾患は、通常1回きりのものであり、同一ないし類似の疾患により再発が繰り返されることは想定されていませんでした。

**　うつ病等のメンタルヘルス不調が繰り返し再発し、何度も休職と復職を繰り返されると、会社としては労務管理上も企業経営面からも問題です。うつ病等のメンタルヘルス不調を想定して、休職事由の見直し、通算規定の新設、復職の取消規定の新設を検討するべきです。**

### ●うつ病等のメンタルヘルス不調に関する裁判例●

アイフル（旧ライフ）事件（大阪高裁平24.12.13）
うつ病の休職期間満了後に退職扱いした社員から、地位確認等の請求を受けて、裁判所が以下の請求を認容した。
 (1)　地位確認請求について
　　　本件退職取扱いは無効であるので、雇用契約上の権利を有する地位にあることの確認を求める請求は理由がある。
 (2)　認容された金員支払請求について
　①　退職給付清算金66万7645円
　②　企業年金拠出金86万6750円
　③　賃金ないし賃金相当損害金304万3755円
　④　賞与ないし賞与相当損害金556万2105円
　⑤　家賃等相当損害金115万5680円
　⑥　治療費25万4788円
　⑦　慰謝料200万円
　⑧　弁護士費用120万円
　⑨　賃金ないし賃金相当損害金・月額34万4075円
　　　（平成19年12月1日から平成24年7月26日まで）
　⑩　家賃等相当損害金・月額3万6627円
　　　（平成19年12月1日から平成24年7月26日まで）
　⑪　賞与ないし賞与相当損害金71万7512円
　　　（平成19年12月1日から平成24年7月26日まで）
　⑫　企業年金拠出金・月額2万9590円
　　　（平成19年12月1日から本判決確定の日まで）

**7章**

休職・復職

163

## 2 休職事由（不完全労務提供）と治癒の定義

### ☑「不完全労務提供」も休職事由とする

　私傷病休職について、「私傷病による欠勤が1か月を経過したとき」と定められている就業規則が散見されます。

　しかし、うつ病などのメンタルヘルス不調の場合は、連続して欠勤する場合もあれば、出勤と欠勤を繰り返すことや出勤しても実際には仕事ができないこともありますが、このようなケースでは上記規定では対応できません。

　その対応策として「前6か月間で通算して30日目になったとき」と規定する方法もありますが、メンタルヘルス不調者に対し、一定期間休職命令を発令できないことには変わりなく、その間、不完全な労務提供を受け続けざるを得ず、場合によっては精神疾患が悪化して、会社の安全配慮義務違反を問われる事態に陥ります。

　したがって、**私傷病による労務不提供（欠勤）のほか、私傷病による不完全労務提供も休職事由として定めておきましょう。**

　具体的には、休職事由として、**「業務外の傷病により完全な労務提供が困難であり、その回復に相当の時間を要すると認められるとき」**を追加します。

### ☑「治癒」の定義を明確にする

　**「治癒」の定義を明確にしておくことは、復職の基準を明確化する意味において非常に重要**です。

　復職時に、主治医の診断書に「短時間勤務であれば就労可能」「軽作業であれば就労可能」などと記載されている場合があります。このような労務提供では会社の業務をこなすのに不十分でしょう。

　しかし、「治癒」すなわち復職について明確な基準を持たない場合、裁判所において、このような診断書が鵜呑みにされる可能性があります。

　したがって、「治癒」の意義を明確にする必要があります。医学的観点、健康保険法、労災保険法等の「治癒」の定義と異なっても構いません。**社員が労働契約上の債務を履行できるかの観点で定義します。**

164

## ◉「治癒」に関する裁判例◉

東海旅客鉄道（退職）事件（大阪地判平11.10.4）
職種や業務内容を限定せずに雇用契約を締結している労働者が、私傷病により休職となった以後に復職の意思を表示した場合、使用者はその復職の可否を判断するに当たり、右**労働者の能力、経験、地位、使用者の規模や業種、右労働者の配慮や異動の実情、難易等**を考慮して、**配置替え等により現実に配置可能な業務の有無を検討すべきである。**
身体障害等により従前の業務に対する労務提供を十全にはできなくなった場合でも、雇用契約における信義則により、**使用者はその企業の規模や社員の配置、異動の可能性、職務分担、変更の可能性から能力に応じた職務を分担させる工夫をすべきである**として、原告に対し配置可能な業務はないとする被告の主張が退けられた。
その結果、脳内出血で倒れ病気休職中であった原告を、休職期間満了により退職扱いとしたことにつき、現実に復職可能な勤務場所があり、本人が復職の意思表示をしているにもかかわらず、復職不可とした判断には誤りがあり、退職扱いは就業規則に反し無効であるとして、原告の地位確認等の請求が認められた。

## ◉就業規則の「治癒の定義」の規定例◉

（治癒の定義）
第○条　「治癒」とは、従来の業務を健康時と同様に業務遂行できる程度に回復することを意味し、最低限以下の条件をすべて遵守できる状態をいう。
　(1)　始業・終業時刻を守って所定労働時間働けること
　(2)　通勤時間帯に一人で安全に通勤ができること
　(3)　業務に必要な作業（読書、コンピューター作業、軽度の運動等）をこなすことができること
　(4)　他の社員と協調して仕事ができること
　(5)　月○時間程度の時間外労働ができること
　(6)　国内出張ができること

（復職）
第○条　原則として、「治癒」した者でなければ復職可能と認めない。

7章

休職・復職

# 3 休職の期間（規模・裁量・通算）

## ☑私傷病休職の期間は会社の規模に応じて設定する

大企業の就業規則等をそのまま引用して、休職期間が当該会社に不相応な程度の長期（2～3年など）であるケースが散見されます。期間は自由に決めることができるので、会社の規模や体力に応じたものにしましょう。

## ☑休職期間に会社の裁量を入れる

各社員の休職に至る事情により、会社が与えるべき休職期間が異なるのは当然です。ところが、勤続年数に応じて一律に休職期間を設定している会社が散見されます。一定範囲で会社の裁量権を確保するため、「休職事由を考慮のうえ」「次の期間を限度として会社が定める」とすべきでしょう。

## ☑休職期間の通算規定を設ける

メンタルヘルス不調の場合、休職と復職を繰り返すケースもあります。これでは会社は人員計画を立てることができず、士気低下にも繋がるので、休職期間の通算規定を設けるとよいでしょう。

メンタルヘルス不調のケースでは、類似の症状でありながら、医師により病名が異なるケースがあります。**休職期間の通算規定を設けるにあたっては、「同一」だけでなく「類似」の理由の場合も休職期間を通算することを規定しておきましょう。**

### ●就業規則の「休職期間」の規定例●

---

（休職期間）
第○条　前条第○項第○号ないし第○号の休職期間は、休職事由を考慮のうえ、次の期間を限度として会社が定める。
　(1)　勤続 3 年未満……………………… 1 か月
　(2)　勤続 3 年以上 5 年未満………… 3 か月
　(3)　勤続 5 年以上10年未満………… 4 か月
　(4)　勤続10年以上…………………… 6 か月
2　復職後、6 か月以内に同一または類似の傷病により再び欠勤するに至った場合、従前の休職期間と通算する。

## ●書式例 「休職に関する誓約書」●

# 休職に関する誓約書

○○株式会社
代表取締役　○○　○○　様

　私は、○○年○月○日から休職いたしますが、休職期間中、以下の事項を遵守いたします。これらに違反した場合は、会社からいかなる処分を受けても異議を述べません。
　また、休職期間が満了しても休職事由が継続している場合には、就業規則に基づいて退職いたします。

記

1．休職期間中は休職原因となった傷病の回復に専念いたします。
2．休職期間中、他社での就業、アルバイト、日雇い労働などの労働は一切行いません。
3．休職期間中、会社指定の面談日や訪問日は正当な理由がない限り、指示に従います。
4．毎月の状況報告は、期限までに医師の診断書を添付して提出することを約束し、その他の会社が求める提出物についても遅滞なく提出します。なお、医師の診断書作成費用等は私が負担します。
5．社会保険料の本人負担分については、会社が指定する日までに、振り込みます。
6．休職期間中も貴社の社員であること、そして傷病休職中であることを自覚し、取引先や同僚社員などから誤解されることや不快感を与えることは行いません。また、ブログ、ツイッター、フェイスブック等ソーシャルメディアの利用に際しても、同様の自覚を持って行動します。
7．体調、状況等に変化があった場合は、直ちに会社に連絡いたします。

以上

○年○月○日
氏名　　　　　　　　　　　　㊞

# 4

# 休職中
# （期間中の取扱い・経過報告義務）

## ☑休職期間中の取扱い（賃金、勤続年数の計算等）を明確にする

　社員による労務提供がない場合、会社は原則として賃金を支払う必要がありません（「ノーワーク・ノーペイ」の原則）。

　したがって、**休職期間中は賃金を支払う必要がありません。**

　また、休職期間中の期間を勤続年数へ算入するか否かは、賞与や退職金の算定基準となりますので、後日社員とトラブルにならないように就業規則等で算入、不算入を明示しておきましょう。

　**休職中も社会保険料は発生**します。休職期間中は無給であり、社会保険料の本人負担分を給料から控除することができません。したがって、社員に休職中の社会保険料の支払い方法を事前に決めておく必要があります。

　毎月一定期日に本人から会社の指定口座に振り込ませる方法が最も良い方法です。復職時にまとめて支払いを行う方法は、トラブルになる可能性が高いといえます。

## ☑休職期間中の社員の治療経過を把握する

　私傷病休職の場合、**休職期間中の社員の治療経過を会社が把握**することにより、復職の判断の際に社員が「治癒」しているか否か（少なくとも「治癒」の見込みがあるか）を把握することが可能になります。

　**定期的に、会社の認めるまたは指定する医師の診断を受け、その経過を少なくとも月１回会社に報告することを義務付けましょう。**

　休職にあたって、あらかじめ、これらの義務を定めた誓約書を当該社員から受け取っておくことも重要です。

168

## ●就業規則の「休職期間の取扱い」の規定例●

（休職期間中の取扱い）

第○条　休職期間中の賃金は無給とする。

2．休職期間は、勤続年数として通算しない。ただし、会社都合の休職事由による場合は、勤続年数に算入する。

3．社員は業務外の傷病の場合は、健康保険の傷病手当金を受けるものとする。

4．社員は、欠勤及び休職等により長期にわたり休業した場合は、療養に専念し、定期的に、会社の認める又は指定する医師の診断を受け、その経過を少なくとも月1回会社に報告しなければならない。

5．前項の報告に当たって、社員は、医師の診断書を添付しなければならない。なお、医師の診断書作成費用等は社員の負担とする。

6．社会保険料の本人負担分については、会社が指定する日までに、振り込むものとする。

## ●貴方の会社の就業規則は大丈夫？　休職規定のチェックポイント●

| | ポイント | 判定 |
|---|---|---|
| 1 | 不完全労務提供も休職事由としているか？ | YES/NO |
| 2 | 「治癒」の意義を明確にしているか？ | YES/NO |
| 3 | 休職期間に会社の裁量を入れているか？ | YES/NO |
| 4 | 私傷病休職の期間は会社の規模に応じて設定しているか？ | YES/NO |
| 5 | 休職期間の通算規定を設けているか？ | YES/NO |
| 6 | 休職期間中の取扱い（賃金、勤続年数の計算等）を明確にしているか？ | YES/NO |
| 7 | 休職期間中の社員の治療経過を報告する義務の規定があるか？ | YES/NO |
| 8 | 復職手続きとして医師の意見を聞くことができる規定があるか？ | YES/NO |
| 9 | 復職取消の規定があるか？ | YES/NO |
| 10 | 休職期間満了時の手続きは自然退職としているか？ | YES/NO |
| | YESの合計数 | 個 |

YESの数が8個以上……素晴らしい休職規定です。

YESの数が6個以上……普通の休職規定です。

YESの数が5個以下……まずい休業規定です。

# 5

# 休職（復職・復職取消・自然退職）

## ✅復職手続きとして医師の意見を聞ける規定にする

私傷病休職の場合、復職手続きにおいては、社員に対して、**医師の治癒証明（診断書）の提出を要求できる**ようにしておきましょう。さらに、診断書を発行した**主治医に対する面談も要求できる**ようにしておきましょう。

主治医は、医学的に回復したことは判断できても、会社の業務を行えるか否かを判断することはできません。また、主治医は、患者である社員の立場を尊重して、社員の希望に偏った判断を下すことがあります。

主治医と面談して、会社の業務内容等を説明したうえで、本当に会社の業務を行えるほどに回復しているか意見を聞く必要があります。

さらに、主治医のほか、**産業医や会社指定の医師の意見も聞けるようにする必要があります。**

## ✅復職取消の規定を設ける

うつ病などのメンタルヘルス不調のケースでは、休職と復職を繰り返す社員がいます。

このようなケースに対応できるように**復職取消の規定も設ける**とよいでしょう。

## ✅休職期間満了時の手続きは自然退職とする

休職期間満了時に休職事由が消滅しない場合、労働契約は終了することになりますが、その方法として、会社の一方的意思表示による「解雇」と労使双方の特段の意思表示を要しない「自然退職」がありますが、就業規則等では**「自然退職」と規定すべき**です。

解雇の場合、労基法20条により30日前の予告手続きが必要となり、予告がない場合には予告手当を支払う必要があります。

また、**「解雇」は、社員との無用なトラブルに発展する可能性があります。**

170

## ●就業規則の「復職」の規定例●

（復職）

第○条　休職期間満了前に、休職事由が消滅した場合で、会社が復職可能と認めた場合は復職させ勤務を命ずる

2．第○条第○項第○号ないし第○号に関する休職については、原則として、第○条第○項の「治癒」した者でなければ復職可能と認めない。ただし、第○条第○項の「治癒」に該当しない場合でも、会社内に従前の業務と異なる業務に配転することが可能であれば、その配転先の業務に就かせることをもって復職させることができる。

3．第○条第○項第○号ないし第○号により休職する社員は、復職を申し出る場合には、医師の治癒証明（診断書）を提出しなければならない。また、会社が、診断書を発行した医師に対して面談のうえでの事情聴取を求めた場合、社員はその実現に協力するものとする。

4．前項の診断書が提出された場合でも、会社は、会社が指定する医師の診断を命ずることがある。会社は、社員が正当な理由なくこれを拒否した場合、前項の診断書を休職事由が消滅したか否かの判断材料として採用しないことがある。

5．会社は、休職前に従事していた業務以外の業務への復職を命ずることがある。

6．休職者が復職した月の給与は、復職日から日割計算で支給する。

（復職の取消）

第○条　社員が、復職後12か月以内に、休職の原因となった同一の理由ないし類似の理由により欠勤ないし完全な労務提供をできない状況に至ったときは、復職を取り消し、直ちに休職させる。

2．前項の場合の休職期間は、復職前の休職期間の残期間とする。

3．前2項の規定は、病気を理由とする普通解雇規定の適用を排除するものではない。

（自然退職）

第○条　休職期間満了までに休職事由が消滅しない場合は、休職期間満了をもって自然退職とする。

## 傷病休職は解雇猶予。会社が命令するもの

### 「治癒」が備わったか否かが実務上の課題

　近年、メンタルヘルス不調による休職が多くなっています。

　休職に関する間違いで多いのが、従業員が「休職届」を会社に提出しないと休職をさせることができないというものです。これは明らかな間違いです。休職は本来、会社が従業員に対して命令して行うか、会社と従業員の合意によって行うものです。

　私たち社労士や弁護士が「労働法」についてバイブル的に活用している本があります。労働法の権威である菅野和夫教授が記した『労働法』(弘文堂)です。俗に「菅野の労働法」や「緑の本」と呼ばれています。

　休職は、労基法や労契法をはじめとした労働法に規定がありません。「菅野の労働法」によると、「休職」「傷病休職」の定義と目的は、次の通りです。

　「休職」とは、「ある従業員について労務に従事させることが不能または不適当な事由が生じた場合に、使用者がその従業員に対し労働契約関係そのものは維持させながら労務への従事を免除すること、または禁止すること」と定義しています。

　そして、「休職」は、「就業規則の定めに基づく使用者の一方的な意思表示によってなされることが普通である」とし、「労働者との合意によってなされることもある」としています。

　「傷病休職」とは、「業務外の傷病による長期欠勤が一定期間に及んだときに行われるもの」と定義し、「休職期間中に傷病から回復し就労可能となれば休職は終了し、復職となる。これに対し回復せず期間満了となれば、自然退職(自動退職)または解雇となる」としています。

　そして、「傷病休職」の目的は、「解雇猶予措置」としています。

　「傷病休職」の目的が「解雇猶予措置」とはなんとも世知辛い気もしますが、法的な論理からするとこうなります。

　「傷病休職」命令を下す要件である「労務に従事させることが不能または不適当」な場合に該当するか否か？「復職」の要件たる「治癒」が備わったか否かが実務上の課題になります。これは非常に判断が難しい課題となります。判例などを参考に、社労士や弁護士に相談してみてください。

# 8章

## 解雇

# 1 解雇権濫用法理

## ☑就業規則の解雇事由

解雇とは、使用者からの一方的な意思表示による労働契約の終了のことをいいます。**使用者には労働者の解雇権があります。**

しかし、使用者の解雇権は、以下の２つの**要件を満たさない場合**には、**権利を濫用したものとして無効となります**（労契法16条）。

| 1 | 客観的に合理的な理由がある |
| 2 | 社会通念上相当である |

これを**解雇権濫用法理**といいます。

なお、**就業規則には解雇事由の条文を整備しておく必要があります。**

そもそも就業規則の解雇事由に基づく解雇には、裁判例・学説上、以下の２つの考え方があります。しかし、どちらの立場であっても**就業規則の解雇事由の末尾**に「その他前各号に準ずるやむを得ない事由があるとき」という**包括条項**（バスケット条項）を入れておくことで解決可能です。

| 1 | **限定列挙説**<br>（解雇事由で規定したもの以外の解雇事由に基づく解雇は認められないという立場） |
| 2 | **例示列挙説**<br>（就業規則の解雇事由はあくまで例示に過ぎず、それをベースにより広範な理由での解雇が認められるという立場） |

## ☑「客観的に合理的な理由」と「社会通念上相当」について

**客観的に合理的な理由**とは、解雇に該当する具体的事実があるかということです。これに該当するケースは、学説上、次ページ一番上の表の４つに大別されます。

つまり、就業規則に規定している解雇事由に該当する解雇であったとしても、その解雇が、こうした**客観的に合理的な理由**には該当しないと判断される場合には、**解雇権の濫用として無効**となります。

また、**社会通念上相当**とは、次ページ２つ目の表のような事情に照らして、**解雇がやむを得ないといえるかどうか**ということになります。

**174**

## ◉「客観的に合理的な理由」の４つのケース◉

| 1 | 労働者の労務提供の不能や労働能力または適格性の欠如・喪失（普通解雇） |
|---|---|
| 2 | 労働者の規律違反の行為（懲戒解雇） |
| 3 | 経営上の必要性に基づく理由（整理解雇） |
| 4 | ユニオン・ショップ協定に基づく組合の解雇要求 |

出所：菅野和夫 『労働法　第11版補正版』 弘文堂

## ◉「社会通念上相当」の判断事情◉

| 1 | 社員の情状<br>（過去の勤務態度、処分歴、反省の態度、年齢・家族構成など） |
|---|---|
| 2 | 他の社員の処分との均衡 |
| 3 | 会社側の対応、落ち度　など |

## ◉就業規則の「解雇」の規定例◉

（解雇）
第○条　社員が次の各号のいずれかに該当する場合は解雇とする。
　⑴　体調不良（精神によるものを含む）により、労務提供が不完全であると認められるとき
　⑵　協調性がなく、注意及び指導をしても改善の見込みがないと認められるとき
　⑶　職務の遂行に必要な能力を欠き、改善の見込みがないと認められるとき
　⑷　勤務成績、勤務態度その他の業務能率全般が不良で業務に適さず、改善の見込みがないと認められるとき

（中略）

　⒁　その他前各号に準ずるやむを得ない事由があるとき

**175**

# 2

## 解雇予告と解雇予告手当

### ✓ 解雇予告、解雇予告手当とその例外

　会社が社員を解雇しようとする場合には、**原則として、少なくとも30日前までに予告をしなくてはならない**と定められています（労基法20条）。

　解雇予告は口頭でも有効ですが、後々にトラブルの原因となりますので、次ページ一番下に掲載しているような**解雇通知書**を作成するとよいでしょう。

　**解雇予告手当**とは、会社が解雇する社員に対して、前述の原則である**30日前の解雇予告をしない場合**に、その社員に対して支払うことが労基法上義務付けられている手当です。解雇予告手当の金額は、以下の計算式で算出します。

> 　　平均賃金（⇒146ページ）×（30日-解雇予告から解雇日までの日数）

　原則通り30日前の解雇予告をすれば解雇予告手当の支払いの必要ありませんが、即時解雇の場合には原則として30日分の平均賃金に相当する金額の解雇予告手当の支払いが必要になります。

　次ページ一番上の表の４つのいずれかに該当する場合には、**解雇予告および解雇予告手当を支払うことなく即時解雇することが可能**です。

　試用期間中の社員を、**即時解雇できるのはあくまで入社日から14日以内の場合のみ**です。**15日目以降の解雇については、原則通り、30日前の解雇予告または解雇予告手当が必要**になります。

### ✓ 解雇予告除外認定

　次ページ一番上の表の４つのいずれにも該当しない社員について、**解雇前に、所轄労働基準監督署長の認定（解雇予告除外認定）を受けることで、解雇予告および解雇予告手当なしに即時解雇することが可能**になります。解雇予告除外認定は、以下の**いずれか**に該当する場合です。

| 1 | 労働者の責めに帰すべき理由による解雇の場合 |
|---|---|
| 2 | 天災地変等により事業の継続が不可能となった場合 |

## ●解雇予告の適用除外●

| | |
|---|---|
| 1 | **日雇い労働の社員**<br>（1か月を超えて引き続き使用される場合を除く） |
| 2 | **2か月以内の期間を定めて使用される社員**<br>（所定の期間を超えて引き続き使用される場合を除く） |
| 3 | **季節的業務（※）に4か月以内の期間を定めて使用される社員**<br>※：季節的業務とは、夏期の海水浴場の業務、農業の収穫期の手伝い、冬の除雪作業などが該当<br>（所定の期間を超えて引き続き使用される場合を除く） |
| 4 | **試用期間中の社員**<br>（14日を超えて引き続き使用される場合を除く） |

## ●解雇の予告と解雇予告手当のイメージ●

**パターン1** ：30日前までに予告（解雇予告手当は不要）

3月1日　　　　　　　　　　　　　　　　　　　　　　　　　3月31日
| 30日 |
解雇予告日　　　　　　　　　　　　　　　　　　　　　　　解雇の日

**パターン2** ：その日に即日解雇（30日分の解雇予告手当が必要）

3月1日　　　　　　　　　　　　　　　　　　　　　　　　　3月31日
| 30日 |
　　　　　　　　　　　　　　　　　　　　　　　解雇予告日＝解雇の日

**パターン3** ：20日前までに予告（10日分の解雇予告手当が必要）

※解雇予告日は予告日数に不算入

3月1日　　　　　　　3月11日　　　　　　　　　　　　　　3月31日
| 10日 | 20日 |
　　　　　　　解雇予告日　　　　　　　　　　　　　　　　解雇の日

## ●書式例　「解雇通知書」●

年　　月　　日

〇〇　〇〇　殿

株式会社〇〇
代表取締役　〇〇　〇〇　印

### 解雇通知書

　このたび、貴殿を就業規則第〇条第〇項の規定により、解雇いたしますのでその旨を通知します。

記

1．解雇日：〇年〇月〇日
2．解雇理由：　〇〇

以上

# 3 解雇制限とその例外

## ✅ 解雇制限

**解雇制限**とは、労働者が一定の事由に該当した場合に、その制限期間中は使用者の解雇が禁止されていることです。労基法19条の解雇制限期間は、**以下のいずれか**の場合です。

| 1 | 労働者が業務上負傷したり、病気になった場合に、その療養のために休業する期間＋その後30日間 |
| 2 | 労基法所定の産前産後休業（⇒114ページ）＋その後30日間 |

## ✅ 解雇制限の例外

以下のいずれかに該当する場合には、**解雇制限期間中であっても解雇で**きます。

| 1 | 打切補償を行った場合 |
| 2 | 天災事変等が原因で事業の継続が不可能となった場合 |

## ✅ 打切補償を行った場合

**打切補償**とは、社員が業務上の病気やけがが原因で休業して、３年経っても治らないときに、会社が平均賃金の1200日分を支払うことで、以後の補償責任を免れる制度です。解雇制限の１つ目の例外として、会社がこの打切補償をした場合、**解雇制限が解除**されます。

社員が業務上の病気やけがが原因で休業して、３年経っても治らない場合に、労働者災害補償保険（労災保険）の**傷病補償年金**を受け取ることとなった場合にも、**解雇制限が解除**されます。

## ✅ 天災事変等で事業の継続が不可能

地震などの**天災事変や火事などによる会社の焼失等のやむを得ない事由**により**事業の継続が不可能**になった場合は、解雇制限が解除されます。ただし、この場合は、**所轄労働基準監督署の認定**を受けることが必要です。

**経営環境の悪化**を原因とするような場合は、やむを得ない事由に該当しません。

178

## ●解雇制限の例外●

### ❶ 業務上負傷または疾病で休業する場合

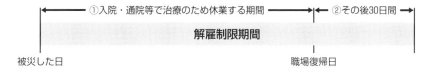

### ❷ 産前産後休業（労基法第65条）で休業する場合

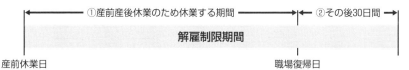

## ●書式例 「解雇制限・解雇予告除外認定申請書」●

| 様式第2号（第7条関係） | | 解雇制限 解雇予告 除外認定申請書 | | | | | |
|---|---|---|---|---|---|---|---|
| 事業の種類 | 事業の名称 | | 事業の所在地 | | | | |
| | | | | | | | |
| 天災事変その他やむを得ない事由のために事業の継続が不可能となった具体的事情 | | 除外を受けようとする労働者の範囲 | | | | | |
| | | 業務上の傷病により療養するもの | 男 人 | 女 人 | 計 人 |
| | | 産 前 産 後 の 女 性 | | 人 | |
| | | 法第20条第1項但書前段の事由に基づき即時解雇しようとする者 | 男 人 | 女 人 | 計 人 |
| 年　月　日 労働基準監督署長　殿 | | | 使用者 職名 氏名 | | 印 ○ |

# 4 普通解雇

## ✅ 解雇事由に該当しても直ちに解雇できるわけではない

**普通解雇**とは、**懲戒解雇ではない解雇**のことをいいます（広義の普通解雇）。

整理解雇ではない**普通解雇**とは、社員の債務不履行に基づく解雇のことです。ここでいう債務不履行とは、**就業規則その他労働契約で定められた契約内容を守れない、あるいは不完全にしか守れない状況**のことをいいます。

**就業規則の解雇事由に該当するとしても、直ちに解雇できるとは限りません。**

たとえば、**能力不足を理由とする解雇**を検討するうえでの、能力不足かどうかの判断は、新卒か中途採用か、職務経験年数、職種、ポジションなどによって異なります。加えて、これまでの裁判例によれば、かなり高給の上級管理職としてその地位を特定して採用した場合は除き、一般的には、以下のいずれにも該当しない場合、解雇は社会通念上相当とは認められません。

| 1 | 事由が重大な程度に達しており、解雇回避の手段がない |
|---|---|
| 2 | 労働者の側に宥恕するべき事情がほとんどない |

**会社が社員に対しての教育・指導を定期的に行うことが大切です。**職制上の地位が低ければ低いほど、配置転換なども検討する余地があります。会社が**解雇回避努力**を行ったうえで、それでもなお改悛の余地がない場合にはじめて解雇を検討します。

解雇を検討するうえでは、**客観的な記録の積み重ね**が重要となります。たとえば、能力不足を理由とする解雇の場合には、同期や他の同様の業務に従事する社員と比較して、どれだけ業績や能力が劣っているかの客観的な記録として、前述の**定期面談での教育・指導の記録**が重要となります。また、勤怠不良を理由とする場合には、遅刻・早退や欠勤をどれだけ繰り返しているかといった勤怠データの記録が基礎になります。

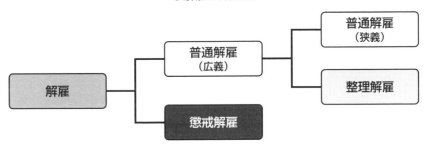

●解雇の類型●

●普通解雇の具体的な手順●

❶ 解雇の種類の検討 　　　　1. 解雇の種類は普通解雇なのか？ あるいは懲戒解雇なのか？

❷ 就業規則の解雇事由 　　　2. 就業規則に定めた解雇事由に該当しているか？

❸ 解雇手続き 　　　　　　　3. 就業規則に定めた解雇手続きの規定に違反していないか？

❹ 解雇予告手続き 　　　　　4. 解雇予告手続きについて、30日前に解雇予告をするのか？ 30日分の解雇予告手当を支給するのか？ あるいは、解雇予告と解雇予告手当を合わせて実施するのか？

❺ 解雇事由が法令の解雇禁止に該当していないか確認　5. 解雇事由が法令で禁止されている事由に該当していないか？

❻ 解雇の相当の理由かの確認　6. 解雇事由が客観的に合理的な理由がなく、社会通念上相当性を欠くものに該当していないか？

# 5

# 整理解雇

## ✅ 整理解雇の四要素とは

**整理解雇**とは、会社の経営難による人員削減の一環で行われる解雇です。前節で示した類型でいうと、広義の普通解雇のなかの1つの類型になります。

これまでの判例法理の積み重ねで、整理解雇が解雇権の濫用とならないためには、以下の4つの要素を考慮して判断されます。

| 1 | 人員削減の必要性があるか |
|---|---|
| 2 | 解雇回避努力をしているか |
| 3 | 対象者選定の基準が妥当であるか |
| 4 | 労働者側との協議を十分に尽くしているか |

ここでいう**要素**とは、このうちのどれか1つでも欠けると解雇が無効となるという意味での法律要件ではなく、1つひとつが解雇権の濫用を判断する要素であり、**最終的な有効性はそれら要素の総合判断で行われる**ものと考えられています。

### (1) 人員削減の必要性

人員削減をしなければ会社経営を維持できないというほどの高度な必要性が認められなければなりません。

### (2) 解雇回避努力

役員報酬の削減、新規採用の抑制、希望退職者の募集、配置転換、出向等により、整理解雇を回避するための経営努力がなされ、人員整理（解雇）に着手することがやむを得ないと判断される必要があります。

### (3) 対象者選定の基準の妥当性

解雇するための**人選基準が合理的**で、具体的**人選も合理的かつ公正**でなければなりません。

### (4) 手続きの妥当性

経営者は労働者側と協議し説明する義務を負います。特に**手続きの妥当性が非常に重視**されています。説明・協議、納得を得るための手順きを踏まない整理解雇は、他の要件を満たしても無効とされる場合もあります。

182

## ✅希望退職の募集

　実務的には、**整理解雇に踏み切る前に希望退職者の募集を行うことが通常**です。その際には、退職金計算においては会社都合退職の扱いにすることや、通常の退職金に加えて上乗せの退職金を支給するなどといった優遇措置を設定することになります。

### ◉書式例　「早期退職制度募集案内」◉

希望退職の募集について（お知らせ）

　先般来、当社を取り巻く経営環境は極めて厳しい状況となっております。今回、経営の再建を図るため、やむを得ず、下記の要領で希望退職を募集することとします。

1　募集人数
　　　○　人
2　募集対象者
　　　　年　　　月　　　日現在で　　　歳以上の者
　　　但し、会社が経営上特に必要とする者は除きます。
3　募集期間
　　　　年　　　月　　　日～　　　月　　　日
4　応募手続き
　　　退職希望者は、総務部長宛に希望退職届を提出してください。
5　退職日
　　　　年　　　月　　　日とします。

# 6

# 解雇理由証明書

## ✓ 解雇理由証明書に記載すべき内容と留意点

　解雇理由証明書とは、会社が、社員をどのような理由で解雇したのか、その理由を証明する書類になります。労基法では、解雇予告を行った社員から、**解雇日までの間に解雇予告証明書の発行を請求されたら、会社は遅滞なくこれを交付しなければならない**と規定されています。

　解雇理由証明書は、**社員から請求がなければ発行する必要はありません。**

　解雇予告証明書には、以下の3点を記載します。

| 1 | 解雇予告日 |
|---|---|
| 2 | 解雇日 |
| 3 | 解雇理由 |

　解雇理由は、就業規則の適用条項数まで含めて、具体的に記載します。

## ✓ 解雇理由証明書に関する留意点

　解雇理由証明書の発行の請求は、解雇権の濫用など社員側が会社への訴訟を準備している場合などであることも少なくありません。したがって、会社が解雇理由を十分に整理しないまま発行してしまうと、その後の紛争で会社に不利な裏付けになってしまいかねません。

　そこで、解雇理由証明書は、以下の留意点などを踏まえて、**慎重に発行**してください。

| 1 | 解雇の原因となった事由を整理して、すべて漏れなく列挙すること |
|---|---|
| 2 | 就業規則の根拠条項と具体的な出来事・事柄を結びつけて記載すること |
| 3 | 原則として、後からの追加はできないものと理解すること　など |

　解雇日後に解雇理由証明書を請求された場合には、**解雇理由証明書ではなく退職証明書**（⇒206ページ）を発行してください。

## ●書式例 「解雇理由証明書」●

# 解雇理由証明書

_____ 殿

　当社が、　年　　月　　　日付けであなたに予告した解雇については、以下
の理由によるものであることを証明します。

　　　　　　　　　　　　　　　　　　　　　　　　　　年　月　日

　　　　　　　　　事業主氏名又は名称
　　　　　　　　　使 用 者 職 氏 名

〔解雇理由〕※1、2
1　天災その他やむを得ない理由（具体的には、
　　　　　　　　　　によって当社の事業の継続が不可能となったこと。）による解雇
2　事業縮小等当社の都合（具体的には、当社が、
　　　　　　　　　　　　　　　　となったこと。）による解雇
3　職務命令に対する重大な違反行為（具体的には、あなたが
　　　　　　　　　　　　　　　したこと。）による解雇
4　業務については不正な行為（具体的には、あなたが
　　　　　　　　　　　　　　　したこと。）による解雇
5　勤務態度又は勤務成績が不良であること（具体的には、あなたが
　　　　　　　　　　　　　　　したこと。）による解雇
6　その他（具体的には、
　　　　　　　　　　　　　　　　　　　）による解雇


※1　該当するものに○を付け、具体的な理由等を（　）のなかに記入する
　　こと。
※2　就業規則の作成を義務付けられている事業場においては、上記解雇理
　　由の記載例にかかわらず、当該就業規則に記載された解雇の事由のうち、
　　該当するものを記載すること。

## 退職・解雇に関する相談の難しさ

### 初動と状況確認の重要性

　社会保険労務士への相談で最も多いものの代表例は退職や解雇に関するものです。会社の状況、シチュエーション、退職や解雇の理由など様々な要因を検討して相談にあたらなければなりません。

　退職や解雇に限ったことではなく、労災事故が起こった場合や苦情・クレームが発生した場合にもいえることですが、トラブルは初動対応が重要です。

　たとえば、経営者や上司と部下の仕事上の言い争いが高じて、辞めるか辞めないかという方向に話が進んでしまい、後から経営者などが思い悩んで相談に来るというケースがあります。

　もし経営者や上司の本心が異なっていれば、あまり時間を経過させないで自身の真意を伝えることが非常に重要になります。また、謝罪の必要があると判断したときには、素直に謝罪を行うことをお勧めします。

　退職の申出があった背景に、パワハラの存在が推定されるケースや、はっきりとパワハラを退職理由とするケースもあります。この場合、当事者以外のヒアリング等を行い、状況を把握しておくことが必要であり、場合によっては第11章で詳述する対応策を検討していくことになるでしょう。

### こじれる前に早期に相談を

　上司などの不用意かつ一方的な言動により、労使関係がこじれてしまったケースなどでは、特に慎重な対応が必要になります。

　「うちの労務担当はスペシャリストなので何も問題ない」と豪語される経営者の方も少なからずいらっしゃいますが、自社の限られた経験だけでは対応できないことも少なくありません。

　年齢や経験年数だけではなく、たくさんの顧問先企業への支援実績のある、真に実務経験豊富な社労士事務所と顧問契約を結んで、常に相談できる関係を築いておくことをお勧めします。

# 9章

## 退職

# 1

## 労働契約の終了

### ✅労働契約解消の四類型

　採用から定年に至るまでの間における**労働契約の解消**については、労働契約解消の申出者との合意の有無により、4つに分類されます。

　各類型により、退職に至るまでの手続きの流れや法律の制限が異なりますので、あらかじめ整理しておくことで退職時のトラブルを防ぐことができます。

**⑴　合意解約**

　社員が退職願を提出し、会社が退職に合意の意思表示をします。合意の意思表示は口頭でも有効ですが、事実を明確にするために**退職合意書**を作成したほうがよいでしょう。**会社が、退職に合意するまでの間は、社員から退職の意思表示を取り消すことができます。**

**⑵　辞職**

　社員が**退職届**を提出し、**会社との合意なしに労働契約を一方的に終了させ**ます。民法627条により、**原則として、退職申出の日から2週間を経過すれば労働契約が終了**します。

**⑶　退職勧奨**

　**会社が退職を促し、社員が退職に合意の意思表示**をします。後日のトラブルを避けるために、合意内容を文書化した**退職合意書**を作成します。

**⑷　解雇**

　**会社が一方的に労働契約を終了**させます。その際、社員に解雇事由を明らかにした**解雇通知書**を渡します。

　労契法第16条により、**客観的に合理的な理由を欠き、社会通念上相当であると認められないときは、権利濫用として無効**とされる法律上の制限を受けます（解雇権濫用法理）。社員が解雇に応じたときは、**解雇承諾書**を作成し、解雇の事実を明らかにしておきます。

**188**

## ✅意思表示によらない労働契約の終了

　会社または社員の意思表示によらずに労働契約が終了することを、**自然退職**や**当然退職**といいます。死亡などの物理的原因に基づくものと、労働契約や就業規則により定められたものがあります。

　自然退職に該当する場合として、以下の事由があります。

| | |
|---|---|
| 1 | 本人が死亡したとき |
| 2 | 定年に達したとき |
| 3 | 休職期間が満了しても休職事由が消滅しないとき |
| 4 | 所在不明で連絡が取れなくなってから○日経過したとき |
| 5 | 役員に就任したとき |
| 6 | 転籍したとき |
| 7 | 労働契約期間が満了したとき |

### ●労働契約解消の４分類●

| | |
|---|---|
| 1 | 合意解約 |
| 2 | 辞職 |
| 3 | 退職勧奨 |
| 4 | 解雇 |

### ●労働契約解消の４類型●

| | 類型 | 申出者 | 合意の有無 | 書類 | 離職理由 | 労基法の制限 |
|---|---|---|---|---|---|---|
| 1 | 合意解約 | 社員 | 合意あり | 退職願 | 一身上の都合 | なし |
| 2 | 辞職 | 社員 | 合意なし | 退職届 | 一身上の都合 | なし |
| 3 | 退職勧奨 | 会社 | 合意あり | 退職合意書 | 退職勧奨 | なし |
| 4 | 解雇 | 会社 | 合意なし | 解雇通知書 | 解雇 | あり |

**9章**

退職

**189**

# 2

## 退職の手順

### ✅退職日の確定と確定後にすべきこと

　退職の手続きをスムーズに進めるためには**退職日が確定**していることが必要です。社員が口頭で退職の意思を会社に伝えたとしても、退職日が確定していなければ手続きを進めることができません。引継ぎ日程の調整や、補充者の異動スケジュールの確定などの実務も進みません。

　急な退職に伴う人員補充や引継ぎのために、**余裕を持った退職申出日のルールを就業規則に明記**しておく必要があります。「民法第627条の予告期間（2週間）は使用者のためにこれを延長できない」（高野メリヤス事件〈東京地判昭51.10.29〉）という裁判例もありますが、**普段から社員との関係を良好に保ち、急な退職の申出を防ぐ**ようにしておくべきです。

　就業規則に明記がないときや就業規則がないときは、下表のように民法第672条のルールが適用されます。

| 類型 | 民法のルール | 退職日決定の具体例 |
|---|---|---|
| 原則 | **退職日の2週間前までに申出** | 4月1日に申入れ4月15日退職<br>※時給者、日給者の場合 |
| 期間によって報酬を定めた場合<br>（月給制など） | **その期間の前半までに申出** | 4月1日に申入れ5月1日退職<br>※月給者で毎月末締めの場合 |
| 6か月以上の期間によって報酬を定めた場合（年俸制など） | 3か月前までに申出 | 4月1日に申入れ7月1日退職 |

※年俸制で毎月末締めの場合

　期間の定めがある労働契約については労契法第17条で規定されているように、原則、**やむを得ない事由がなければ、契約期間満了日までの間に退職はできない**とされています。なお、契約の解除に当たり、相手方に過失責任があれば損害賠償を請求することができます。

　退職日の確定後は、退職予定者の年次有給休暇の利用などにより後任者に負担がかからないように**引継ぎ**を進めます。また、未払い残業代の確認を行い、**債権債務不存在の覚書**などを交わすことで後日の争いを防ぎます。

190

# ●退職時チェックリスト●

自社に必要なものを選択してご利用ください。

## 退職時チェックリスト

退職者名：＿＿＿＿＿＿＿＿＿＿＿＿＿＿＿　　　　　　○年○月○日退職予定

| 項目 | 内容・書類 | チェック | 備考 |
|---|---|---|---|
| 人事 | 退職日の確定 | □ | |
| | 退職証明書必要の有無 | □ | □必要　□不要 |
| | 後任者の確定 | □ | |
| | 退職に伴う人事異動発令 | □ | |
| | 退職に伴う新規採用募集開始 | □ | |
| | 年次有給休暇残日数の確認 | □ | |
| | 貸付金など金銭債権の確認 | □ | |
| | 貸与物の確認 | □ | |
| | 寮・社宅退去日の決定 | □ | |
| 退職時書類 | 退職届・退職願 | □ | |
| | 退職合意書 | □ | |
| | 解雇通知書 | □ | |
| | 業務引継ぎ完了報告書 | □ | |
| | 競業禁止に関する誓約書 | □ | |
| | 守秘義務遵守・情報漏えい禁止の誓約書 | □ | |
| | 債権債務不存在の確認書 | □ | |
| セキュリティ | 機密情報の消去確認 | □ | |
| | ID・パスワードの変更 | □ | |
| | 業務用アプリの退職者分の解約 | □ | |
| 退職金 | 確定拠出型退職金積立の中止 | □ | |
| | 中退共手帳の返還 | □ | |
| 税務 | 源泉徴収票 | □ | |
| | 住民税特別徴収異動届書 | □ | □○月分まで徴収　□普通徴収へ |
| 雇用保険 | 雇用保険被保険者喪失届 | □ | |
| | 雇用保険被保険者離職証明書 | □ | |
| 社会保険 | 保険証回収（本人分） | □ | |
| | 保険証回収（家族分） | □ | |
| | 健康保険・厚生年金保険資格喪失連絡票 | □ | ※保険証と引き換えに本人に交付 |
| | 被保険者資格喪失届 | □ | |
| | 保険証回収不能届 | □ | ※回収不能時に作成 |
| 保険 | 損害保険の解約 | □ | |
| | 生命保険の解約 | □ | |
| 貸与物の返還 | 本人の名刺 | □ | |
| | 身分証明書、ICカード | □ | |
| | 制服 | □ | |
| | カギ | □ | |
| | 顧客等の名刺 | □ | |
| | 携帯電話、スマートフォン | □ | |
| | タブレット、パソコン | □ | |
| | | □ | |
| | | □ | |

# 3

## 慰留と撤回

### ✓ 退職の意思表示の確定

社員からの退職の意思表示を明確化させるために、退職届や退職願の文書はとても重要です。本人自筆の文書であれば、本人の意思による退職であることを証明する資料となります。

ところで、退職の意思表示後に社員を**慰留**することがあります。会社の慰留に応じた意思表示の**撤回**であれば、特になんらの変化も生じません。慰留を固辞すれば、退職となるだけです。一方、**社員が退職の撤回を求めてきた場合**は、撤回の時機や承諾者の権限により撤回の可否が決定します。

### ✓ 退職願と承認決定権者

社員から**退職願**が提出されたときには、**会社として退職の諾否を回答**する必要があります。この場合に、社内の誰が退職の諾否を決する職務権限を持っている承認決定権者であるかということが問題となります。すなわち、**承認決定権者に退職願が到達**すれば、**簡単に撤回ができなくなる**ということです。これに関して、以下のような裁判例があります。

---

**退職願を承認決定権者が受理したため撤回を認めなかった裁判例**
大隈鉄工所事件（最判昭62.09.18）
退職願に対する承諾の意思は文書による必要はなく、承認については人事部長の意思のみによって決定することは不合理なことではない。よって、人事部長が退職の意思表示である退職届を受理したことは、退職の意思表示に対する即時承諾の意思表示にあたる。

---

**退職願の受理者が承認決定権者でなく撤回が認められた裁判例**
岡山電気軌道事件（岡山地判平3.11.19）
常務に提出された退職願は社長宛てであり、人事権限は労務部の分掌と明文化されていた。通常の退職願承認手続きの流れでは、当該常務に単独で即時退職承認の可否を決する権限はなかったとし、退職の撤回届が有効とされた。

---

192

●書式例 「退職願」「退職届」●

### 退職願

株式会社○○
代表取締役　○○　○○

　○年○月○日付けで、一身上都合により、貴社を**退職すること**を願い出ます。

　　　　　　○年○月○日
　　　　　　○○　○○　印

### 退職届

株式会社○○
代表取締役　○○　○○

　○年○月○日付けで、一身上都合により、貴社を**退職します**。

　　　　　　○年○月○日
　　　　　　○○　○○　印

●退職の意思表示方法による承諾と撤回のフロー●

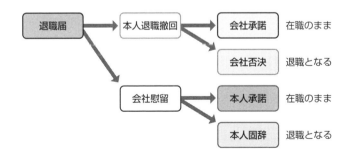

# 4 有期労働契約の終了

## ☑雇止め

　有期労働契約は期間満了に伴い当然に契約が終了するため、原則、特段の意思表示や理由付けの必要がありません。実際には**契約更新が繰り返され、一定期間雇用を継続**した後に次の更新をしない旨を通知して契約を打ち切る**雇止め**をめぐり、トラブルに発展することがあります。

　労契法19条では、**客観的に合理的な理由を欠き、社会通念上相当であると認められないときは雇止めが認められない**としています。具体的には次のいずれかに該当する有期労働契約が対象となり、認められない際は**従前と同一の労働条件で有期労働契約が更新**されます。

| 1 | 過去に反復更新された有期労働契約で、その雇止めが、実質的には期間の定めのない労働契約の解雇とほとんど変わらないような場合 |
|---|---|
| 2 | 反復更新されることに対する期待を抱く合理的な理由がある場合 |

## ☑「有期労働契約の締結、更新及び雇止めに関する基準」告知

　「有期労働契約の締結、更新及び雇止めに関する基準」では、以下のように雇止めに関するルールを設けています。

### (1) 雇止めの予告が必要となる有期労働契約

　以下の**いずれかに該当する有期労働契約を更新しない場合は原則、契約満了日の少なくとも30日前には雇止め予告**をしなくてはなりません（当初から更新しないことを約して労働契約を締結した場合は対象外）。

| 1 | 3回以上更新されている場合 |
|---|---|
| 2 | 1年以上の契約期間の有期労働契約が更新または反復更新され、最初に有期労働契約を締結してから継続して通算1年を超える場合 |
| 3 | 1年を超える契約期間の有期労働契約を締結している場合 |

### (2) 雇止め理由の明示

　上記(1)に該当する場合で**雇止めの理由**について**証明書を請求された**ときは**遅滞なく交付**しなければなりません。以下の例のように契約期間の満了のためとは異なる別の理由にしなければなりません。

194

（例）・前回の契約更新時に本契約を更新しないことが合意されていた
　　　・契約締結当初から更新回数上限があり、当該上限に達した
　　　・担当していた業務が終了、中止した　・勤怠不良のため
　　　・業務を遂行する能力が十分ではないと認められる
　　　・事業縮小　など

**9章　退職**

## ●有期労働契約の雇止めに関する裁判例の傾向●

| 判断要素 | 具体例 | 雇用関係の状況 | 事案の特徴 | 雇止めの可否 |
|---|---|---|---|---|
| 業務の客観的内容 | ○従事する各仕事の種類、内容、勤務形態（業務内容の恒常性・臨時性など） | 《純粋有期契約タイプ》期間満了後も雇用関係が継続するものと期待することに合理性は認められないもの | ・業務内容、地位が臨時的な事案が多い ・契約当事者が期間満了による契約終了を認識している事案が多い ・更新手続きが厳格に行われている事案が多い ・同様の地位にある労働者に過去に雇止めの事案がある事案が多い | 原則通り契約期間の満了によって当然に契約関係が終了するものとして、雇止めの効力は認められる |
| 契約上の地位の性格 | ○地位の基幹性、臨時性 ○労働条件についての正社員との同一性 | 《実質無期契約タイプ》期間の定めのない契約と実質的に異ならない状態に至っていると認められるもの | ・業務内容が恒常的であり、更新手続きが形式的である事案が多い ・雇用継続を期待させる使用者の言動が認められる事案が多い ・同様の地位にある労働者に過去に雇止めの例がほとんどない事案が多い | ［ほとんどの事案で雇止めは認められていない］ |
| 当事者の主観的態様 | ○継続雇用を期待させる当事者の言動、認識の有無・程度（会社からの説明など） | 《期待保護（反復更新）タイプ》雇用継続への合理的な期待が認められる契約であるとして、その理由として相当程度の反復更新の実態が挙げられているもの | ・業務内容が恒常的であり、更新回数が多い ・業務内容が正社員と同一である事案、同様の地位にある労働者について過去に雇止めに至った事案がある | 経済的事情による雇止めについて、正社員の雇止めと判断基準が異なる理解を認めた事案が見られる |
| 更新の手続き・実態 | ○契約更新の状況（反復更新、回数、勤続年数など）○更新時における手続きの厳格性（手続きの有無、判断方法など） | 《期待保護（継続特約）タイプ》雇用継続への合理的な期待が、当初の契約締結時の期待から生じていると認められる契約であるとされたもの | ・更新回数は概して少なく、契約締結の経緯等に特殊な事例が多い | 当該契約に特殊な事情等の存在を理由として雇止めの認められない事案が多い |
| 他の労働者の更新状況 | ○同様の地位にある他の労働者の雇止めの有無など | | | |
| その他 | ○有期労働契約を締結した経緯 ○勤続年数、年齢などの上限設定など | | | |

契約関係の終了に制約がある

参考：厚生労働省リーフレット

195

# 5

# 定年と高年齢者雇用確保措置

## ✓ 定年制

　高年齢者雇用安定法により、定年年齢は**60歳以上**と決められています。厚生労働省の「平成29年就労条件総合調査」によると、定年制を定めている会社の割合は95.5％、60歳定年を定めている会社は79.3％、65歳定年を定めている会社は16.4％となっています。

　定年制を定めていても、定年退職後、特段の欠格事由がない限り**再雇用する慣行がある場合は再雇用を拒否できない**（大栄交通事件〈最判昭51.3.8〉）という裁判例もあります。また、現実に就業規則で定めている定年年齢で退職した者がおらず、定年制の適用をしないとの慣行が存在する場合も定年制を適用することは認められない（協和精工事件〈大阪地判平15.8.8〉）と判示された裁判例もあります。**定年退職後の再雇用契約手続きを適正に行うことが大切である**ことがわかります。

## ✓ 高年齢雇用確保措置と継続雇用の高齢者の特例

　**定年年齢が65歳未満の会社**は、**継続雇用を希望する定年退職者全員を、**以下の**いずれかの制度により65歳まで雇用する義務**があります。

| 1 | 65歳まで定年年齢を引き上げる |
|---|---|
| 2 | 希望者全員を対象とする65歳までの継続雇用制度を導入する |
| 3 | 定年制を廃止する |

　ただし、平成25（2013）年3月31日までに労使協定により**継続雇用制度の対象者を選定する基準**を定めていた場合は、経過措置として**同年4月1日以降についても継続雇用の対象者を選定する**ことができます。

　高齢者であっても、同一の会社との**有期労働契約が通算5年を超えて反復更新**された場合は**無期転換申込権**が発生します。しかし、**適切な雇用管理計画を作成し、都道府県労働局長の認定を受けた会社に定年後も引き続き雇用される者には無期転換申込権は発生しません**。

### ●高年齢者雇用確保措置導入までのフロー●

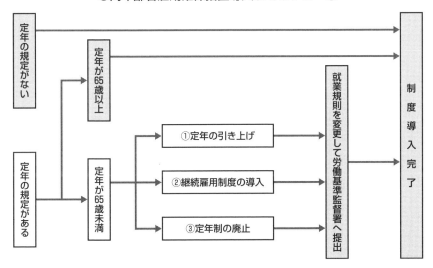

### ●定年後再雇用時の無期転換申込権の例外●

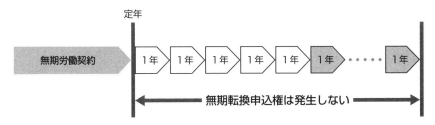

### ●就業規則の「定年」の規定例●

（定年等）
第○条　社員が満60歳に達した日を定年とし、60歳に達した日の属する賃金計算期間の末日を定年退職日として退職とする。
2．定年年齢以降についても、本人の希望があり、別に定める「定年後再雇用者の基準に関する労使協定」の定めに該当する者については、定年退職日の翌日から満65歳に達する日の翌日が属する賃金計算期間の末日までを限度に、嘱託社員として再雇用する。

# 6

# 行方不明者の退職

## ✅ 行方不明者への意思表示の到達

　社員が突然失踪し、連絡がつかないために無断欠勤状態が長期間にわたることがあります。この状況下で行方不明の社員の退職手続きを行うためには、**あらかじめ就業規則を整備し、社員に周知しておくことが重要です。**

　**事故欠勤が1か月以上に及んだときは、特別な事由がなければ自然退職**となる（豊田自動織機製作所事件〈名古屋高判昭48.3.15〉）との裁判例もあることから、就業規則の退職規定に次のような退職事由を明記することで、**自然退職**の手続きを行います。当然のことですが、当該内容を社員に周知しておかなければなりません。

> ・社員が行方不明となり、最終出勤日から○日以上連絡が取れなくなったとき

　ところで、**連絡が取れない期間の設定は会社の判断**にゆだねられます。仮に、行方不明となり出社しない事実を社員からの辞職の申出だとみなせば、民法627条2項を適用し50日の設定を導くことができます。

　**あらかじめ社員の身内の者を使者として指定し、未払い給与などの清算や、会社に残された私物の受け取りなどを行ってください。**

　就業規則には一般的に、行方不明に伴う無断欠勤を理由とする解雇や懲戒解雇とする規定も明示されています。しかし、解雇等の意思表示を行方不明者に届けなければ解雇等の手続きを進めることはできません。

　民法97条1項は、**意思表示は到達によって効力を生じる**と定めています。意思表示の到達とは、相手方が現実にこれを了知し、または了知し得る状態に置かれることです。欠勤社員の配偶者に伝言や連絡を要請することで、信義則上、意思表示が相手方に到達したと同視できると判示された裁判例（X銀行事件〈東京地判平17.10.7〉）もあります。

　しかし、所在不明の相手に対し、確実な意思表示をするためには、**公示送達の手続き**をとる必要があります。公示送達とは、裁判所を通じて、裁判所の掲示板に一定期間掲示することで、意思表示の到達効果が得られるものです。

## ✅公示送達の効力発生までの流れ

相手の所在が判明しているが相手方が郵便物を受領しない場合や相手方に対する訴訟提起を予定している場合には、公示送達はできません。

申立てをすべき裁判所は、**相手が所在不明となる直前の住所地を管轄する簡易裁判所**です。

相手方に到達させる意思表示が記載された通知書を準備する必要があります。形式は問われませんが、A4用紙の利用が一般的です。

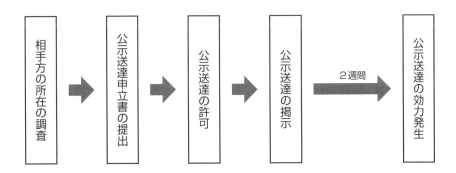

●**公示送達申立時の調査報告書の記入例**●

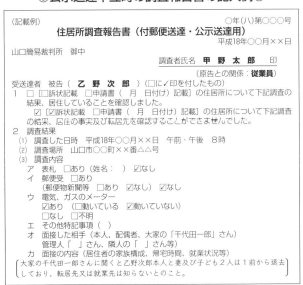

出所：山口簡易裁判所サイト

# 7 退職勧奨の注意点

## ☑退職勧奨の進め方

**退職勧奨**とは、会社が社員に対して行う**合意退職の申し込み**またはその**誘引行為**です。会社は自由に退職勧奨をすることができますが、解雇とは異なり、その**諾否決定権は社員**にあります。社員が退職を承諾したときは、**退職合意書**を作成することになります。

会社は、退職勧奨を成功させるために、次のような様々な**優遇措置や譲歩案**などの準備をして交渉に臨みます。

| | |
|---|---|
| 1 | 会社都合退職（特定受給資格者の説明） |
| 2 | 割増退職金 |
| 3 | 退職功労金 |
| 4 | 年次有給休暇の買い上げ |
| 5 | 転職先が見つかるまでの雇用契約の延長 |
| 6 | 転居先が見つかるまでの社宅や寮の利用　など |

退職勧奨による離職は**雇用保険の特定受給資格者**とされ、解雇と同等の失業給付が受給できます。これは退職する社員にとって大きなメリットとなるので、しっかりとこの点も説明することが交渉のポイントとなります。

退職勧奨は、勧奨の回数、期間、言動、勧奨者の数、優遇措置の有無などにより**社会的相当性**を判断されます。

また、**退職勧奨拒否を理由として不利益な取扱いをすると、違法な退職強要**となり、権利濫用による退職勧奨の無効や損害賠償請求に発展することがあります。よって、以下の点に注意して交渉を進めてください。

| | |
|---|---|
| 1 | 拒否しているにもかかわらず頻繁に、長期間にわたり勧奨しない |
| 2 | 勧奨時に差別発言や威圧的な態度をとらない |
| 3 | 勧奨に応じなければ懲戒処分になるなどの虚偽の説明をしない |
| 4 | 多人数で勧奨するなど威圧感を与えない |
| 5 | 苦痛な仕事を命じ、孤立させるなどのいやがらせをしない |
| 6 | 通勤不可能な場所への転勤命令をしない |
| 7 | 存在しない懲戒処分により降格させるなどの報復人事をしない |

200

**●書式例　「退職合意書」●**

# 退職合意書

　株式会社○○（以下、「甲」という）と、○○○○（以下、「乙」という）は、甲乙間の雇用契約の終了に関し、以下の通り合意（以下、「本件合意」という）した。

1　甲と乙は、乙が○年○月○日付で退職勧奨を受け退職することを相互に確認する。

2　甲は乙に対し、乙の○年○月分給与を、○年○月○日限り、給与支払口座に振込む方法により支払う。振込み手数料は、甲の負担とする。

3　乙は、○年○月○日限り、社員章、ICカード、名刺、健康保険証（家族分を含む）、その他甲の乙に対する貸与物一切を返還することを約束する。

4　甲と乙は、本件合意の内容及び本件合意に至る経緯について、第三者に口外しないことを誓約する。

5　甲と乙は、甲乙間には、本件合意に定めるもののほか、残業代請求権その他名称のいかんを問わず、他になんらの債権債務の存在しないことを相互に確認する。

6　乙は、退職後も甲で知り得た機密事項、個人情報などを外部に口外しないことを誓約する。

　本件合意の成立を証するため、本書2通を作成し、甲乙各1通を各々保管する。

○年○月○日

　　　　甲　株式会社○○　　代表取締役　○○　○○　印
　　　　乙　　　　　　　　　　　　　　　○○　○○　印

# 職務著作と職務発明

## ✓ 相当の利益を決定する基準の作成の流れ

社員が業務上作成する著作物は、作成時の契約や就業規則などに別段の定めがなければ、会社が著作権者になります。これを職務著作といいます。

他方、社員が業務範囲内における職務に属する発明は、契約や就業規則などに「あらかじめ使用者等に特許を受ける権利を取得させることを定めたとき」は、会社が特許権者となります。これを職務発明といいます。発明者である社員は、合理的な範囲内で、会社から相当の金銭その他の経済上の利益（相当の利益）を受ける権利があります。就業規則などの定めがないときは、社員に特許権が帰属します。

特許法では、就業規則等で相当の利益について規定しても、それが不合理なものであってはならないと規定されています。これについて、不合理か否かを判断するガイドラインが、特許庁より公開されています。ガイドラインによれば相当の利益を決定する基準は次ページ下図のような流れで社員の意見を聴取しながら作成するのが望ましいとされています。

①基準案の協議　基準の策定に関して、基準の適用対象となる職務発明をする社員間や労使間の話し合い（書面やメールでも可能）全般のこと

②基準の開示　基準の適用対象となる職務発明をする社員がその基準を見ることのできる状態にすること

③意見の聴取（異議申立手続きを含む）　具体的に特定の職務発明に係る相当の利益の内容を決定する場合に、決定に関し、当該職務発明をした社員から意見（質問や不服を含む）を聴くこと

※上記手続きは企業規模や事務効率や費用を勘案し、イントラネットではなく社員の見やすい場所に書面を掲示する方法などを選択しても差し支えありません。

## ✓ 退職者に対する手続き

職務発明をした退職者に対し、退職後も相当の利益を与え続けることができます。また、特許登録時や退職時に相当の利益を一括して与えることが可能です。また、退職者に関係する相当の利益を決定するための意見聴取は、退職時だけでなく、退職後に行うことも可能です。

### ●金銭以外の相当の利益の例●

| 1 | 会社負担による留学の機会の付与 |
|---|---|
| 2 | ストックオプションの付与 |
| 3 | 金銭的処遇の向上を伴う昇進または昇格 |
| 4 | 法令および就業規則を超える日数または期間の年次有給休暇付与 |
| 5 | 職務発明に係る特許権についての専用実施権の設定または通常実施権の許諾　など |

### ●相当の利益の決定・付与の流れ●

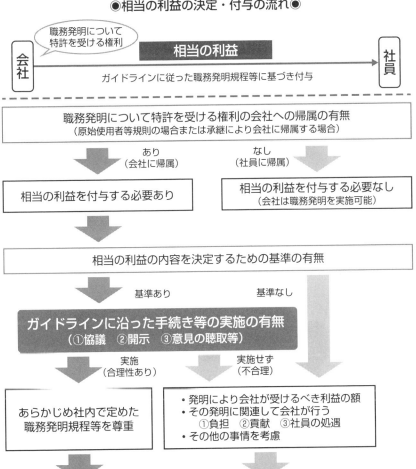

出所：特許庁サイト

# 9

# 退職者の競業避止・秘密保持義務

## ✅ 競業禁止規定を明示しつつ日頃から人間関係を良好に保つのが大事

　競業避止義務は労働契約に付随する誠実義務に含まれており、在職中のや退職後の社員が会社と競合する事業活動を差し控える義務です。主な競業行為には、競合他社への転職、競業他社の経営や役員への就任などが挙げられ、顧客奪取や秘密漏えいなどの問題が発生するおそれが高まります。

　社会通念上、自由競争の範囲を逸脱した違法な態様で元雇用者の顧客を奪取したと見られる場合には、その行為は不法行為にあたる（三佳テック事件〈最判平22.3.25〉ほか）とされています。

　雇用契約終了後は当然に競業避止義務を負うものではありません。退職後の競業避止義務が認められるためには就業規則の規定や個別合意が必要です（顧問料不要の三輪会計事務所事件〈大阪地判平24.4.26〉ほか）。

　したがって、就業規則などに社員の競業禁止規定を明示し、退職時には競業禁止の文書を交わすことが競業避止義務の有効化に効果的です。

　社員が秘密保持義務に違反した際は、就業規則に基づき懲戒処分することができます。また、退職した社員に秘密保持義務を負わせるには、内容が合理的であり公序良俗に反しない範囲内で就業規則に記載することもしくは合意文書を交わすことが必要です。

　就業規則には秘密保持の対象を明確に定めることが求められています（アイメックス事件〈東京地判平17.9.27〉）。したがって、就業規則には業務上の秘密を例示しておきます。

　さらに、退職時に交わす秘密保持誓約書には、対象となる退職者に応じ、業務上の秘密をより具体的に記載し、一緒に内容確認し、退職者が納得したうえで署名をもらうようにします。特に企業秘密などの情報漏えいは、不正競争防止法により、相手方に侵害行為の差止めや損害賠償を請求することができることも伝えておきます。

　しかし、競業によるトラブルの防止を願い、秘密保持義務を全うしてもらいたいのであれば、常日頃から人間関係を良好に保つことや、退職時に揉めないようにすることが一番大切なことです。

204

## ●競業避止有効性の判断基準●

| | 判断要素 | 具体的内容 |
|---|---|---|
| 1 | 守るべき企業利益の有無 | 技術情報、顧客情報、ノウハウなどが、職業選択の自由を制限するに値するか否か。当該情報の秘密管理性、有用性、非公知性などを総合的に判断される |
| 2 | 従業員の地位 | 全従業員を対象とする規定は無効判断されやすい。高い地位や機密性の高い情報に接する社員に限定することで、有効判断されやすい傾向がある |
| 3 | 競業避止義務の存続期間 | 1年以内の存続期間を設定した場合、有効判断されやすい傾向がある。2年以上の存続期間では、期間が長いほど無効判断される傾向がある |
| 4 | 禁止される行為の範囲 | 競業他社への転職を全面禁止する規定は無効判断される傾向がある。業務内容、職種、地域等を特定し、禁止行為の範囲を限定すると、有効判断の可能性が高まる |
| 5 | 代償措置の有無 | 競業避止義務を課す代償措置として、労働の価値を超える金額が交付されていると、競業避止義務規定が有効判断されやすい傾向がある |

## ●就業規則の「競業避止」「秘密保持義務」の規定例●

（競業避止義務）

第○条　社員は、会社の承認を得ずに、在職中及び退職後○か月間、会社と競合する他社に就職または競合する事業を営むことを禁止する。ただし、会社が社員と個別に競業避止義務について契約を締結した場合には、当該契約によるものとする。

2．社員には、退職時に「競業避止義務確認書」の提出を義務付ける。本書を提出しないときは、退職金の全部または一部を支給しないことがある。

3．社員は、退職後○年間は、会社在籍中に知り得た顧客と、会社と競合する取引をしてはならない。

（秘密保持義務）

第○条　社員は、次の在職中に知り得た業務上の秘密を他に漏らしてはならない。なお、退職後も同様とする。

①　経営計画、営業計画、開発計画などに関する事項

②　製品の技術、設計、企画、研究・開発に関する事項

③　材料の仕入れ、製品の販売、営業、顧客取引情報に関する事項

（中略）

⑦　その他、会社が業務上秘密としている一切の事項

2．社員には、退職時に「秘密保持誓約書」の提出を義務付ける。本書を提出しないときは、退職金の全部または一部を支給しないことがある。

# 10 退職証明書

## ✓ 退職証明書の活用場面

退職証明書は、社員の解雇や退職に伴い、**社員の退職の事実を証明する書類**です。

会社は、退職者から退職証明書発行の依頼を受けたときは、**遅滞なく発行**しなくてはなりません。また、**退職日から2年以内**は、退職証明書の発行回数に制限はないため、依頼のつど発行する必要があります。

解雇する社員が在職中である場合にも、解雇予告の日から退職日までの間に**解雇理由証明書**（⇒184ページ）を請求することもできます。

退職証明書に証明するのは次の5項目です。なお、**依頼のない事項については記載することができない**ので注意してください。

| | |
|---|---|
| 1 | 使用期間 |
| 2 | 業務の種類 |
| 3 | その事業における地位 |
| 4 | 賃金 |
| 5 | 退職の事由　※解雇の場合は、その理由を含む。 |

**退職事由に会社と社員の間で見解の相違があるときは、会社の見解を証明書に記載しておくことで差し支えありません。**

退職証明書は、採用時に活用することができます。

選考時、応募者は会社に、退職理由を記載した履歴書や職務経歴書を提出します。面接時には、会社は応募者に、前職での待遇や立場などを確認することがあります。しかし、これらの記載内容やヒアリング内容を裏付ける証拠はどこにもありません。

したがって、**内定前に退職証明書の提出を求め、賃金待遇や退職理由が本人の主張通りなのかを確認**するようにしましょう。内容に相違がなければ問題ありませんが、相違があるときは、入社後にトラブルに発展するおそれがあります。また、退職の際にトラブルがあると、退職証明書の発行を諦め応募を辞退する応募者もいます。

退職証明書はトラブルの未然防止ツールとなり得ます。

## ◉書式例 「退職証明書」◉

○年○月○日

# 退職証明書

○○　○○の退職に伴い依頼された事項につき、下記の通り証明いたします。

株式会社○○
代表取締役　○○　○○

記

| 請求事項<br>請求事項に○をしてください | | 内　　　容 |
|---|---|---|
| | 使 用 期 間 | 年　月　日 ～ 　年　月　日 |
| | 業 務 の 種 類 | |
| | 事業における地位 | |
| | 賃　　　　金 | |
| | 退 職 事 由 | |
| | ※解雇時の理由 | |

以　上

## 健康経営で企業力を高める

**最初の一歩を踏み出そう!**

「健康経営」とは、社員の健康保持・増進の取組みが将来的に収益性を高める投資であるとの考えのもと、健康管理を経営的視点から考え、戦略的に実践することです。

健康経営への投資は、社員の健康増進を促し、組織の活性化や人材定着率の向上など、企業価値を高めることがわかっています。たとえば、J&Jグループでは、健康経営への投資1ドルに対し、3ドルの投資リターンを得ることができたと公表しています。

経済産業省は、2014年度に「健康経営銘柄」、2016年度に「健康経営優良法人認定制度」をスタートさせました。健康経営に取り組む優良な法人が社会的な評価が得られる環境が整備されているのです。

社員が健康でなければ、職場で最高のパフォーマンスを発揮することができません。たとえば、メンタルヘルス休職者比率が上昇した企業は、それ以外の企業に比べ、売上高利益率の落ち込みが大きくなっているといった検証結果が経済産業研究所より発表されています。

健康問題に起因したパフォーマンスの損失を表す2つの指標に、プレゼンティーズム(健康問題による出勤時の生産性低下)とアブセンティーズム(健康問題による欠勤)があります。特にプレゼンティーズムは、実際に社員が出社しているため、生産性が低下していても周りの社員が気に留めにくく損失が大きくなる傾向があります。

経済産業省からは、社員の健康関連コストの77.9%をプレゼンティーズムが占めているとの調査結果が公表されています。すなわち、健康経営を通じて、プレゼンティーズムの解消を図ることが、業績向上への鍵となることが理解できます。

次の3つのポイントを押さえることで、どんな企業でも健康経営の実践が可能になります。さあ、最初の一歩を踏み出しましょう。
①できることから始める(目標を低く設定する)
②コストをかけずに始める(システム導入や専門家に頼らない)
③PDCAを回す(健康経営担当者による定期的な見直しを実施)
※「健康経営」はNPO法人健康経営研究会の登録商標です。

# 10章

## 懲戒

# 1

# 懲戒権濫用法理

## ☑️ 不適切な処分は権利濫用になる

　**懲戒**とは、社員が会社内外で何かしらの不祥事を起こした場合に、内部秩序を守ることを目的として科せられる制裁です。最近では、社員の不祥事により、利害関係者（ステークホルダー）が多大な損失を被ることがあることから、コンプライアンス経営としても重要な位置づけとなっています。

　懲戒処分をする際、会社は社員を自由に懲戒処分できると思いがちです。**就業規則等などで懲戒条項が定められていれば、一定程度の範囲で懲戒処分の根拠**となり得ますが、会社が自由に懲戒処分できるというものではありません。

　就業規則等で懲戒条項があれば、**使用者には一定の範囲内で労働者への懲戒権**があります。

　しかし、使用者の懲戒権は、労働契約法で、懲戒処分の対象となる社員の**行為の性質、態様、その他の事情**を踏まえて、以下の2つの要件を満たさない場合には、**権利を濫用したものとして無効**となります（労契法15条）。これを懲戒権濫用法理といいます。

| 1 | 客観的に合理的な理由がある |
| 2 | 社会通念上相当である |

　懲戒処分は制裁罰なので、**処分事由に対する懲戒処分とのバランス**を慎重に判断しなければいけません。

　会社が重すぎる処分をした場合には、**懲戒権の濫用として無効**となります。

　懲戒権の濫用であるとして懲戒処分が無効とされた裁判例は多くあります。たとえば、懲戒に該当する事実は認められるものの、「懲戒解雇または諭旨解雇の事由とするにはなお不十分であるといわざるを得ない」（日本鋼管事件〈最判昭49.3.15〉）とされたものがあります。

　また、近年のものでは、セクハラや競業を理由に諭旨退職を求めたが、社員に退職を拒否されたため懲戒解雇したところ、日々の注意指導をせず

**210**

極めて重い処分をしたことは社会通念上相当性を欠くと判示された裁判例（クレディ・スイス証券事件〈東京地判平28・7・19〉）や、パワハラやセクハラを理由に諭旨解雇を勧告され帰宅しようとした教授に対し、退職への応諾意思なしとして同日懲戒解雇したところ、処分の切替えに手続き的瑕疵があり不相当とされ慰謝料15万円を認容された裁判例（国立大学法人群馬大学事件〈前橋地判平29・10・4〉）などがあります。

### ●懲戒解雇で懲戒権濫用の有無を判断する要素●

| 1 | 規律違反行為の態様（業務命令違反、職務専念義務違反、信用保持義務違反等）<br>懲戒処分に該当するとした行為がどのような違反に該当するか |
|---|---|
| 2 | 程度、回数<br>どの程度の行為だったのか、1回だけでなく何度も同様の行為があったのか |
| 3 | 改善の余地の有無<br>本人に改善する意思があり改善が見込まれるか |
| 4 | 懲戒事由と懲戒手段が就業規則に規定されているか |
| 5 | 懲戒規定の内容が合理的になっているか |
| 6 | 懲戒処分が規律違反の種類・程度等に照らしても妥当性があるか |
| 7 | 懲戒処分の手続きが適正だったか |

# 2

## 懲戒処分の基本原則

### ✅懲戒処分を実施する際の7つの原則

懲戒処分は、社員が問題行動を行ったつど、適切に指導・教育を行い、改善されない場合に、必要に応じて処分を実施しておくことが肝要です。懲戒処分を実施する際には、注意すべき7つの原則があります。

| 1 | 罪刑法定主義の原則 |
|---|---|
| 2 | 適正手続きの原則 |
| 3 | 合理性・相当性の原則 |
| 4 | 平等取扱いの原則 |
| 5 | 個人責任の原則 |
| 6 | 二重処分禁止 |
| 7 | 効力不遡及の原則 |

懲戒処分は、人が人を罰する行為であり、慎重な運用は当然のことです。しかし、本来懲戒処分すべきときに適切に処分をせず放置してしまうことは、結果として企業秩序を乱すこととなり、避けなければなりません。

懲戒処分となり得る問題行動が発生した際には上記7つの原則に基づいて**十分に処分を検討**し、または社外専門家の意見を聴きながら、**適正に判断・運用**することが重要です。

また、懲戒処分は、社員の企業秩序義務違反に対する制裁であると同時に、社員に対する指導・教育でもあります。後日懲戒解雇をせざるを得ない場合に、その社員にこれまで会社がいかに指導・教育を行ってきたかという証拠にもなります。したがって、実務的には、「堪忍袋の緒を切った」ということをせず、**日頃から指導・教育を行い、懲戒とするべきときにはそのつど正しく懲戒処分を実施**するようにしてください。

212

## ●懲戒処分の基本原則●

| 1 | 罪刑法定主義 | 懲戒処分を行うにあたっては、処分の対象となる行為、処分の種類・内容を明らかにしておく<br>懲戒（制裁）を定める場合、その種類および程度に関する事項を就業規則に記載しなければならない（労働基準法第89条）。会社側の主観で処分を実施することは許されず、その根拠の周知が必要となる |
|---|---|---|
| 2 | 適正手続き | 事実関係の十分な調査と、本人への弁明の機会付与等、適正な手続きを踏まなければならない<br>証言や先入観だけで重要な処分を決定しないよう、客観的な証拠を収集し、充分に調査しなければならない。また本人へ弁明の機会を与える等、公平な手続きに留意する。就業規則に懲戒委員会の設置等定めてある場合、その手続きも遵守する |
| 3 | 合理性・相当性 | 事案の背景・経緯や情状酌量の余地等を考慮し、不必要な処分や、重過ぎる処分であってはならない<br>たとえば、短時間の遅刻でいきなり懲戒解雇とする処分は無効と判断される。「一般的にどう考えるか」との観点から適切な処分を検討する<br>客観的に合理的な理由を欠き、社会通念上相当であると認められない場合は、その権利を濫用したものとして、当該懲戒は無効となる（労働契約法第15条） |
| 4 | 平等取扱い | 以前に同様の事案があった場合は、当時の処分との均衡を考慮しなければならない<br>成果を挙げている社員の問題行動を「これくらいいいだろう」と見逃していると、後々、他の者が同様の問題行動を起こした場合、処分することが難しくなる |
| 5 | 個人責任 | 個人の行為に対して、連帯責任を負わせることはできない<br>たとえば、飲食店等において売上に対する現金不足が生じた場合、原因不明のまま、全員に連帯責任を負わせるような処分はできない |
| 6 | 二重処分禁止 | 同一の事由に対して、2回以上の処分を科すことはできない<br>事実調査のために無給で自宅待機を命じると、それ自体が懲戒と解釈され、その後行った懲戒解雇が無効となる可能性がある等、注意が必要である |
| 7 | 効力不遡及 | 新たに処分の対象となる行為を定めた場合、その規定は制定後に発生した事案にのみ効力を有する<br>問題が発生した後に、それを対象とした処分規定を設けても、処分の効力はない |

**10章**

懲戒

# 3

# 懲戒処分の種類

## ✅就業規則に明示の根拠が必要

懲戒処分として、**戒告、譴責、減給、出勤停止、降格、諭旨解雇**（または**諭旨退職**）、**懲戒解雇**などを就業規則で規定します。これ以外の懲戒処分が規定することもできます。

たとえば、譴責と戒告はよく似ているので、どちらか一方のみ定めることもできます。

また、出勤停止の期間により、1か月未満のものを出勤停止、1か月以上のものを懲戒休職・停職と区別することも可能です。

定期昇給やベースアップなどの給与改定時の昇給を停止する懲戒処分として、昇給停止を定める場合もあります。昇給停止を独立の懲戒処分としている場合もあれば、出勤停止以上の懲戒処分に付加する処分とする場合もあります。

懲戒処分の量刑は、戒告＜譴責＜減給＜出勤停止＜降格＜諭旨解雇（または諭旨退職）＜懲戒解雇の順で重い処分となります。

いずれの処分も、就業規則に懲戒処分として規定されていないものは懲戒処分として科すことができません。たとえば、出勤停止を懲戒処分として科したければ、出勤停止が懲戒処分として就業規則に定められていることが必要です。

## ✅具体的な懲戒処分の内容

(1) **戒告、譴責**

> いずれも、社員に反省を求め、**社員を将来に向けて戒める懲戒処分**で、懲戒処分のなかでは最も軽い処分として位置づけられています。
>
> **戒告**は**口頭**での反省が求められるにとどまり、**譴責**は**書面**での反省が求められるのが一般的です。そのため、戒告のほうが軽い処分と位置付けられています。

214

## (2) 減給

社員が本来労務提供の対価として受け取るべき**賃金の額から一方的に一定額を差し引く処分**です。

減給は、労基法に定める以下の**減給制裁規定**が適用されますので、注意が必要です（労基法91条、S23年9月20日基収1789号、S25年9月8日基収1338号）。

・**1回の額**（1件の懲戒事案についての減給額）は**平均賃金の1日分の半額以下であること**

・**数件の懲戒事案について減給処分を科す場合**は、その総額が一賃金支払い期（給与計算期間）で**実際に支払われる賃金総額の10分の1以下であること**

なお、遅刻、早退や欠勤した場合に、それに応じた額が給与から控除されることは、労働義務を履行しなかったことに応じて、ノーワーク・ノーペイの原則に基づいて行われるもので、減給と異なります。

また、配置転換や降格に伴い基本給の額が減ることがありますが、これは配置転換や降格に伴い基本給の額が変動するという労働契約の条件に基づいて行われるもので、これも減給とは異なります。

## (3) 出勤停止

**一定期間、社員の就労を禁止する処分**です。出勤停止期間中は賃金が支給されず、勤続年数にも通算されないのが一般的です。

出勤停止の上限について法律上の規制はありませんが、**現実的には1週間から1か月程度が多い**ようです。出勤停止の期間により、1か月未満のものを出勤停止、1か月以上のものを懲戒休職・停職と区別することもあります。

出勤停止と区別すべきものとして**自宅待機**があります。これは懲戒処分に関する調査のため、自宅待機を命じ、社員を一定期間出社させない措置のことをいい、業務命令に基づくもので、**懲戒処分ではありません**。

## (4) 降格

**制裁として、役職、職位、職能資格等を引き下げる処分**です。

降格には、「懲戒処分としての降格」以外に、「人事上の措置としての降格」があります。懲戒処分としての降格の場合は、懲戒権濫用にあたらないかがポイントとなり、「人事上の措置としての降格」については、人事権濫用にあたらないかがポイントになります。

**10章**

懲戒

**215**

## (5) 諭旨解雇または諭旨退職

諭旨解雇は、社員に対し一定期間内に退職届の提出を勧告し、勧告に従い退職届が提出された場合は依願退職扱いとし、提出されない場合は懲戒解雇とする処分です。諭旨解雇は、本来は懲戒解雇に相当する程度の事由があるものの、会社の温情・酌量で懲戒解雇よりも若干軽減した解雇にとどめる懲戒処分です。

諭旨解雇の場合にも、懲戒解雇と同様、**退職金の一部または全部が支給されないことがあります**。

諭旨解雇よりさらに緩やかな処分に**諭旨退職**があります。諭旨退職は、対象者に退職願の提出を促し、依願退職した形をみとめる懲戒処分です。退職金などの扱いも、通常の自己都合退職と同様の扱いとなります。あくまで解雇として位置付ける諭旨解雇とはこれらの点で扱いが異なります。

つまり、処分の重さは、諭旨退職＜諭旨解雇＜懲戒解雇となります。

## (6) 懲戒解雇

**懲戒として行われる解雇処分**のことをいい、懲戒処分のなかで最も重い処分です。懲戒解雇は制裁罰として行われるため、普通解雇と区別されています。

就業規則では、**解雇予告または解雇予告に代わる解雇予告手当の支払いをせずに即時に行う**とされていることが多いです。しかし、**所轄労働基準監督署長による除外認定を得ずに、解雇予告と解雇予告手当の支払いを省略してしまうと労働基準法違反**となります（労基法20条1項ただし書、20条3項、19条2項）。

退職金制度がある場合、懲戒解雇を行う際に、**退職金の全部または一部を不支給とすることが多い**のですが、退職金の全部または一部を不支給とするためには、**就業規則や退職金規程等において、その旨を定めておく必要があります**。

また、退職金の全部または一部を不支給とすることができるのは、**長年の労働の価値を抹消・減殺するほどの背信行為が存在する場合に限られる**と解されています（トヨタ車体事件〈名古屋地判平15.9.30〉、小田急電鉄事件〈東京高判平15.12.11〉ほか）。

●懲戒処分の種類と重さ●

重い

懲戒解雇

諭旨解雇または諭旨退職

降格

出勤停止

減給

譴責

戒告

軽い

10章

懲戒

# 4 懲戒解雇の手順

## ✓ 懲戒処分は適正な手続きが必要

　懲戒処分の決定には**適正な手続き**が求められるため、以下のような手順で、該当社員の処分対象となる事案の発生から順序立てて進めていく必要があります。

処分対象の事実確認

処分理由の告知・弁明機会の付与

懲戒処分の種類を検討

本人への通知

(1)　**処分対象の事実確認**

　該当社員の処分対象となる事案について、**本人や関係者から聴き取り**などを行って、詳細に把握をしなければなりません。**処分対象となる事案を客観的に確認できる物的証拠**も集める必要があります。不正経理の疑いなどでは、必要に応じて本人が使用するパソコンのログなどを調査しなければならないこともあります。

　処分を決定するまでに、自宅待機を命じることもありますが、**自宅待機が懲戒処分の規定に根拠がない場合には、一種の業務命令となり、自宅待機期間中の賃金を支払わなければいけません**。自宅待機は、不正行為の再発や証拠隠滅の恐れなど緊急かつ合理的な理由があるか、懲戒処分の規定上の根拠が必要とされます。

(2)　**処分理由の告知・弁明機会の付与**

　該当社員に処分理由の告知や弁明の機会を与えることなく、会社側が処

分することは大きなトラブルを招きかねません。特段規定がない場合にも、本人には**処分理由の告知と弁明の機会を与える**ことが求められます。

### ⑶ 懲戒処分の種類を検討

処分の決定は、以下の5点を検討・判断することによって行います。

| | |
|---|---|
| 1 | 対象事案の違法性の程度 |
| 2 | 故意の有無や不注意の程度 |
| 3 | 社内外の損害、影響の程度 |
| 4 | 就業規則に定められている懲戒事由 |
| 5 | 過去の類似事案における処分内容 |

懲戒処分の決定を懲戒委員会を経て行うこととしている場合には、必ず、懲戒委員会を開催し処分を決定します。

### ⑷ 本人への通知

決定した懲戒処分は、**懲戒処分通知書**などにより、対象労働者に**書面で通知**しておくことが重要です。

●書式例 「懲戒処分通知書」●

---

第○○○号

○○○部門
□□ □□殿

株式会社○○○○
代表取締役 □□ □□

## 懲戒処分通知書

このたびの行為に対し懲戒委員会で慎重に審議を重ねた結果、当該就業規則第○条の定めにより、貴殿を以下の処分といたします。

記

1. 懲戒該当事由
   ○○○○による○○○〜〜〜○○○○○○○○○○○○
2. 就業規則該当条項
   第○条○項○号
3. 懲戒処分内容
   ○年○月○日より○年○月○日まで出勤停止1週間

以上

---

# 5

# 弁明と懲戒委員会

## ✅弁明の機会の付与

　処分手続きは、適正かつ公平なものでなければならず、処分しようとする場合は、処分理由をはっきりさせ、その証拠を明らかにすることが求められます。そのため、懲戒処分の決定の際に、該当社員に**弁明の機会を付与**することは最小限必要であり、これにより**懲戒処分の合理性を高める**ことができます。特に懲戒解雇などの重い懲戒処分を科す場合には、原則として必ず、弁明の機会を付与するようにしてください。

　裁判例にも、弁明の機会が不十分であるとして、懲戒処分が社会通念上相当であるとはいえないと判断されたものもあります（東京メトロ〈諭旨解雇・仮処分〉事件〈東京地判平27.12.25〉ほか）。

## ✅懲戒委員会の開催

　懲戒委員会の開催は、就業規則等で「懲戒処分の内容を懲戒委員会で決める」などと定めていなければ、懲戒処分の決定に際して開催する義務はありません。**懲戒委員会の開催を就業規則等で規定することは、あくまで任意**です。

　懲戒委員会の開催を**就業規則等で規定するメリットは、懲戒委員会を開催することで、懲戒処分の合理性が高まる**という点です。

　特に懲戒解雇などの重い懲戒処分を行う際には、該当社員の弁明の機会の付与など、十分な調査・審議を経ずに懲戒処分を科すと懲戒権の濫用と判断されるリスクがあります。その点、懲戒委員会を開催すると、そこで十分な調査・審議がなされ、懲戒処分の合理性にプラスになる面があります。

　就業規則等で特段定めがなかった場合でも、懲戒委員会を行ったうえで処分を決定したほうが会社の懲戒権濫用に該当するリスクを減らすことができます。

　**デメリットとしては、就業規則等で規定しながら懲戒委員会が不開催であると、その懲戒処分は手続きに瑕疵があるとして無効となる可能性が**あるという点です。

220

## ●就業規則の「懲戒の手続き」の規定例●

（懲戒の手続き）

第○条　会社が懲戒解雇に該当するおそれのある懲戒処分を行おうとするとき
　　は、取締役（代表取締役を含む。以下本条内同じ）及び労働者の過半数を代
　　表する社員1名をメンバーとする「懲戒委員会」を設置し、懲戒について諮
　　問するものとする。なお、懲戒委員会には、会社の顧問社会保険労務士及び
　　顧問弁護士（両者が指定する各事務所の役職員の場合もある）、人事部長
　　（人事部長が指定する職務を代行する社員の場合もある）がオブザーバーと
　　して参加するものとする。懲戒委員会の議長は社長を原則とするが、当日参
　　加する取締役等からそのつど選出し、参加メンバーも会社業務の都合により
　　すべての取締役等が揃わない場合もありうる。また、オブザーバーも全員が
　　揃わない場合もありうる。

2．会社が降格以下の懲戒処分のおそれがある懲戒処分を行おうとするときは、
　　懲戒委員会を開催しない。また、懲戒解雇に該当するおそれのある懲戒処分
　　を行おうとする場合であっても、緊急性を要する場合など会社が必要と判断
　　する場合には、懲戒委員会を開催しない場合がある。

3．社員が懲戒処分に該当するおそれのあるときは、当該社員に対し、原則と
　　して弁明の機会を付与するものとする。

4．懲戒処分が決定されたら、処分及び非違行為、懲戒の事由等を「懲戒処分
　　通知書」で社員に通知するものとする。

5．懲戒解雇に該当するときであって、当該社員の行方が知れず処分の通知が
　　本人に対してできない場合は、会社への届出住所又は家族の住所への郵送に
　　より処分の通知が到達したものとみなす。

# 6

# 懲戒解雇と退職金、解雇予告手当

## ✓ 懲戒解雇の場合、退職金は不支給でもよい？

就業規則等で規定することで、懲戒解雇事由該当時の退職金の不支給・一部減額、支給済みの退職金の返還が認められる場合があります。

退職金の不支給や減額等が合理的かどうかの判断は、**対象社員のそれまでの功績を抹消するほどの、著しい背信行為があるかどうか**により判断されます。

たとえ懲戒解雇処分が有効であったとしても，対象社員のそれまでの功績をすべて抹消するほどの著しい背信行為ではないと判断された場合は、本来支給されるべき退職金のうち全部または一部を支給するといった扱いになります。

## ✓ 懲戒解雇の場合、解雇予告手当の支払いは必要ない？

懲戒解雇であったとしても、この解雇予告の除外認定を受けない限り、**解雇予告または解雇予告手当の支払いが必要**になります。

労基法では、労働者を解雇する場合には、**少なくとも30日前の予告か、30日分以上の平均賃金**の支払いが必要とされており、この規定は懲戒解雇であっても適用されます。

一方で、労基法は、**解雇予告の適用除外**についても規定しています。適用除外認定を受ければ、解雇予告の支払いは不要になります。

222

## ●就業規則の「懲戒解雇」の規定例●

（懲戒の事由）
社員が、第〇章（服務規律）の各規定その他この規則及び諸規程に違反したときは、前条に定めるところにより、懲戒処分を行う。

2. 前項にかかわらず、従業員が次の各号のいずれかに該当するときは、諭旨解雇又は懲戒解雇とする。ただし、情状により、前条に定める譴責、減給又は出勤停止とすることができる。

(1) 重要な経歴を詐称して雇用されたとき

(2) 正当な理由なく無断欠勤が〇日以上に及び、出勤の督促に応じなかったとき

(3) 正当な理由なく無断でしばしば遅刻、早退又は欠勤を繰り返し、〇回にわたって注意を受けても改めなかったとき

(4) 正当な理由なく、しばしば業務上の指示・命令に従わなかったとき

(5) 故意又は重大な過失により会社に重大な損害を与えたとき

(6) 会社内で刑法その他刑罰法規の各規定に違反する行為を行い、その犯罪事実が明らかとなったとき（軽微な違反である場合を除く）

(7) 素行不良で著しく社内の秩序又は風紀を乱したとき

(8) 数回にわたり懲戒を受けたにもかかわらず、なお、勤務態度等に関し、改善の見込みがないとき

(9) 職責を利用して交際を強要し、又は性的な関係を強要したとき

(10) パワーハラスメント行為として禁止されている内容に違反し、その情状が悪質と認められるとき

(11) 許可なく職務以外の目的で会社の施設、物品等を使用したとき

(12) 職務上の地位を利用して私利を図り、又は取引先等より不当な金品を受け、もしくは求めもしくは供応を受けたとき

(13) 私生活上の非違行為や会社に対する正当な理由のない誹謗中傷等であって、会社の名誉信用を損ない、業務に重大な悪影響を及ぼす行為をしたとき

(14) 正当な理由なく、会社の業務上重要な秘密を外部に漏えいして、会社に損害を与え、又は業務の正常な運営を阻害したとき

(15) その他この規則及び諸規程に違反し、又は非違行為を繰り返し、あるいは前各号に準ずる重大な行為があったとき

# ＳＮＳ炎上、「消える」「友達だけ」は安全ではない

### 炎上を早く鎮火させるために何をすべきか

　ＳＮＳへの何気ない投稿が炎上する騒ぎは後をたちません。

　飲食店「大戸屋」は一斉休業し、不適切動画の投稿について従業員教育を行いました。休業に伴う損害は約１億円にのぼるといわれています。ゴミ箱に捨てた魚をまな板に戻す行為を動画投稿し炎上したことがきっかけで、その後、店舗の場所や店員の名前、通学する高校なども晒されました。

　最近頻発している一連の不適切動画の投稿先は、インスタグラムのストーリー機能を使った投稿です。ストーリーは24時間で自動的に投稿が消去される機能を持っているせいか、投稿者は、「24時間で消えるから」「仲間内だけに投稿しているから」と安易に投稿した可能性が高いと考えられます。

　24時間で消えるから安心と思っていることは問題ですが、友達だけに公開しているから大丈夫と考えるのも楽観的過ぎます。動画を見た友達が「ユーチューブにあげちゃえ」とアップしないとは限りません。ＳＮＳでの友達限定機能が、かえってリスクを高めているといえます。

　このようなＳＮＳ炎上に対し、くら寿司は公式ホームページで「不適切行動をとった従業員２名について」という文書を公開しました（現在は削除されています）。通常は会社としての謝罪文を掲載し、今後同じことが起きないようにどう取り組むかが書かれています。

　今回掲載した文書では、謝罪文掲載の前に従業員２名に対する刑事・民事での法的処置の準備に入ったことに言及しました。会社としてＳＮＳ炎上による損害へは厳正に対処するという姿勢をみせています。

　会社は労働者の私生活まで拘束することはできず、ＳＮＳの使用を禁止することはできません。ＳＮＳの利用について制限するとしても、会社の情報を漏らさないなど一定の制限に限られます。

　ＳＮＳによる炎上は、増えることはあっても減る事はないでしょう。社員教育やルール整備も大事ですが、炎上に対して恐れるべきは、炎上への恐れそのもの。企業も個人も、恐れを脇に置き、誠実な対応とコミュニケーションをとることが炎上を早く鎮火させる王道だといえます。

# 11章

## 安全衛生・災害補償

# 1 セクハラ（定義・判断基準）

## ☑ セクハラの定義

セクシュアル・ハラスメントとは、相手方の意に反する性的言動です。

そのうち、「職場におけるセクシュアル・ハラスメント」（以下、「セクハラ」）は、「職場において行われる性的な言動に対するその雇用する労働者の対応により当該労働者がその労働条件につき不利益を受け、又は当該性的な言動により当該労働者の就業環境が害されること」（均等法11条1項）です。

## ☑ 対価型セクハラの定義

「対価型セクハラ」とは、職場において行われる労働者の意に反する性的な言動に対する労働者の対応により、当該労働者が解雇、降格、減給等の不利益を受けることです。

## ☑「環境型セクハラ」の定義

「環境型セクハラ」とは、職場において行われる労働者の意に反する性的な言動により労働者の就業環境が不快なものとなったため、能力の発揮に重大な悪影響が生じる等当該労働者が就業するうえで看過できない程度の支障が生じることです。

## ☑ セクハラの判断基準

セクハラの状況は多様であり、判断に当たり個別の状況を斟酌する必要があります。また、「労働者の意に反する性的な言動」および「就業環境を害される」の判断に当たっては、労働者の主観を重視しつつも、事業主の防止のための措置義務の対象となることを考えると一定の客観性が必要です。次ページの「対価型セクハラ」と「環境型セクハラ」の一般的な基準を参考にしてください。

被害を受けた労働者が女性である場合には「平均的な女性労働者の感じ方」を基準とし、被害を受けた労働者が男性である場合には「平均的な男性労働者の感じ方」を基準とすることが適当です。

## ●対価型セクハラの典型例●

| 1 | 事務所内において事業主が社員に対して性的な関係を要求したが、拒否されたため、当該社員を解雇すること |
|---|---|
| 2 | 出張中の車中において上司が社員の腰、胸等に触ったが、抵抗されたため、当該社員について不利益な配置転換をすること |
| 3 | 営業所内において事業主が日頃から社員に係る性的な事柄について公然と発言していたが、抗議されたため、当該社員を降格すること |

## ●環境型セクハラの典型例●

| 1 | 事務所内において上司が社員の腰、胸等にたびたび触ったため、当該社員が苦痛に感じてその就業意欲が低下していること |
|---|---|
| 2 | 同僚が取引先において社員に係る性的な内容の情報を意図的かつ継続的に流布したため、当該社員が苦痛に感じて仕事が手につかないこと |
| 3 | 社員が抗議をしているにもかかわらず、事務所内にヌードポスターを掲示しているため、当該社員が苦痛に感じて業務に専念できないこと |

## ● 「対価型セクハラ」と「環境型セクハラ」の一般的な基準●

| 対価型セクハラ | 被害者が性的言動を拒絶したことを理由とした不利益（職場で疎外される等の事実上の不利益を含む）があったか否か | | |
|---|---|---|---|
| 環境型セクハラ | 意に反する「身体的接触」によって「強い精神的苦痛」を被る場合 | 一回でも就業環境を害する | |
| | 「身体的接触」以外の性的言動 | 継続性・繰り返しが要件 | （就業環境を害する場合①）明確に抗議しているにもかかわらず放置された状態 |
| | | | （就業環境を害する場合②）心身に重大な影響を受けていることが明らかな場合 |

# 2

# セクハラ
# （会社の法的責任・懲戒処分）

## ☑️ セクハラ行為に係る会社の法的責任（均等法上の責任）

　会社はセクハラを防止するため、「**労働者からの相談に応じ、適切に対応するために必要な体制の整備その他の雇用管理上必要な措置**」を講じなければなりません（均等法11条1項）。会社が雇用管理上の措置義務に違反した場合、厚生労働大臣ないし都道府県労働局長から、報告を求められ、または助言、指導もしくは勧告されることがあります（均等法29条）。

## ☑️ セクハラ行為に係る会社の法的責任（民事責任）

　性的な言動が、身体的・性的自由、行動の自由、名誉・プライバシーなどの人格的利益を侵害する場合には、加害者（社員）のセクハラ行為は、民法709条の不法行為に該当し、その社員を雇用する会社も**使用者責任**として、同額の損害賠償責任を負う可能性があります（民法715条1項）。

　会社が、セクハラ行為を防止する措置等を怠っていた場合は、会社が職場環境配慮義務違反による損害賠償責任を負う可能性があります（労契法5条、民法415条）。近年は、セクハラ発生後の会社側の対応の不備を理由に、会社独自の責任である職場環境配慮義務違反を認める裁判例も増えています（仙台セクハラ〈自動車販売会社〉事件〈仙台地判平13.3.26〉、京都セクシュアル・ハラスメント〈呉服販売会社〉事件〈京都地判平9.4.17〉など）。

## ☑️ セクハラ行為を理由とする懲戒処分の程度・内容

　セクハラ行為を理由とする懲戒処分について、どの程度の懲戒処分を下すかは、下記の諸事情等を総合考慮して判断すべきです。

| | |
|---|---|
| 1 | 当該セクハラ行為の期間、頻度および内容 |
| 2 | 加害者の職責・立場、反省の有無・程度、過去の処分歴 |
| 3 | 被害者が受けた不利益の程度および内容、被害者の宥恕の有無 |
| 4 | 会社によるセクハラの防止のための取組みの有無および内容ならびに指導教育の有無および内容 |

## ☑セクハラ行為を理由とする懲戒処分の標準的な処分の種類（参考）

　セクハラに関する標準的な処分の量定の決定は、諸事情を総合考慮して判断しますが、国家公務員の懲戒処分の指針を定めた「懲戒処分の指針について」のセクハラに関する標準的な処分の種類が参考になります。

### ●「懲戒処分の指針について」（人事院事務総長発平成12年3月31日職職-68）●

| ア | 暴行もしくは脅迫を用いてわいせつな行為をし、または職場における上司・部下等の関係に基づく影響力を用いることにより強いて性的関係を結びもしくはわいせつな行為をした職員は、免職または停職とする |
|---|---|
| イ | 相手の意に反することを認識のうえで、わいせつな言辞、性的な内容の電話、性的な内容の手紙・電子メールの送付、身体的接触、つきまとい等の性的な言動（以下「わいせつな言辞等の性的な言動」という）を繰り返した職員は、停職または減給とする。この場合においてわいせつな言辞等の性的な言動を執拗に繰り返したことにより相手が強度の心的ストレスの重積による精神疾患に罹患したときは、当該職員は免職または停職とする |
| ウ | 相手の意に反することを認識のうえで、わいせつな言辞等の性的な言動を行った職員は、減給または戒告とする |

### ●「同上」標準例に掲げる処分の種類より重いものとすることが考えられる場合●

| 1 | 非違行為の動機もしくは態様が極めて悪質であるときまたは非違行為の結果が極めて重大であるとき |
|---|---|
| 2 | 非違行為を行った職員が管理または監督の地位にあるなどその職責が特に高いとき |
| 3 | 非違行為の公務内外におよぼす影響が特に大きいとき |
| 4 | 過去に類似の非違行為を行ったことを理由として懲戒処分を受けたことがあるとき |
| 5 | 処分の対象となり得る複数の異なる非違行為を行っていたとき |

### ●「同上」標準例に掲げる処分の種類より軽いものとすることが考えられる場合●

| 1 | 職員が自らの非違行為が発覚する前に自主的に申し出たとき |
|---|---|
| 2 | 非違行為を行うに至った経緯その他の情状に特に酌量すべきものがあると認められるとき |

# 3

# パワハラ（定義・類型とリスク）

## ☑ パワハラの定義

パワーハラスメント（以下、パワハラ）の定義は以下の通りです。

> 同じ職場で働く者に対して、職務上の地位や人間関係などの職場内の優位性を背景に、業務の適正な範囲を超えて、精神的・身体的苦痛を与える又は職場環境を悪化させる行為

出典：厚生労働省「職場のいじめ・嫌がらせ問題に関する円卓会議W・G報告」 2012年1月30日

## ☑ パワハラの類型

厚生労働省「職場のいじめ・嫌がらせ問題に関する円卓会議W・G報告」は、パワハラの類型を下記の通り定めています。

| 身体的な攻撃 | 暴行・傷害 |
|---|---|
| 精神的な攻撃 | 脅迫・名誉棄損・侮辱・ひどい暴言 |
| 人間関係からの切り離し | 隔離・仲間はずし・無視 |
| 過大な要求 | 業務上明らかに不要なことや遂行不可能なことの強制、仕事の妨害 |
| 過小な要求 | 業務上の合理性なく、能力や経験とかけ離れた程度の低い仕事を命じることや仕事を与えないこと |
| 個の侵害 | 私的なことに過度に立ち入ること |

## ☑ パワハラのリスク

職場でパワハラが発生した場合の会社のリスクは下記の通りです。

| 風評被害 | 社員のパワハラが暴行罪（刑法208条）、傷害罪（刑法210条）等に該当し、社員が逮捕された場合に、風評被害が発生するリスク |
|---|---|
| 損害賠償責任 | 社員のパワハラが不法行為（民法709条）に該当し、社員が損害賠償責任を負う場合に、会社が同額の損害賠償責任を負うリスク（使用者責任、民法715条1項） |
| | 社員によるパワハラ発生について、会社が職場環境配慮義務違反による損害賠償責任を負うリスク（労契法5条、民法415条） |

230

## ●類型別のパワハラと認定された裁判例●

| | |
|---|---|
| **身体的な攻撃** | ファーストリテイリングほか（ユニクロ店舗）事件（名古屋高判平20.1.29）<br>「店長が部下に対して胸倉を掴み、壁板に3回ほど打ち付け、顔面に1回頭突きした暴行行為が違法は明らかとされ、損害賠償を認められ、会社は連帯して責任を負う」 |
| **精神的な攻撃** | 誠昇会北本共済病院事件（埼玉地判平16.9.24）<br>「『死ねよ』『殺す』等の発言等が原因で自殺したとして、会社に対して、雇用契約上の安全配慮義務違反による債務不履行（民法415条）を理由に損害賠償命令」 |
| **人間関係からの切り離し** | 松蔭学園事件（東京地判平4.6.11）<br>「高等学校における女性教諭に対する10年以上にわたる仕事はずし、職員室内隔離、一人部屋への隔離および自宅研修の各措置につき、精神的苦役を科する以外の何ものでもなく、隔離による見せしめ的処遇は、名誉、信用を著しく侵害。高等学校に慰謝料の支払命令」 |
| **過大な要求** | 鹿児島県・U市（市立中学校教諭）事件（鹿児島地判平26.3.12）<br>「元教員が精神疾患による病気休暇明け直後であるのに、校長らは、従来の音楽科および家庭科に加え、教員免許外科目である国語科を担当させ、その他の業務の軽減もなかったことなどから、業務量の増加……安全配慮義務に違反」 |
| **過小な要求** | 松蔭学園事件（東京地判平4.6.11）<br>「高等学校の専任教諭だった原告を、昭和55年4月から学科の授業、クラス担任等の校務分掌の一切から外し……このような一連の行為はそれを正当化できる理由もない」 |
| **個の侵害** | 名古屋南労基署長（中部電力）事件（名古屋高判平19.10.31）<br>「結婚指輪が……仕事に対する集中力低下の原因……死亡の前週……結婚指輪を外すように命じていた……これは……パワーハラスメント……であり」 |

**11章**

安全衛生・災害補償

231

# 4

# パワハラと指導教育の境界線

## ☑パワハラで慰謝料が発生する基準

　パワハラと指導教育の境界線は、「従業員に対する注意、指導として社会通念上許容される範囲」を超えるか否かです（三菱電機コンシューマエレクトロニクス事件〈広島高松江支部判平21.5.22〉）。

　パワハラで慰謝料が発生する基準は、「人間関係、当該行為の動機・目的、時間・場所、態様等を総合考慮のうえ、**職務上の地位・権限を逸脱・濫用して、社会通念に照らして客観的な見地からみて、通常人が許容しうる範囲を著しく超えるような有形・無形の圧力を加える行為**をしたと評価される場合」（ザ・ウィンザー・ホテルインターナショナル事件〈東京地判平24.3.9〉）です。

## ☑パワハラではなく、指導教育とされた裁判例

　**社員の人格権を侵害することなく、業務の範囲内の指導・叱咤督促目的の場合**は、程度の問題はありますが、原則としてパワハラに該当しません。また、たとえ繰り返しの指導であったとしても、必要な場合であればパワハラに該当しません。

| | 「医療法人財団健和会事件」（東京地判平 21.10.15）<br>面談における指摘・指導の発言内容 |
|---|---|
| 1 | ミスが非常に多い |
| 2 | 仕事は簡単なものを渡してペースを抑えているのに、このままミスが減らないようでは健康管理室の業務を続けるのは難しい |
| 3 | ミスがないように何度もチェックするなど正確にしてもらいたい |
| 4 | わからなければわかったふりをせず何度でも確認してほしい |
| 5 | 仕事を覚えようとする意欲が感じられない |
| 6 | 仕事に関して質問を受けたことがない、学習してほしい |
| 7 | スタッフが電話対応や受診者対応をしているのに、何かやることはないかと話しかけるなど周りの空気が読めていない |
| 8 | 周りも働きやすいよう配慮しているからXもその努力をすべき |
| 9 | 頼んだ仕事がどこまで終わったのか報告せず帰宅するというのは改善すべき |

## ✅指導教育ではなくパワハラとされた裁判例

　指導教育ではなく、「従業員に対する**注意、指導として社会通念上許容される範囲を超えており、不法行為を構成する**」パワハラと判断される言動は、「**面談時に大きな声を出し、人間性を否定するかのような不当な表現を用いて叱責**」（三菱電機コンシューマエレクトロニクス事件—広島高松江支部判平21・5・22）などの言動です。

　指導教育ではなく、パワハラと認定された裁判例を示します。

### ●パワハラと認定された裁判例●

| | | |
|---|---|---|
| 1 | 感情的になり大声で、「自分は面白半分でやっているかもわからんけど、名誉毀損の犯罪なんだぞ。……全体の秩序を乱すような者はいらん。うちは一切いらん。……何が監督署だ。何が裁判所だ。自分がやっていることを隠しておいて、何が裁判所だ。とぼけんなよ。本当に俺は絶対許さんぞ」などと叱責 | 三菱電機コンシューマエレクトロニクス事件—広島高松江支部判平21・5・22 |
| 2 | 「意欲がない、やる気がないなら、会社を辞めるべき……」等のメールを上司が職場の同僚十数名に送信 | A保険会社上司（損害賠償）事件—東京高判平17・4・20 |
| 3 | 「ばかかお前は三曹失格だ」 | 海上自衛隊佐世保地方総監部（隊員自殺）事件（福岡高決平20・8・25 |
| 4 | 「お前みたいなものが入ってくるんで、M部長がリストラになるんや」 | 日本土建事件—（津地判平21・2・19) |
| 5 | 「いいかげんにせいよ。お前。おー、何考えてるんかこりゃあ。ぶち殺そうかお前」と声を荒げた | ファーストリテイリングほか（ユニクロ店舗）事件—名古屋高判平20・1・29 |
| 6 | 「存在が目障りだ。いるだけでみんなが迷惑している。お前のかみさんも気がしれん、お願いだから消えてくれ」<br>「どこへとばされようと俺は甲野は仕事しないやつだと言いふらしたる」<br>「お前は会社を食い物にしている。給料泥棒」 | 国・静岡労基署長（日研化学）事件—東京地判平19・10・15 |
| 7 | 「羊仟失格」<br>「お前なんかいてもいなくても同じだ」 | 名古屋南労基署長（中部電力）事件—名古屋高判平19・10・30 |

# 5

# 労働時間把握義務と安全配慮義務

## ✅ 安衛法で定める労働時間把握の義務と安全配慮義務

　2019年4月1日に改正された安衛法により会社の**労働時間把握義務**が明**文化**されました。法改正により、労基法41条に定める管理監督者、みなし労働時間制が適用される社員を含め、雇用するすべての社員の労働時間を把握する義務が法律に明文化されました。

> 　事業者は…（中略）…面接指導を実施するため、厚生労働省令で定める方法により、**労働者**…（中略）…**労働時間の状況を把握しなければならない**（安衛法66条の8の3）

　会社は、社員に対して**安全配慮義務**があります。法改正で定められた労働時間把握義務は、会社が長時間労働を抑制するために面接指導することが目的です。「残業代を支払う社員にだけ労働時間の把握をすればよい」という考えは間違いであり、「健康状況の把握」のためにも、労働時間の把握が必要です

## ✅ 厚生労働省令で定める労働時間把握の方法

　厚生労働省令で定める労働時間把握の方法は以下の通りです。

> 　法66条の8の3の厚生労働省令で定める方法は、**タイムカードによる記録、パーソナルコンピュータ等の電子計算機の使用時間の記録等の客観的な方法**その他の適切な方法とする（安衛則57条の8）

## ✅ 通達で定める労働時間把握の方法

　通達で定める労働時間把握の方法は以下の通りです。

> 　**タイムカードによる記録、パーソナルコンピュータ等の電子計算機の使用時間**（ログインからログアウトまでの時間）**の記録等の客観的な方法**その他の適切な方法により、労働者の労働時間の状況を把握しなければならない（平成30年9月7日基発0907第2号）

234

## ✅ ガイドラインで定める労働時間把握の方法

　労働時間についてガイドラインでは、「労働時間とは使用者の指揮命令下に置かれている時間であり、使用者の明示又は黙示の指示により労働者が業務に従事する時間は労働時間に当たる」としています。

### ●労働時間の適正な把握のために使用者が講ずべき措置●

| 始業・終業時刻の確認および記録<br>労働者の労働日ごとの始業・終業時刻を確認し、適正に記録する | | |
|---|---|---|
| 原則的方法 | 使用者が、自ら現認 | |
| | 客観的な記録を基礎<br>(タイムカード・ICカード・パソコンの使用時間など) | |
| 例外的な方法（自己申告制） | ①説明<br>自己申告を行う労働者・労働時間を管理する者に対して、<br>・自己申告制の適正な運用等<br>・ガイドラインに基づく措置等<br>を説明する | |
| | ②実態調査の実施・労働時間の補正<br>自己申告時間と在社時間（在社時間自己申告の労働時間と入退場・パソコンの使用時間等の在社時間）に著しい乖離がある場合、実態調査を実施し、所要の労働時間を補正する | |
| | ③適正な自己申告を阻害する措置を設けない<br>労働者が自己申告できる時間数の上限を設ける等 | |
| | ③-2　記録の改ざんの慣習がないか確認<br>36協定の延長することができる時間数を超えて労働しているにもかかわらず、記録上これを守っているようにすることが、労働者等において慣習的に行われていないか確認する | |
| 賃金台帳の適正な調整<br>労働者ごとに、労働日数、労働時間数、休日労働時間数、時間外労働時間数、深夜労働時間数といった事項を適正に記入する | | |

出典：「労働時間の適正な把握 のために使用者が講ずべき措置に関するガイドライン」（平成29年1月20日）

# 6 メンタルヘルス不調者への対応

## ☑会社がとるべき様々な措置について

「使用者は、労働契約に伴い、労働者がその生命、身体等の安全を確保しつつ労働することができるよう、必要な配慮をするものとする」（労契法5条）と**安全配慮義務**が規定されています。

また、社員の健康管理は、安衛法70条の2第1項に基づいた「労働者の心の健康の保持増進のための指針」に準拠することをお勧めします。

健康診断の結果によりメンタルヘルス不調が発覚したときには、会社が医師の意見を聴いて、勤務負荷を軽減したり、勤務させない等の措置をとらなければなりません。また、医師や保健師による医療機関への受診の指導や保健指導を行う等の措置をとらなければなりません。

## ☑メンタルヘルス不調による不完全労務提供は休職事由

社員には労務提供の義務があります。労務提供が不完全な場合、会社は社員の労務提供を拒否することができます。労務提供を拒否し、労働契約を解除すると、労契法16条に照らして合理性と相当性を欠く場合には権利の濫用として無効となるので、他の形式で労務提供拒否を考える必要があります。

具体的な労務提供拒否の方法は、会社が社員に対して**休職**を命じることです。その前提としては、不完全労務提供は休職事由となることを就業規則等に規定化していなければなりません。

休職は、社員が会社に対して申請するだけのものではなく、**会社が社員に対して命令**することができます。社員がメンタルヘルス不調により不完全労務提供の状況にある場合において会社が社員に対して休職を命令することは、会社、当該社員、他の社員にとって必要な措置です。メンタルヘルス不調を放置すると、病気が悪化する可能性があります。休職により体調を万全にして、労働力提供も万全な状態に回復して働いてもらうことが重要です。

## ● 「労働者の心の健康の保持増進のための指針」（要約）●

| 項目 | 区分 | 内容 |
|---|---|---|
| 衛生委員会での調査審議と「心の健康づくり計画」作成 | | 事業者は、労働者の意見を聴き、産業医など産業保健スタッフ等の助言を得ながら、衛生委員会等において心の健康づくり計画を策定する |
| 4つのケア | セルフケア | 労働者がみずからの心の健康のために行うもの |
| | ラインによるケア | 職場の管理監督者が労働者に対して行うもの<br>1　職場環境等の改善<br>2　労働者に対する相談対応 |
| | 事業場内産業保健スタッフによるケア | 事業場内の産業保健スタッフ（産業医、衛生管理者等、保健師等）、心の健康づくり専門スタッフ（精神科・心療内科等の医師、心理職等）、人事労務管理スタッフ等が行うもの<br>1　セルフケア、ラインによるケアに対する支援の提供（相談対応や職場環境等の改善を含む）<br>2　心の健康づくり計画に基づく具体的なメンタルヘルスケア実施の企画立案<br>3　メンタルヘルスに関する個人情報の取扱い<br>4　事業場外資源とのネットワークの形成とその窓口となること |
| | 事業場外資源によるケア | 都道府県メンタルヘルス対策支援センター、地域産業保健センター、医療機関他、事業場外でメンタルヘルスケアへの支援を行う機関および専門家とのネットワークを日頃から形成して活用すること |
| 具体的進め方 | 教育研修・情報提供 | 1　労働者への教育研修・情報提供<br>2　管理監督者への教育研修・情報提供<br>3　事業場内の産業保健スタッフ等への教育研修・情報提供 |
| | 職場環境等の把握と改善 | 1　職場環境等の評価と問題点の把握<br>2　職場環境等の改善 |
| | メンタルヘルス不調への気づきと対応 | 1　労働者による自発的な相談とセルフチェック<br>2　管理監督者、事業場内の産業保健スタッフ等による相談対応<br>3　労働者の家族による気づきや支援の促進 |
| | 職場復帰における支援 | 1　職場復帰プログラム（復職の標準的な流れ）の策定<br>2　職場復帰プログラムの体制や規程の整備<br>3　職場復帰プログラムの組織的、計画的な実施<br>4　労働者の個人情報への配慮および関係者の協力と連携 |

出典：「労働者の心の健康の保持増進のための指針」（平成27年11月　安衛法70条の2第1項）

# 7 健康診断

## ✓健康診断の義務

　会社は、安衛法66条に基づき、社員に対して**医者による健康診断を実施する義務**があります。また、社員は、健康診断を受ける義務があります。

| 健康診断の種類 | 対象労働者 | 実施時期 |
|---|---|---|
| 雇入れ時 | 常時使用する労働者 | 雇入れの際 |
| 定期 | 常時使用する労働者 | 1年以内ごとに1回 |
| 特定業務従事者 | 安衛則13条1項2号の業務に常時従事する労働者 | 左記業務への配置替えの際、6か月以内ごとに1回 |
| 海外派遣労働者 | 海外に6か月以上派遣する労働者 | 海外に6か月以上派遣する際、帰国後国内業務に就かせる際 |
| 給食従業員の検便 | 事業に附属する食堂または炊事場における給食の業務に従事する労働者 | 雇入れの際、配置替えの際 |

## ✓特殊健康診断の義務

　会社は、有害な業務に常時従事する社員等に対し、**雇入れ時、配置替えの際および6か月以内ごとに1回、特殊健康診断の義務**があります。

| 特殊健康診断 | ・屋内作業場等における有機溶剤業務に常時従事する労働者<br>・鉛業務に常時従事する労働者<br>・四アルキル鉛等業務に常時従事する労働者<br>・特定化学物質を製造し、または取り扱う業務に常時従事する労働者および過去に従事した在籍労働者<br>・高圧室内業務または潜水業務に常時従事する労働者<br>・放射線業務に常時従事する労働者で管理区域に立ち入る者<br>・除染等業務に常時従事する除染等業務従事者<br>・石綿等の取扱い等に伴い石綿の粉じんを発散する場所における業務に常時従事する労働者および過去に従事したことのある在籍労働者 |
|---|---|
| じん肺健診 | 常時粉じん作業に従事する労働者および従事したことのある労働者 |
| 歯科医師による健診 | 塩酸、硝酸、硫酸、亜硫酸、弗化水素、黄りんその他歯またはその支持組織に有害な物のガス、蒸気または粉じんを発散する場所における業務に常時従事する労働者 |

## ●健康診断実施後の事業者の具体的な取組み事項●

| 記録 | 健康診断の結果は、健康診断個人票を作成し、それぞれの健康診断によって定められた期間、保存しておかなくてはなりません |
|---|---|
| 医師等からの意見聴取 | 健康診断の結果に基づき、健康診断の項目に異常の所見のある労働者について、労働者の健康を保持するために必要な措置について、医師（歯科医師）の意見を聞かなければなりません |
| 実施後の措置 | 医師または歯科医師の意見を勘案し必要があると認めるときは、作業の転換、労働時間の短縮等の適切な措置を講じなければなりません |
| 労働者への通知 | 健康診断の結果は、労働者に通知しなければなりません |
| 保健指導 | 健康診断の結果、特に健康の保持に努める必要がある労働者に対し、医師や保健師による保健指導を行うよう努めなければなりません |
| 労基署への報告 | 定期健康診断の結果は、所轄労働基準監督署長に提出しなければなりません（安衛則44条、45条、48条の健診結果報告書については、常時50人以上の労働者を使用する事業者、特殊健診の結果報告書については、健診を行ったすべての事業者） |

## ●健康診断結果とメンタルヘルス不調者対応●

健康診断の結果、メンタルヘルス不調者に下記の**措置義務**があります。

| 区分 | 内容 | 措置 |
|---|---|---|
| 通常勤務 | 通常勤務でよいもの | 措置必要なし |
| 就業制限 | 勤務に制限を加える必要のあるもの | ①労働時間の短縮<br>②出張の制限<br>③時間外労働の制限<br>④労働負荷の制限<br>⑤作業の転換<br>⑥就業場所の変更<br>⑦深夜業の回数の減少<br>⑧昼間勤務への転換　　　　　等 |
| 要休業 | 勤務を休む必要のあるもの | ①休暇<br>②休職　　　　　　　　　　等 |

出典：「健康診断結果措置指針公示第8号　平成27年11月30日　健康診断結果に基づき事業者が講ずべき措置に関する指針」

# 8 ストレスチェック

### ✓ストレスチェックの定義

「ストレスチェック」とは、ストレスに関する質問票（選択回答）に社員が記入し、それを集計・分析することで、ストレスがどのような状態にあるのかを調べる検査です。社員が**50人以上**の事業所では、**毎年1回**、ストレスチェックをすべての社員（1年未満、短時間労働者を除く）に対して実施し、毎年、労基署に所定の様式で報告することが義務です（安衛法66条の10）。

「ストレスチェック」の実施手順は以下の通りです。

●ストレスチェック制度の実施手順●

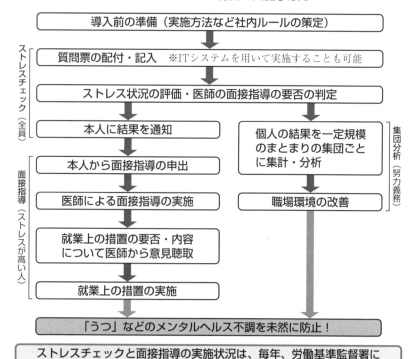

240

## ●ストレスチェックと質問票と結果通知のイメージ●

### 国が推奨する57項目の質問票
（職業性ストレス簡易調査票）

A あなたの仕事についてうかがいます。最もあてはまるものに○を付けてください。
1. 非常にたくさんの仕事をしなければならない
2. 時間内に仕事が処理しきれない
3. 一生懸命働かなければならない
4. かなり注意を集中する必要がある
5. 高度の知識や技術が必要なむずかしい仕事だ
6. 勤務時間中はいつも仕事のことを考えていなければならない
7. からだを大変よく使う仕事だ
8. 自分のペースで仕事ができる
9. 自分で仕事の順番・やり方を決めることができる
10. 職場の仕事の方針に自分の意見を反映できる
11. 自分の技能や知識を仕事で使うことが少ない
12. 私の部署内で意見のくい違いがある
13. 私の部署と他の部署とはうまが合わない
14. 私の職場の雰囲気は友好的である
15. 私の職場の作業環境（騒音、照明、温度、換気など）はよくない
16. 仕事の内容は自分にあっている
17. 働きがいのある仕事だ

B 最近1か月間のあなたの状態についてうかがいます。最もあてはまるものに○を付けてください。
1. 活気がわいてくる
2. 元気がいっぱいだ
3. 生き生きする
4. 怒りを感じる
5. 内心腹立たしい
6. イライラしている
7. ひどく疲れた
8. へとへとだ
9. だるい
10. 気がはりつめている
11. 不安だ
12. 落着かない
13. ゆううつだ
14. 何をするのも面倒だ
15. 物事に集中できない
16. 気分が晴れない
17. 仕事が手につかない
18. 悲しいと感じる
19. めまいがする
20. 体のふしぶしが痛む
21. 頭が重かったり頭痛がする
22. 首筋や肩がこる
23. 腰が痛い
24. 目が疲れる
25. 動悸や息切れがする
26. 胃腸の具合が悪い
27. 食欲がない
28. 便秘や下痢をする
29. よく眠れない

C あなたの周りの方々についてうかがいます。最もあてはまるものに○を付けてください。
次の人たちはどのくらい気軽に話ができますか？
1. 上司
2. 職場の同僚
3. 配偶者、家族、友人等
あなたが困った時、次の人たちはどのくらい頼りになりますか？
4. 上司
5. 職場の同僚
6. 配偶者、家族、友人等
あなたの個人的な問題を相談したら、次の人たちはどのくらいきいてくれますか？
7. 上司
8. 職場の同僚
9. 配偶者、家族、友人等

【回答肢（4段階）】
A そうだ／まあそうだ／ややちがう／ちがう
B ほとんどなかった／ときどきあった／しばしばあった／ほとんどいつもあった
C 非常に／かなり／多少／まったくない
D 満足／まあ満足／やや不満足／不満足

D 満足度について
1. 仕事に満足だ
2. 家庭生活に満足だ

※ストレスチェック指針（平成27年4月15日）より

### 本人に通知するストレスチェック結果のイメージ

あなたのストレスプロフィール

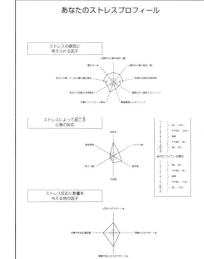

〈評価結果（点数）について〉

| 項目 | 評価点（合計） |
|---|---|
| ストレスの要因に関する項目 | ○○点 |
| 心身のストレス反応に関する項目 | ○○点 |
| 周囲のサポートに関する項目 | ○○点 |
| 合計 | ○○点 |

〈あなたのストレスの程度について〉

あなたはストレスが高い状態です（高ストレス者に該当します）。

セルフケアのためのアドバイス

〈面接指導の要否について〉
医師の面接指導を受けていただくことをおすすめします。
以下の申出窓口にご連絡ください。
○○○○（メール：＊＊＊＊＠＊＊＊＊　電話：＊＊＊＊-＊＊＊＊）
※面接指導を申出した場合は、ストレスチェック結果は会社側に提供されます。また、面接指導の結果、必要に応じて就業上の措置が講じられることになります。
※医師の面接指導ではなく、相談をご希望の方は、下記までご連絡ください。
○○○○（メール：＊＊＊＊＠＊＊＊＊　電話：＊＊＊＊-＊＊＊＊）

# 9

# 就業禁止

## ✅ 安衛法による就業禁止

安衛法68条は、「事業者は、**伝染性の疾病その他の疾病で、厚生労働省令で定めるものにかかった労働者については、厚生労働省令で定めるところにより、その就業を禁止しなければならない**」とし、安衛則61条で次の①から③に該当する対象者の就業を禁止しています（就業を禁止する際は産業医その他の専門の医師の意見を聴かなければなりません）。

| 1 | 毒伝ぱのおそれのある伝染性の疾病にかかった者（ただし、伝染予防の措置をした場合は除く） |
|---|---|
| 2 | 心臓、腎臓、肺等の疾病で労働のため病勢が著しく増悪するおそれのあるものにかかった者 |
| 3 | 前各号に準ずる疾病で厚生労働大臣が定めるものにかかった者 |

## ✅ 感染予防法による就業禁止

「感染症の予防及び感染症の患者に対する医療に関する法律（感染予防法）」18条2項では、一定の感染症について、その患者を一定の業務に就かせることを禁止しています。同法6条に規定する「感染症」は次ページで確認してください。**同法で就業禁止の対象となる感染症は、1類から3類の感染症および新型インフルエンザ、無症状病原体保有者です。**

就業制限の対象となる業務は、感染症の種類に応じて、多数の者に接触する業務や飲食物に直接接触する業務への就業が制限されます。

## ✅ 就業禁止と賃金

感染予法による就業制限に該当する場合には、**賃金の支払義務はありません**。しかし、これに**該当しない場合には、労基法が規定する休業手当（平均賃金の6割）の支払義務があります。**

鳥インフルエンザ、新型インフルエンザは感染予防法による就業禁止なので、賃金の支払義務はありません。**季節性インフルエンザの場合は休業手当の支払義務があります。**

## ●感染予防法の対象となる感染症●

| 分類 | 感染症の疾病名等 |
|---|---|
| 一類感染症 | 【法】エボラ出血熱、クリミア・コンゴ出血熱、痘そう、南米出血熱、ペスト、マールブルグ病、ラッサ熱 |
| 二類感染症 | 【法】急性灰白髄炎、ジフテリア、重症急性呼吸器症候群（SARSコロナウイルスに限る）、結核、鳥インフルエンザ（病原体がインフルエンザウイルスＡ属インフルエンザＡウイルスであってその血清亜型がH5N1であるものに限る。以下「鳥インフルエンザ（H5N1）」という） |
| 三類感染症 | 【法】腸管出血性大腸菌感染症、コレラ、細菌性赤痢、腸チフス、パラチフス |
| 四類感染症 | 【法】Ｅ型肝炎、Ａ型肝炎、黄熱、Ｑ熱、狂犬病、炭疽、鳥インフルエンザ（鳥インフルエンザ（H5N1）を除く）、ボツリヌス症、マラリア、野兎病<br>【政令】ウエストナイル熱、エキノコックス症、オウム病、オムスク出血熱、回帰熱、キャサヌル森林病、コクシジオイデス症、サル痘、重症熱性血小板減少症候群（SFTS）、腎症候性出血熱、西部ウマ脳炎、ダニ媒介脳炎、チクングニア熱、つつが虫病、デング熱、東部ウマ脳炎、ニパウイルス感染症、日本紅斑熱、日本脳炎、ハンタウイルス肺症候群、Ｂウイルス病、鼻疽、ブルセラ症、ベネズエラウマ脳炎、ヘンドラウイルス感染症、発しんチフス、ライム病、リッサウイルス感染症、リフトバレー熱、類鼻疽、レジオネラ症、レプトスピラ症、ロッキー山紅斑熱 |
| 五類感染症 | 【法】インフルエンザ（鳥インフルエンザおよび新型インフルエンザ等感染症を除く）、ウイルス性肝炎（Ｅ型肝炎およびＡ型肝炎を除く）、クリプトスポリジウム症、後天性免疫不全症候群、性器クラミジア感染症、梅毒、麻しん、メチシリン耐性黄色ブドウ球菌感染症<br>【省令】アメーバ赤痢、RSウイルス感染症、咽頭結膜熱、Ａ群溶血性レンサ球菌咽頭炎、感染性胃腸炎、急性出血性結膜炎、急性脳炎（ウエストナイル脳炎、西部ウマ脳炎、ダニ媒介脳炎、東部ウマ脳炎、日本脳炎、ベネズエラウマ脳炎およびリフトバレー熱を除く）、クラミジア肺炎（オウム病を除く）、クロイツフェルト・ヤコブ病、劇症型溶血性レンサ球菌感染症、細菌性髄膜炎、ジアルジア症、侵襲性インフルエンザ菌感染症、侵襲性髄膜炎菌感染症、侵襲性肺炎球菌感染症、水痘、性器ヘルペスウイルス感染症、尖圭コンジローマ、先天性風しん症候群、手足口病、伝染性紅斑、突発性発しん、破傷風、バンコマイシン耐性黄色ブドウ球菌感染症、バンコマイシン耐性腸球菌感染症、百日咳、風しん、ペニシリン耐性肺炎球菌感染症、ヘルパンギーナ、マイコプラズマ肺炎、無菌性髄膜炎、薬剤耐性アシネトバクター感染症、薬剤耐性緑膿菌感染症、流行性角結膜炎、流行性耳下腺炎、淋菌感染症 |
| 指定感染症 | 鳥インフルエンザ（病原体がインフルエンザウイルスＡ属インフルエンザＡウイルスであってその血清亜型がH7N9であるものに限る） |
| 新感染症 | （現在は該当なし） |
| 新型インフルエンザ等感染症 | 【法】新型インフルエンザ、再興型インフルエンザ |

出所　厚生労働省HP「感染症法の対象となる感染症」平成26年１月30日現在

# 10

# 労災の仕組みと補償内容

## ☑労災とは

　労働者災害補償保険（労災）の目的は、①業務上の事由、通勤による負傷、疾病、障害、死亡等（以下「傷病等」といいます）に対して迅速かつ公正な保護をするために保険給付を行うこと、②労働者の社会復帰の促進、当該労働者およびその遺族の援護、適正な労働条件の確保等を図ることです。

　業務災害に対する保険給付は、社員が労災保険の適用される事業場に雇われて、事業主の支配下にあるときに業務が原因となって発生した災害に対して行われます。

## ☑業務上であるかどうかの判断基準

　業務上の負傷であるかどうかは下記の通り判断されます。

| 1 | 事業主の支配・管理下で業務に従事している場合 | 特段の事情がない限り、業務災害 |
|---|---|---|
| 2 | 事業主の支配・管理下にあるが業務に従事していない場合 | 私的な行為によって発生した災害は、業務災害ではない<br>施設・設備や管理状況が原因で発生した災害は、業務災害 |
| 3 | 事業主の支配下にあるが、管理下を離れて業務に従事している場合 | 積極的な私的行為を行うなど特段の事情がない限り、一般的には業務災害 |

　業務との間に相当因果関係が認められる疾病は、労災保険給付の対象となります。一般的に、社員に発症した疾病は、次の**3要件**が満たされる場合には、原則として業務上疾病と認められます。

| 1 | 労働の場に有害因子が存在していること |
|---|---|
| 2 | 健康障害を起こし得るほどの有害因子にさらされたこと |
| 3 | 発症の経過および病態が医学的にみて妥当であること |

　業務上疾病とは、社員が事業主の支配下にある状態において発症した疾病ではなく、**事業主の支配下にある状態において有害因子にさらされたことによって発生した疾病**です。

**244**

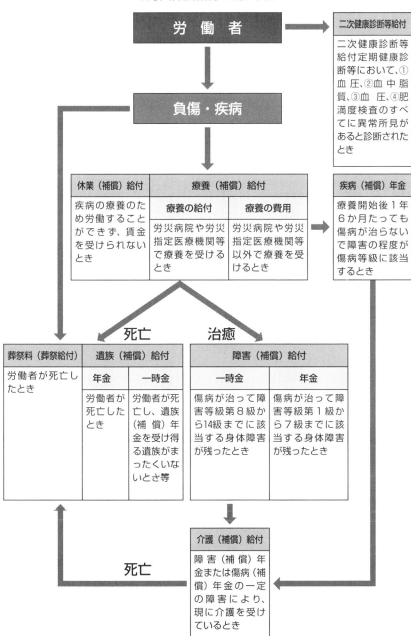

●労災保険給付の流れ図●

出所：沖縄労働局サイト

# 11

## 産業医と産業保健体制

### ☑産業医の選任義務

産業医の選任義務は、下記の通り規定されています。

常時50人以上の労働者を使用する事業場ごとに医師のうちから産業医を選任しなければならない（安衛法13条）。

法定の選任人数は以下の通りです。

| 常時使用する労働者 | 選任人数 |
|---|---|
| 50人以上 | 1人以上 |
| 3,000人超 | 2人以上 |

下記の事業場は、事業場に**専属**でなければなりません。

| 1 | 常時1,000人以上の労働者を使用する事業場 |
|---|---|
| 2 | 一定の有害な業務に常時500人以上の労働者を従事させる事業場 |

### ☑産業医の職務

産業医の職務は、以下の通りです。

| 1 | 労働者の健康管理等 |
|---|---|
| 2 | 事業者および総括安全衛生管理者に対する労働者の健康管理等についての**勧告** |
| 3 | 衛生管理者に対する労働者の健康管理等についての**指導・助言** |

産業医は、**少なくとも毎月1回**作業場等を巡視しなければなりません。なお、事業者から産業医に所定の情報が毎月提供される場合には、産業医の作業場の巡視の頻度を、2か月に1回とすることが可能です。産業医は、作業方法または衛生状態に有害の恐れがあるときは、ただちに、社員の健康障害を防止するための必要な措置を講じなければなりません。

事業者は、産業医に対して、社員の健康管理等に関する措置をなしうる権利を与えなければなりません。

### ☑労働基準監督署への届出

事業者は、**事業場で常時使用する労働者が50人以上**（あるいは3,000人超）

になった場合、14日以内に産業医を選任し（50人以上は1人目を、3,000人超は2人目を選任）、労働基準監督署に報告書を提出しなければなりません（安衛則13条）。

## ☑産業医の権限の具体化

2019年4月安衛法改正により、産業医の権限が強化されました。**事業者が産業医に付与すべき権限**は以下の通りです（安衛則14条の4）。

| 1 | 事業者または総括安全衛生管理者に対して**意見を述べること** |
|---|---|
| 2 | 労働者の健康管理等を実施するために必要な**情報を労働者から収集**すること |
| 3 | 労働者の健康を確保するため緊急の必要がある場合において、労働者に対して**必要な措置をとるべきことを指示**すること |

事業者は、健康管理のための情報により人事上の評価・処遇等で社員に不利益を生じさせることは禁止されています。

健康を確保するための緊急の必要がある場合は、たとえば、保護具を使用せず有害物質を取扱い労災が発生する危険がある場合や、熱中症の徴候があり健康確保措置が必要な場合等です。

## ☑産業医に対する労働者の健康管理に必要な情報の提供

2019年4月安衛法改正により、事業者は産業医に対し、下記の3つの**情報を提供**しなければなりません（安衛則13条）。これは、産業医が産業医学の専門的な立場から社員の健康確保のための活動を行いやすくするためのものです。

| | 提供する情報 | 時期 |
|---|---|---|
| 1 | ①健康診断、②長時間労働者に対する面接指導、③ストレスチェックに基づく面接指導実施後のすでに講じた措置または講じようとする措置の内容に関する情報（講じない場合は、その旨・その理由） | ①〜③の結果についての医師または歯科医師からの意見聴取を行った後、遅滞なく |
| 2 | 時間外・休日労働時間が1か月当たり80時間を超えた労働者の氏名・当該労働者の超えた時間に関する情報 | 80時間を超えた時間の算定を行った後、速やかに（おおむね2週間以内） |
| 3 | 労働者の業務に関する情報であり、産業医が労働者の健康管理等を適切に行うために必要と認めるもの | 産業医から情報の提供を求められた後、速やかに（おおむね2週間以内） |

247

**12**

# 長時間労働者に対する
# 医師による面接指導

## ☑医師による面接指導の対象となる社員の要件

　2019年4月安衛法改正により、医師による面接指導の対象となる要件は、以下の通りです（安衛法66条の8第1項）。

| 1 | 時間外・休日労働時間が1か月当たり80時間を超えた労働者 |
|---|---|
| 2 | 疲労の蓄積が認められる労働者 |
| 3 | 労働者からの申出 |

　**時間外・休日労働時間が1か月当たり80時間を超え、疲労の蓄積が認められるとして、社員本人から申出があった場合、医師による面接指導を受けさせなければなりません。**

　医師のよる面接指導とは、問診その他の方法により心身の状況を把握し、これに応じて面接により必要な指導を行うことをいいます。

## ☑労働時間に関する情報の通知

　2019年4月安衛法改正により、会社は、**時間外・休日労働時間が1か月当たり80時間を超えた場合には、社員本人に対して、超えた労働時間に関する情報を通知しなければなりません。**

　給与明細書に時間外・休日労働時間数が記載されている場合には、これをもって超えた労働時間に関する情報とすることができます（安衛則52条の2第3項）。

　この通知は、**高度プロフェッショナル制度**の適用者を除き、管理監督者、事業場外労働のみなし労働制の適用者を含めたすべての社員に適用されます。

　この通知は、疲労の蓄積が認められる社員の面接指導の申出を促すためのものであり、労働時間に関する情報の他、面接指導の実施方法・時期等の案内を併せて行うことが望ましいです。

## ☑研究開発業務従事者に対する医師の面接指導

　研究開発業務従事者は、時間外・休日労働時間が1月当たり100時間を

超えた場合、医師による面接指導が義務です。

●長時間労働者への医師による面接指導の実施の流れ●

時間外・休日労働時間の算定
(毎月1回以上・一定の期日を定めて実施)

時間外・休日労働時間1月当たり80時間超

労働者からの申出
(期日後約1か月以内)

医師による面接指導の実施
(医師が労働者の勤務の状況・疲労の蓄積の状況・その他の心身の状況について確認　申請後約1か月以内)

面接指導の結果の記録を作成
(労働者の疲労の蓄積の状況そのたの心身の状況、聴取した医師の意見等を記載　5年間保存)

医師からの意見聴取
(面接指導後約1か月以内)

事後措置の実施
(就業場所の変更、作業の転換、労働時間の短縮、深夜業の回数の減少、衛生委員会等への報告等の措置)

249

# 芸能ニュースに学ぶパワハラ

**「パワハラをしていない」と信じ切っているのが危険？**

　「パワハラを自分の会社からなくしたい」。このことについて異論を唱える人はほとんどいないでしょう。

　ところが、「あなたの会社にパワハラはありますか？」と問うた場合、本音ベースでは、ほとんどの会社で「正直、パワハラは存在する」と回答するのではないでしょうか。

　最も大きな理由は、パワハラを行う当事者が「自分の言動がパワハラではない」と信じ切っていること。また、現時点ではパワハラは直接的に罰する法律が存在しません。パワハラに該当しても損害賠償請求が認めらないケースも多数存在します。

　そんなとき、他山の石としてよいケーススタディーとなるのが、テレビで流れるブラック企業のニュースです。これを題材にパワハラを労使で考えてみることがよい方法でしょう。

　2019年の夏、ある芸能事務所に所属するタレントが反社会的勢力と関係を持った問題がニュースになり、社長と所属タレントとのやり取りが明らかになりました。

　「お前らテープ回してないやろな」「○○するなら連帯責任でお前ら全員クビにする」「俺にはお前ら全員クビにする力がある」という発言を社長がしました。この発言が明らかになった後の社長の弁明は、「冗談のつもりだった」「場を和ませようと思った」などというものでした。

　事実に対する評論はここでは差し控えますが、典型的なブラック企業の、典型的なブラック社長といえるでしょう。そして、コンプライアンスの欠片も存在しないことも明らかでしょう。

　ブラック社長の典型的な言い訳は、「うちの業界ではこれが一般的なんです。よその業界と一緒にしないでください」です。賢明な皆さまは、こうした企業の末路がどのようになるか想像することができるでしょう。

　しかし、みなさんも、「自分の言動はパワハラではない」と信じ切っていませんか？　そして、知らず知らずのうちにこのブラック社長と同じような状態に陥っていませんか？　ぜひ、話し合ってみてください。

# 12章

## 多様な働き方

# 1

# 多様な働き方

## ✓ 多様な正社員とは

**多様な正社員**とは、いわゆる正社員と比べ、配置転換や転勤、仕事内容や勤務時間などの**範囲が限定**されている正社員のことをいいます。限定正社員とも呼ばれます。

多様な正社員は、以下の3つに分類されます。

| 勤務地限定正社員 | 転勤がなかったり、転居を伴う転勤がなかったり、転勤するエリアが限定されている正社員 |
|---|---|
| 職務限定正社員 | 職務内容や仕事の範囲が限定されている正社員 |
| 勤務時間限定正社員 | 所定労働時間がフルタイムではない正社員 |

たとえば、上記の区分でいうと、勤務地限定正社員・勤務時間限定正社員の2つの性質を有する短時間正社員制度を導入するなどというように、2つ以上の区分を組み合わせた多様な正社員制度を導入することも可能です。

勤務地、職務、勤務時間のいずれも限定されない**いわゆる正社員**と、非正規雇用という二分論ではなく、次ページ2つ目の表の統計資料にあるように、**半数を超える企業で多様な正社員の活用が進んでいます**。

## ✓ 日本型雇用システムの見直し

多様な働き方を認めていく道筋の1つとして、以下の3点を検討する企業が増えてきました。

| 1 | 兼業・副業の許可のあり方の見直し |
|---|---|
| 2 | テレワーク（在宅勤務）の導入 |
| 3 | 雇用関係によらない働き手の活用 |

(1)1社でのみ就業、(2)オフィスに出社して勤務、(3)働き手は雇用関係のみという従来の日本型雇用システムによらない仕事の在り方が増えることで、労務管理の在り方や会社として対策しておくべきリスクも徐々に変わってきているといえます。これらについては後述します。

252

● 労働時間と期間の定めによる分類 ●

|  | 期間の定めなし | 期間の定めあり |
|---|---|---|
| フルタイム | ・いわゆる正社員<br>・勤務地限定正社員<br>・職務限定正社員<br>・(無期雇用) 契約社員・準社員など | ・嘱託社員 (フルタイム)<br>・(有期雇用) 契約社員・準社員など |
| パートタイム | ・勤務時間限定正社員 (短時間正社員)<br>・(無期雇用) パート社員・アルバイト社員など | ・嘱託社員 (パートタイム)<br>・(有期雇用) パート社員・アルバイト社員など |

● 多様な正社員の導入割合 ●

|  |  | 企業数 | 雇用区分数 | 従業員数 (人) |
|---|---|---|---|---|
| 全体 |  | 1987<br>(100.0%) | 3245<br>(100.0%) | 1,576,996<br>(100.0%) |
| 多様な正社員 |  | 1031<br>(51.9%) | 1547<br>(47.7%) | 519,152<br>(32.9%) |
|  | 職種限定あり | 878 | 1314 | 442,020 |
|  | 労働時間限定あり | 146 | 200 | 53,148 |
|  | 勤務地限定あり | 382 | 505 | 140,191 |
| いわゆる正社員 |  | 1379<br>(69.4%) | 1602<br>(49.4%) | 1,011,952<br>(64.2%) |

出所:厚生労働省 「『多様な形態による正社員』に関する研究会報告書」 平成24年3月29日

● 日本型雇用システムの見直しの3つの論点 ●

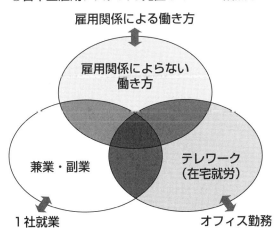

出所:経済産業省「『雇用関係によらない働き方』に関する研究会 報告書」平成29年3月

12章 多様な働き方

# 2

# 社員の定義と規程類・契約書の整備

## ✓就業規則の「社員の定義」

　近年は、**いわゆる正社員**とそれ以外の非正規社員という二分論ではなく、**多様な正社員**のような古くからの日本の雇用慣行にはなかった就業形態が活用される機会が増えてきました。また、契約社員・パート社員・アルバイト社員といった有期労働契約の社員にも、労働契約を反復更新することで**無期転換申込権**（⇒262ページ）が発生するようになっています。

　自社の社員の労働契約の種類・形態を洗い出して、すべての区分の定義づけを、就業規則で漏れなく、正しく行わなくてはなりません。

## ✓すべての社員区分に対応した就業規則づくり

　一定規模以上の社員数の会社には**就業規則の作成・届出義務**があります。就業規則で、会社にあるすべての社員区分の定義づけが完了したら、次に**すべての社員区分に対応した就業規則**があるかを確認してください。すべての社員区分に対応した就業規則のつくり方は、以下のいずれかになります。

| 1 | いわゆる正社員に適用される就業規則（本則）に、別の区分の社員に適用される労働条件の適用除外規定・委任規定を設定する |
|---|---|
| 2 | いわゆる正社員に適用される就業規則（本則）とは別個に、契約社員就業規則・パート社員就業規則といった別規程を作成する |

　上記1の方法は、管理が煩雑になり、ミスが生じやすいといえます。裁判例でも、正社員以外の社員区分に対する労働条件の適用除外規定の設定し忘れで会社が敗訴してしまったケースも存在します。したがって、**実務的には上記2の方法を選択していくことになるでしょう。**

## ✓労働契約書の整備

　すべての社員区分に対応した就業規則が整備されたら、それを**個別ケースに落とし込んだ正しい労働契約書等**を作成してください。特に、多様な正社員の労働契約書等では、**業務内容と勤務地の書き方が重要**です。

**254**

### ●社員タイプと転換制度の全体像●

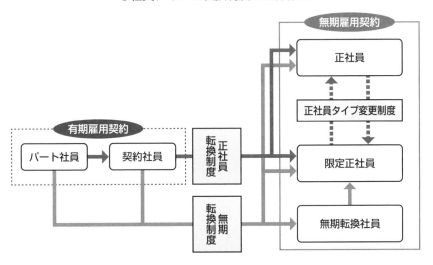

出所:厚生労働省「(飲食業)多様な正社員及び無期転換ルールに係るモデル就業規則と解説」

### ●就業規則の「社員の区分」の規定例●

(社員の定義)
(中略)
2. 社員を以下の各号に掲げる通り区分し、その定義は当該各号に掲げる通りとする。
 (1) 正社員……期間の定めのない労働契約による社員であって、①勤務地、②職務の内容及び③労働時間のいずれにも制約なく基幹的業務に携わる正社員として雇用される社員
 (2) 限定正社員……期間の定めのない労働契約による社員であって、①勤務地、②職務の内容及び③労働時間のいずれか1つ以上を限定され、基幹的業務に携わる限定正社員として雇用される社員
 (3) 嘱託社員……有期労働契約による社員であって、会社の正社員又は限定正社員が定年退職した後に再雇用される社員又はそれ以外で新たに嘱託社員として有期労働契約を締結する社員。①勤務地、②職務の内容及び③労働時間の限定の有無については、個別の労働契約で定める
 (4) 契約社員……有期労働契約(無期転換した後は無期労働契約)による社員であって、労働時間につき制約なく、主として補助的業務に従事する契約社員として雇用される社員
 (5) パート社員……有期労働契約(無期転換した後は無期労働契約)による社員であって、週の所定労働日数又は時間数が短く、主として補助的業務に従事するパート社員として雇用される社員

# 3

## 労働者派遣の注意点①

### ✅労働者派遣のできない業務

**労働者派遣**とは、派遣会社と労働者派遣契約を締結して、自社に派遣社員を派遣して働いてもらうことができる契約です。**派遣社員と実際に働く会社とは労働契約はありませんが、実際に働く会社が派遣社員を指揮命令できることが請負契約との違いです。**請負であるにもかかわらず指揮命令を行うと**偽装請負**となり、**労働者派遣法違反**となります。

労働者派遣法では以下を**労働者派遣のできない業務**と規定しています。

| 1 | 港湾運送業務 |
|---|---|
| 2 | 建設業務 |
| 3 | 警備業務 |
| 4 | 医師・看護師等の病院診療所等における医療業務<br>※紹介予定派遣、産前産後休業・育児休業・介護休業中の代替要員など一部認められる例外あり |
| 5 | 弁護士、外国法事務弁護士、司法書士、土地家屋調査士の業務や、建築士事務所の管理建築士の業務などの士業の業務 |
| 6 | 派遣先で団体交渉や労使協議を直接担当する業務 |

### ✅派遣期間の制限

労働者派遣法では、派遣期間に以下の2つの制限を規定しています。

| 1 | 同一の派遣社員は、同一の組織（課など）で3年を超えて働くことはできません（個人単位の派遣期間制限） |
|---|---|
| 2 | 同一の事業所（本社・支店・営業所などの拠点単位）では、派遣社員を3年を超えて働かせることはできません（事業所単位の派遣期間制限） |

上記1は、異なる課に異動すれば働くことが可能になります。上記2は、派遣先の会社が、事業所の**労働者代表から意見を聴けば、さらに3年の派遣社員の受け入れが可能**になります。つまり、事業所で継続的に派遣社員の受け入れをしていくためには、3年ごとに労働者代表の意見聴取をしていくことになります。なお、次ページ一番下の表のケースは**派遣期間の制限が適用されません。**

### ●労働者派遣契約と請負契約の違い●

労働者派遣は、派遣先と派遣労働者との間に指揮命令関係があるが、請負は、注文主と請負労働者との間に指揮命令関係が生じない。

### ●個人単位の派遣期間制限の考え方●

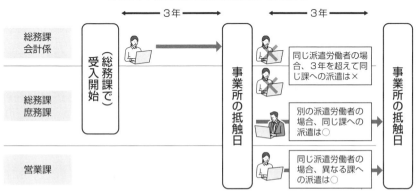

### ●事業所単位の派遣期間制限の考え方●

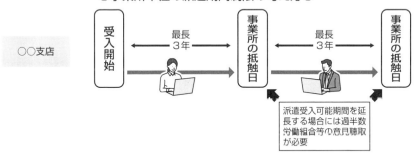

### ●派遣期間の制限の適用除外●

| 1 | 派遣元と期間の定めのない労働契約を締結している派遣社員 |
|---|---|
| 2 | 60歳以上の派遣社員 |
| 3 | 派遣先のフルタイムの社員の月の所定労働日数の半数以下、かつ、10日以下の日数で発生する業務 |
| 4 | 産前産後休業・育児休業・介護休業中の代替要員 |
| 5 | 有期プロジェクト業務 |

# 4 労働者派遣の注意点②

## ✅ 事前面接の禁止

派遣先企業が派遣社員を**指名**することや、派遣終業の**開始前に**面接を行うこと、**履歴書を送付させる**ことは**禁止**されています。なお、**紹介予定派遣**では、これらが認められています。

## ✅ 派遣先責任者の選任と派遣先管理台帳の作成

派遣先企業は事業所ごとに、派遣社員100人当たり１人の**派遣先責任者**を選任しなくてはなりません。製造業務で派遣社員を受け入れる場合は、選任した派遣先責任者のうち、製造業務に従事する派遣社員100人当たり１人を製造業務専門派遣先責任者としなくてはなりません。

派遣先責任者は、労働関連法令や人事・労務管理の知識を有する、派遣社員の就業について権限を有するなど、責任者としての職務を的確に遂行できる人材を選任してください。

派遣先企業は事業所ごとに**派遣先管理台帳**を作成し、以下の事項を記載しなくてはなりません。

①派遣労働者名、②派遣会社名、③派遣会社の事業所名、④派遣会社の事業所の住所、⑤派遣就業した日、⑥始業・終業時刻、休憩時間（実績）、⑦業務の種類（実績）、⑧就業した場所、⑨苦情の処理状況、⑩紹介予定派遣の場合はその旨、⑪派遣先責任者、派遣元責任者、⑫期間制限のない業務である場合は、その根拠となる労働者派遣法の条項番号など、⑬派遣会社から通知を受けた労働・社会保険の加入状況

## ✅ 派遣先にも分担される労基法などの責任

労基法その他労働基準関連法令などの使用者としての責任は、基本的には、派遣会社（派遣元）が負います。しかし、次ページ下表にあるように、**一部派遣先企業にも分担されている責任**もあるので注意してください。

**258**

## ✓就業環境・教育訓練・福利厚生

　派遣先企業は、**派遣社員に対するセクハラ対策や、妊娠中・出産後の健康管理に関する必要な措置**を講じなくてはなりません。また、**派遣先で直接雇用する社員が通常利用している施設（ロッカー、食堂など）**について、派遣社員にも利用させるように努めてください。そして、派遣先企業は、**派遣会社が行う教育訓練や派遣社員が自主的に行う能力開発**について、可能な限り協力するほか、便宜を図るように努めてください。

## ✓雇用契約の申込み義務

　派遣期間の制限に違反する派遣受け入れなどの場合に**雇用契約の申込み義務**があります。

●雇用契約の申込み義務●

①派遣期間の制限がある業務

②派遣期間の制限がない業務

●労働基準法などの使用者責任●

### 派遣労働者に対する労働基準法等の使用者責任

| 派遣元 | 派遣先 |
| --- | --- |
| ①労働契約<br>②賃金<br>③年次有給休暇<br>④時間外・休日労働協定（36協定）<br>⑤災害補償<br>⑥就業規則<br>⑦雇入れ時の安全衛生教育<br>⑧一般健康診断 | ①労働時間、休憩、休日<br>②安全衛生管理体制<br>③労働者の危険または健康障害を防止するための措置等 |

# 5

# 有期労働契約の更新と雇止め

## ✅ 有期労働契約とは

　有期労働契約とは契約期間の満了日が設定された労働契約のことをいい、期間の定めのある労働契約とも呼ばれます。一方、契約期間の満了日が設定されてない労働契約として期間の定めのない労働契約があります。

## ✅ 契約期間中の解雇

　有期労働契約はあらかじめ使用者と労働者が合意して契約期間を定めたものなので、使用者はやむを得ない事由がある場合でなければ契約期間の途中で労働者を解雇することはできないとされています。期間の定めのない労働契約の場合より解雇の有効性は厳しく判断されることになります。

## ✅ 雇止め予告

　有期労働契約を更新することは法律で禁止されてはいません。また、有期労働契約を更新しない雇止めも、直ちに違法となるわけではありません。以下のいずれかに該当する有期労働契約を更新しない場合は、原則、契約満了日の少なくとも30日前には、雇止め予告をしなくてはなりません。

| 1 | 3回以上更新されている |
|---|---|
| 2 | 1年以上の契約期間の有期労働契約が更新または反復更新され、最初に有期労働契約を締結してから継続して通算1年を超える場合 |
| 3 | 1年を超える契約期間の有期労働契約を締結している場合 |

　はじめから更新しないことを約して労働契約を締結した場合は雇止め予告の対象外となります。

## ✅ 雇止め法理

　労契法では、次ページ一番上の表のいずれかの場合については、(1)客観的に合理的な理由を欠き、(2)社会通念上相当であると認められないときには、雇止めはできないと規定しています。これを、雇止め法理といいます。

　なお、雇止め法理で雇止めが認められなかった場合には、これまでと同様の労働条件で有期労働契約が更新されたものとみなされます。

## ◉雇止めが不当とされ得る場合◉

| 1 | 過去に反復更新された有期労働契約で、その雇止めが、実質的には期間の定めのない労働契約の解雇とほとんど変わらないような場合 |
|---|---|
| 2 | 反復更新されることに対する期待を抱く合理的な理由がある場合 |

## ◉パート社員就業規則の「有期労働契約」の規定例◉

（有期労働契約）

第○条　パート社員（無期パート社員を除く。以下本条及び次条において同じ）の労働契約は、有期労働契約とする。

２．一の有期労働契約期間は、原則として、1か月ないし1年以内とする。ただし、次条第1項に定める場合を除く。

３．この規則の有期労働契約は、契約期間満了をもって終了する。ただし、所要の基準を満たした場合に限り、新たに労働契約を締結することができる。

４．一の者について有期労働契約を締結することができる期間は、初めて会社と労働契約を締結した日から3年間を限度とする。

## ◉労働条件通知書の「期間の定め」の記載例◉

| 契約期間 | 期間の定めなし、期間の定めあり（○年○月○日～○年○月○日）<br>　1　契約の更新の有無<br>　　[自動的に更新する・更新する場合があり得る・契約の更新はしない・その他（　）]<br>　2　契約の更新は次により判断する。<br>　　・契約期間満了時の業務量　　・勤務成績、態度　　　・能力<br>　　・会社の経営状況　　　・従事している業務の進捗状況<br>　　・その他（　） |
|---|---|

# 6

## 無期転換ルール①

### ✅ 申込みと無期転換の時期

　**無期雇用転換ルール**とは、**同一の使用者**との間の有期労働契約が**1回以上更新されて通算5年を超える**ことになったときは労働者の申込みによって、**期間の定めのない労働契約に転換**するルールです。この要件に該当する有期労働契約の社員には**無期転換申込権**が発生し、社員がこれを行使した場合には、会社はこれを**拒否できません**。

　ここでいう同一の使用者とは、事業所単位ではなく、法人であれば法人単位で、個人事業主であれば当該個人事業主単位で判断されます。

　有期労働契約の無期転換は**通算5年で自動的に行われるわけではなく、社員の申込みがあって初めて転換**されます。つまり、要件を満たす有期労働契約の社員から無期転換の申し込みがあったときは、**会社は申出を承諾したものとみなされます**。この場合、**無期転換の申込み時の有期労働契約が終了する日の翌日**から、期間の定めのない労働契約となります。

　有期労働契約の社員は、**無期転換申込権を行使しないこともできます**。権利を行使せず有期労働契約が更新された場合にも、次回の契約期間満了までに**再び権利が発生**します。

　**会社が社員に無期転換申込権の発生を伝える義務はありません**。

### ✅ 労働条件の明示と無期転換後の労働条件

　無期転換された社員に対し、会社は労基法所定の**労働条件の明示**（⇒20ページ）を行わなくてはなりません。

　**労働条件**は変更をしない限り、期間の定め以外については**有期労働契約のときと同じ**です。無期転換により必ずしも正社員や多様な正社員となるわけではなく、これまでの社員区分のまま無期労働契約になります。たとえば、有期パート社員であった社員は無期パート社員に転換となります。

### ✅ 書式の整備

　法律上、書式は決まっていませんが、紛争防止のため、**無期労働契約転換申込書と無期労働契約申込受理通知書**を整備して運用すべきです。

262

●無期転換ルールの考え方●

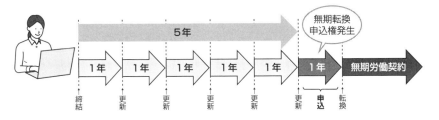

●書式例 「無期労働契約転換申込書」「無期労働契約転換申込受理通知書」●

## 無期労働契約転換申込書

_____ 殿

申出日　　年　　月　　日
申出者氏名　　　　　　　印

　私は、現在の有期労働契約の契約期間の末日までに通算契約期間が5年を超えますので、労働契約法第18条第1項に基づき、期間の定めのない労働契約（無期労働契約）への転換を申し込みます。

## 無期労働契約転換申込み受理通知書

_____ 殿

受理日　　年　　月　　日
氏名　　　　　　　　　印

　あなたから　年　月　日に提出された無期労働契約転換申込書について受理しましたので通知します。

# 7

## 無期転換ルール②

### ✅クーリング

同一の使用者との間で有期労働契約を締結していない期間（退職し、労働契約の存在しない期間＝**無契約期間**）が、一定以上続いた場合、**それ以前の契約期間は通算対象から除外**されます。これを**クーリング**といいます。

(1) **無契約期間の前の通算契約期間が1年以上の場合**

① 無契約期間が6か月以上の場合

無契約期間が6か月以上あるときは、その期間より前の有期労働契約は通算契約期間に含まれません。

② 無契約期間が6か月未満の場合

無契約期間が6か月未満のときは、その期間より前の有期労働契約も**通算契約期間に含まれます。**

(2) **無契約期間の前の通算契約期間が1年未満の場合**

無契約期間の前の通算契約期間に応じて、無契約期間がそれぞれ下表に掲げる期間に該当するときは、無契約期間より前の有期労働契約は通算契約期間に含まれません。

| 無契約期間の前の通算契約期間<br>（無契約期間） | 契約がない期間 |
|---|---|
| 2か月以下 | 1か月以上 |
| 2か月超4か月以下 | 2か月以上 |
| 4か月超6か月以下 | 3か月以上 |
| 6か月超8か月以下 | 4か月以上 |
| 8か月超10か月以下 | 5か月以上 |
| 10か月超 | 6か月以上 |

### ✅無期転換ルールの特例措置

有期雇用特別措置法によって、以下の**いずれか**の場合には、所定の手続きによって、**無期転換ルールの対象外**とすることができます。

| 1 | 5年を超える一定の期間内に完了することが予定されている業務（いわゆるプロジェクト業務）に就く高度専門的知識等を有する有期雇用労働者（年収1,075万円以上） |
|---|---|
| 2 | 定年後に有期労働契約で継続雇用される高齢者 |

上記1は、所定の手続きによって、5年を超える契約期間であっても、10年を上限として無期転換申込権が発生しません。上記2は、所定の手続きによって、定年後も嘱託社員などの有期労働契約で引き続き雇用されている場合であっても、無期転換申込権が発生しません。これらの無期雇用転換ルールの特例措置を受けるためには、上記1の場合には**第一種計画認定・変更申請書**、上記2の場合には**第二種計画認定・変更申請書**をそれぞれ**都道府県労働局**に提出し、**認定**を受けなくてはなりません。

### ●クーリングの考え方●

契約がない期間（無契約期間）の前の通算契約期間が1年以上の場合

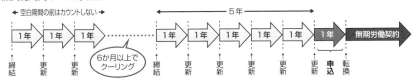

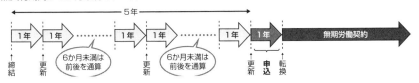

### ●第二種計画認定・変更申請書●

| 様式第7号 | 第二種計画認定・変更申請書 | 年　月　日 |

労働局長殿
1　申請事業主

| 名称・氏名 | | 代表者氏名<br>（法人の場合） | 印 |
|---|---|---|---|
| 住所・所在地 | 〒（　－　） | | 電話番号（　）<br>FAX番号（　） |

2　第二種特定有期雇用労働者の特性に応じた雇用管理に関する措置の内容
　□高年齢者雇用推進者の選任
　□職業訓練の実施
　□作業施設・方法の改善
　□健康管理、安全衛生の配慮
　□職域の拡大
　□職業能力を評価する仕組み、資格制度、専門職制度等の整備
　□職務等の要素を重視する賃金制度の整備
　□勤務時間制度の弾力化
3　その他
　□高年齢者雇用安定法第9条の高年齢者雇用確保措置を講じている。
　　□65歳以上への定年の引き上げ
　　□継続雇用制度の導入
　　　□希望者全員を対象
　　　□経過措置に基づく労使協定により継続雇用の対象者を限定する基準を利用
　　（注）　高年齢者等の雇用の安定等に関する法律の一部を改正する法律（平成24年法律第78号）附則第3項に規定する経過措置に基づく継続雇用の対象者を限定する基準がある場合

# 8 同一労働同一賃金

## ☑️同一労働同一賃金の対象者

同一労働同一賃金とは、「同じ仕事」に就いている場合には、いわゆる正社員か、それ以外の雇用形態であるかを問わず、同一の賃金にしなくてはならないという考え方です。同じ会社のなかで、正社員とそれ以外の社員とで、基本給・諸手当・賞与・退職金・その他福利厚生といった**個々の待遇ごとに、不合理な差を設定してはいけない**ということになります。

同一労働同一賃金は、パートタイム・有期雇用労働法及び労働者派遣法に規定され、**2020年4月**（中小企業は**2021年4月**）から**施行**されます。

対象者は以下の3種類の社員です。

| 1 | パートタイムの社員 | 2 | 有期労働契約の社員 | 3 | 派遣社員 |
|---|---|---|---|---|---|

## ☑️均衡待遇規定

以下の3点の**違いに応じた範囲内で待遇を決定**する必要があります。

| 1 | 職務の内容＋責任の程度 |
|---|---|
| 2 | 職務の内容・責任の程度および配置変更の範囲 |
| 3 | その他の事情<br>（例：我が国では定年退職後、嘱託社員などの有期労働契約の社員として再雇用する際、従前より一定程度賃金減額をすることが慣習として定着している　など） |

## ☑️均等待遇規定

以下の2点が**同じ場合は待遇面で同じ取扱い**をする必要があります。

| 1 | 職務の内容＋責任の程度 | 2 | 職務の内容・責任の程度および配置変更の範囲 |
|---|---|---|---|

## ☑️派遣社員の同一労働同一賃金

派遣社員には派遣会社が以下の**いずれかを実施**する必要があります。

| 1 | 派遣先の社員との均衡・均等待遇 |
|---|---|
| 2 | 派遣社員の従事する業務と同種の業務に従事する派遣先の社員の平均賃金の額（賃金水準）を労使協定によって定め、それをベースに均衡・均等を図る |

## ✅対応策

同一労働同一賃金の施行までに、以下の対応策を検討してください。

| 1 | 基本給の格差づけの根拠となる等級制度、役割責任制度、賃金バンドの整備 |
|---|---|
| 2 | 格差が不合理な諸手当の格差をなくし、有名無実化した諸手当を整理する |
| 3 | 均衡・均等待遇とする原資をねん出する　など |

●等級制度の作成例●

| 等級 | 定義 | 対応役職 |
|---|---|---|
| ダイレクター級（D級） | (1)本部、事業部、部またはそれに準ずる部署を統率し、会社方針に基づき自部署の目標等を立案し、旗下の担当組織またはメンバーに業務を実施させる<br>(2)前号に準ずる極めて高度の業務を専門職として遂行する | 本部長、事業部長、部長、専任部長 |
| マネージャー級（M級） | (1)本部、事業部、部またはそれに準ずる部署の長を助け、またはその職務を代行する<br>(2)グループ、課またはそれに準ずる組織を監督し、上位の部署の目標を達成するために自組織の目標等を立案し、メンバーに業務を実施させる<br>(3)前二号に準ずる高度の業務を専門職として遂行する | 部長代理、次長、グループマネージャー、課長、専任課長 |
| アシスタント・スタッフ級（AS級） | 上司や先輩社員の指示を受けながら、限られた範囲で補助的・見習い的業務を遂行する | （契約社員・パート社員の初任格付け） |

●賃金バンドの作成例●

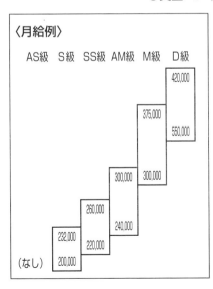

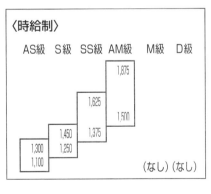

# 9

## 副業・兼業

### ☑副業・兼業を制限できる要件と規定・申請書の整備

　副業・兼業の**全面禁止は難しい**ので、**許可制**を取ることになります。

　過去の裁判例から、会社が副業・兼業を禁止または制限できる事由は、以下の4つのケースに限定されます。

| 1 | 労務提供上の支障がある場合 |
|---|---|
| 2 | 企業秘密が漏えいする場合 |
| 3 | 会社の名誉や信用を損なう行為や、信頼関係を破壊する行為がある場合 |
| 4 | 競業により、企業位の利益を害する場合 |

　理由のない不許可に対して不法行為に基づく損害賠償が一部容認された裁判例もあることから、**4つのポイントを踏まえた許可判断ができるような規定と書式の整備**など運用を改めていかなければなりません。

　また、次ページの規程例の第2項で定める申請のために、その下に掲載しているような**副業申請書を整備**してください。

　ポイントは副業・兼業の禁止・制限事由となる**4つの要件の該当性を会社が確認できる質問条項を設定すること**です。過去の裁判例では、会社の調査不足が原因で会社の副業制限が不合理とされたケースが少なくありません。この教訓を踏まえ、勤務等の日数・時間数や役員・従業員等の就業形態だけでなく、**担当する職務を具体的に記載させる**こと、役員等に該当する場合は**経営への参画の有無も確認する**ことを忘れないでください。

　次ページ規定と申請書式は、自社が本業で別の会社等で副業・兼業する場合だけでなく、自社が副業・兼業先である場合も想定した例にしています。

　また、副業・兼業の労働時間管理の考え方ですが、本業と副業・兼業の双方ともに**労働契約**である際は**労働時間は通算**され、法定労働時間を超えたら時間外労働手当が、法定休日に就業させたら休日労働手当が必要です。

　割増賃金の支払い義務は、**通算により法定労働時間を超えることとなる所定労働時間を定めた労働契約を時間的に後から締結した使用者**とされています。

## ●就業規則の「副業・兼業」の規定例●

（副業・兼業）
第○条　社員は、会社の勤務時間外において、他の会社等の業務に従事することができる。
２．社員は前項の場合には、会社が定める形式で申請を行わなくてはならない。副業・兼業の態様等が変更した場合も同様に変更の申請を行わなくてはならない。
３．社員の副業・兼業の態様が「従業員」（兼務役員、登記しない顧問・相談役・執行役員等も含む）である場合には、会社に当該副業・兼業先での労働時間を、会社が定める時期に会社が定める方法で報告しなくてはならない。
４．会社は、社員が第２項の申請に基づく副業・兼業に従事することにより、次の各号のいずれかに該当する場合には、当該副業を禁止又は制限することができる。
　(1)　労務提供上の支障がある場合
　(2)　企業秘密が漏えいする場合
　(3)　会社の名誉や信用を損なう行為や、信頼関係を破壊する行為がある場合
　(4)　競業により、企業の利益を害する場合

## ●書式例「副業申請書」●

年　　月　　日

株式会社○○
代表取締役　○○　○○　様

### 副業申請書（兼　副業内容変更届）

１．申請者に関する情報

| 社員番号 | | 部署・役職 | | 等級 | | 氏名 | |
|---|---|---|---|---|---|---|---|

２．副業先に関する情報（変更届として提出する場合は変更内容のみ記入してください）

| 会社名 | |
|---|---|
| 会社住所 | |
| 会社電話番号 | |
| 会社URL | |
| 就業形態<br>（該当するものに○） | ・従業員（兼務役員、登記しない顧問・相談役・執行役員等も含む）<br><br>・法人役員（登記する取締役、執行役、監査役、理事等）<br><br>・自営業事業主、フリーランス<br><br>・その他（　　　　　　　　　　　　　　　　　　　　　　　　　　） |
| 担当する職務<br>（具体的に記入して下さい） | |
| （就業形態が役員及び同待遇職）<br>（登記しない顧問・相談役・<br>執行役員等）の場合にのみ<br>要回答）<br>経営への参画の有無 | ・あり<br><br>・なし |
| 労働契約等の期間<br>（該当するものに○） | ・期間の定めなし<br><br>・有期（　　年　　月　　日　　～　　年　　月　　日） |
| 所定労働日及び日数 | 毎週（　　曜日）・週（　　日）・1か月（　　日程度） |
| 所定勤務時間 | 　　時　　分　　～　　時　　分 |

# 10 テレワーク

## ✅就業規則と労働時間管理について

　一般社団法人日本テレワーク協会（以下、「日本テレワーク協会」といいます）によると、**テレワーク**とは、情報通信技術（ICT※）を活用した、**場所や時間にとらわれない柔軟な働き方**と定義されています。「多様な働き方に関する実態調査（テレワーク）」（東京都・2019年3月）によれば、東京都内の社員数30名以上の会社の19.2%が、テレワークを導入しているという結果が出ました。

※：Information and Communication Technology

　日本テレワーク協会の定義では、テレワークには以下の3つの形態があるとされています。

| | | | | | |
|---|---|---|---|---|---|
| 1 | 在宅勤務 | 2 | モバイルワーク | 3 | サテライトオフィス勤務 |

　前出の東京都の統計によれば、モバイルワークの導入が64.9%と最も多く、次いで在宅勤務の61.9%となっています。

　通常の勤務とテレワーク勤務とで、労働時間その他労働条件がまったく同じである場合は、就業規則の変更は特に必要ありません。しかし、**異なる労働条件がある場合には、就業規則の変更が必要**になります。

　テレワークを導入する際に就業規則の変更が必要な場合は以下のいずれかの方法で就業規則の変更手続きを行います。**わかりやすさを求める場合は2の別規程を作成する方法**を選択することとなるでしょう。

| | |
|---|---|
| 1 | 既存の就業規則（本則）などに盛り込む |
| 2 | テレワーク規程（在宅勤務規程、モバイルワーク規程）などの別規程を作成する |

　テレワーク勤務の社員であっても**通常の社員と同様の労基法の労働時間の規定は適用**されるため、**労働時間の把握義務**（⇒80ページ）があります。

　しかし、テレワーク勤務の社員は、通常の勤務と異なる環境で就業することになります。

　したがって、**テレワーク勤務の社員の労働時間の管理方法について確認し、ルールを決めておくことが必要**です。

## ✓在宅勤務の費用負担

　通常勤務の社員とは異なり、**在宅勤務の社員の勤務のための通信費や情報通信機器などの費用を、社員本人が負担することがあり得ます**。労使のどちらが負担するか、また会社が負担する場合の限度額や請求方法などについて、**就業規則等に規定しておく必要があります**。

●テレワークの種類●

在宅勤務　　　　　モバイルワーク　　　サテライトオフィス勤務

オフィスに出勤せず自宅で仕事を行う形態通常、週に1～2日程度が多い。半日在宅勤務という働き方もある。

顧客先、移動中、出張先のホテル、交通機関の社内、喫茶店などで仕事を行う形態

自社専用のサテライトオフィスや共同利用型のテレワークセンターで仕事を行う形態

出所：厚生労働省「テレワークモデル就業規則～作成の手引き～」

●テレワーク規程の「在宅勤務時の労働時間」の規定例●

（在宅勤務時の労働時間）
第○条　在宅勤務の社員の始業時刻、終業時刻、及び休憩時間については、就業規則（本則）第○条（所定労働時間、始業・終業時刻）及び第○条（休憩時間）の定めによる。
2．前項にかかわらず、在宅勤務の社員が以下の各号に該当する場合として会社が認めた場合には、第○条（事業場外の労働）の規定を適用するものとする。
　(1)　会社と社員の間の情報通信機器の接続は社員本人に任せていること
　(2)　社員の業務が常に所属長から随時業務命令を受けなければ遂行できないような業務でないこと

# 11

## 業務委託

### ✅業務委託とは

**業務委託**とは、社内で処理できない業務や社外に依頼したほうが効率・効果が期待できる業務を、社外の事業者に委託することをいいます。

法律上は業務委託契約という契約はなく、それに相当するものとして、民法上は以下の2つの契約に区分されます。

| 1 | 請負契約 |
|---|---|
| 2 | 委任契約または準委任契約 |

### ✅請負契約とは

**請負契約とは、仕事を完成させることを約束し、相手方が成果物に対して報酬を支払う契約**です。請負契約では、受託者は、成果物に対しての責任を負います。つまり、成果物にミスや欠陥が見つかれば修正を依頼されますし、場合によっては損害賠償を求められることがあります。

### ✅委任契約・準委任契約とは

**委任契約・準委任契約とは、仕事に関する行為の遂行を約束し、相手方がそれに対して報酬を支払う契約**です。

請負契約とは異なり、受託者は成果物に対する責任を負わないのが原則ですが、業務の遂行方法や結果に問題があった場合に責任を問われる可能性は十分にあります（善管注意義務）。

### ✅労基法上の労働者性の判断ポイント

契約の名称に関係なく、**労基法上の労働者**にあたるかどうかは、会社に対する**使用従属性**で判断されます。

使用従属性は、次ページ下図の判断ポイントにしたがって判断されることになります。使用従属性の判断は個別に行われることになります。具体的には、次ページ上表のような要素について労働者としての性質に該当することが多ければ多いほど、使用従属性が認められやすいといえます。

272

## ●労働者と外注業者の違い●

| | ポイント | 労働者 | 外注業者 |
|---|---|---|---|
| 1 | 仕事の依頼・指示の諾否の自由 | なし | あり |
| 2 | 指揮監督 | 受ける | 受けない |
| 3 | 勤務場所・勤務時間の拘束 | あり | なし |
| 4 | 報酬の労務対償性 | 強い（成果や出来高ではなく、仕事をすることそのものや、日数・時間に応じて） | 弱い（成果や出来高に応じて） |
| 5 | 報酬の水準 | 従業員と同水準である | 従業員と同水準ではない |
| 6 | 機械・器具の貸与 | あり | なし |
| 7 | 専属制 | あり | なし |
| 8 | 就業規則・服務規律 | 適用あり | 適用なし |
| 9 | その他の福利厚生制度 | 適用あり | 適用なし |
| 10 | 源泉徴収 | 給与所得として源泉徴収 | 一定の要件に該当する個人事業主は源泉徴収 |

## ●労基法上の労働者性の判断基準●

労働基準法が適用される労働者とは、
- (1)職業の種類を問わず、
- (2)事業または事業所に使用され、
- (3)賃金を支払われる者

をいいます。

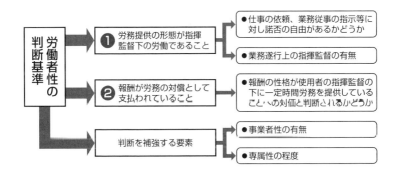

# 多様な正社員制度導入の実務上の留意点

多様な正社員は、本章で解説した通り、（1）勤務地限定正社員、（2）職務限定正社員、（3）勤務時間限定正社員の3種類に大別されます。

### （1）勤務地限定正社員・（2）職務限定正社員の給与制度のポイント

同一労働同一賃金の考え方を踏まえると、全国転勤あり・職務変更ありのいわゆる正社員と、勤務地限定正社員・職務限定正社員の基本給の考え方は、以下の2種類のいずれかになります。

① 別テーブルをつくる
② 基本給部分は同一テーブルとし、別途「総合職手当」「広域異動手当」「職務変更手当」などを創設する

1つめは、正社員と限定正社員とで別個の賃金バンドを運用する方法です。2つめは、賃金バンド自体は同一とし、いわゆる正社員には「総合職手当」「広域異動手当」「職務変更手当」などを別途支給するという方法です。両者いずれの方法であっても、いわゆる正社員のほうが「総合職手当」等に相当する部分だけ給与水準が高額となります。基本給に包含されるか、別手当かの違いです。その水準は、筆者の事例ではおおむね基本給の1割から2割の水準でありました。

その他の手当については、同一労働同一賃金を踏まえると、両者で差を設定することが不合理となるか否かが判断ポイントとなります。

### （3）勤務時間限定正社員の給与制度のポイント

同一労働同一賃金の考え方を踏まえると、フルタイムのいわゆる正社員と、勤務時間限定正社員は、別個の賃金テーブルを設定するものの、同一の等級の場合には時間当たりの賃金額は同じレンジになるように設定しなくてはなりません。諸手当についての考え方も同様で、両者で差を設定することが不合理となるものについては、少なくとも時間当たりの支給額は同額となるように設定していきます。

したがって、「週〇日制正社員」などと勤務時間限定正社員の名称を冠し、いわゆる正社員と同様の業務をさせながら、その実、給与水準は新卒正社員の下限未満のパート社員レベルであるなど、この制度の本来の制度趣旨から逸脱した運用をしないように注意しなくてはなりません。

# 13章

## 労働基準監督署の
## 調査・労働紛争解決・就業規則

# 労働基準監督署の調査の種類と流れ

## ✓労働基準監督官の権限

「労働基準監督官は、事業所、寄宿舎その他の付属建設物に臨検し、帳簿および書類の提出を求め、または使用者もしくは労働者に対して尋問を行うことができる（労基法101条1項）」と規定され、事業所等に強制的に立ち入り、労基法、安衛法、最賃法などに違反していないかを調査（臨検）する権限を有しています。

また、労働基準監督官は、「特別司法警察官」として犯罪を調査し、被疑者を検挙する権限を有しています。海上保安官や麻薬取締官と同様です。

## ✓労働基準監督署の調査（臨検監督）の種類

労働基準監督署の調査は、正式には「臨検監督」といい、4種類に分類されます。

| | 分類 | 内容 |
|---|---|---|
| 1 | 定期監督 | 最も多い調査。労基署が任意に事業所を選び調査します。一般的には、事前に日程を調整することが多い |
| 2 | 申告監督 | 社員または退職者から労基署に申告（通報）があった場合にその申告の内容のための調査<br>「申告監督」の場合には、労働者保護のために「申告監督」であることを明らかにせず「定期監督」の形式をとり調査する場合もある |
| 3 | 災害時監督 | 一定規模以上の労災が発生した場合、その労災の実態を確認するために行う調査 |
| 4 | 再監督 | 過去に定期監督等で是正勧告・指導を受けた結果、前回の違反がどのように是正されているかを確認するための調査<br>指定期日までに「是正（改善）報告書」が提出されない場合や、事業所の対応が悪質である場合などは高い確率で再度調査される |

276

### ●労働基準監督署の調査の流れ●

| 予告 |
|---|

　一般的には、労働基準監督署の調査は、事前に予告して行われます。しかし、これは、例外であり、原則は、事前の予告なしとなっています。予告なしで調査があっても法的には、拒否をすることができません。ただし、担当者、責任者不在の場合等事情を説明すると調査日を変更してもらうことができます。

| 調査 |
|---|

　おおむね下記の通り調査が行われます。
①労働関係帳簿（労働者名簿、賃金台帳、出勤簿など）の確認
②労務担当者へのヒアリング
③事業場内の立ち入り調査

| 是正勧告書・指導票・使用停止命令書の交付 |
|---|

　法違反があった場合には、法違反を是正すべき期日を指定された「是正勧告書」が交付されます。明らかな法違反がないものの、改善すべき項目があるとされた場合には、「指導票」が交付されます。また、施設や設備の不備等で労働者に緊迫した危険があり緊急を要する場合「使用停止命令書」が交付されます。

| 是正報告書・改善報告書の提出 |
|---|

　是正勧告書・指導票が交付されたら、期日までに是正報告書・改善報告書を提出します。

| 再調査 |
|---|

　是正勧告書が交付された場合、高い確率で半年～1年以内に再調査があります。この場合も前述の調査の流れと同じです。

| 書類送検 |
|---|

　是正勧告に従わない場合、再調査においても前回の指摘事項に改善が見られない場合で悪質な場合など検察庁に書類送検されます。

# 2 紛争調整委員会によるあっせん

## ✅紛争調整委員会によるあっせんの定義と特長

紛争調整委員会によるあっせんとは、あっせん委員が、双方の主張の要点を確かめ、紛争当事者間の調整を行い、話合いを促進することにより、紛争の円満な解決を図る制度です。

紛争調整委員会とは、弁護士、大学教授等の労働問題の専門家である学識経験者により組織された委員会であり、都道府県労働局ごとに設置されています。あっせん委員は紛争調整委員会の委員のうちから指名されます。

紛争調整委員会によるあっせんの特長は下表の通りです。ちなみに、平成30年度の紛争調整委員会あっせん申請件数は5,201件となっています。

総合労働相談コーナーにあっせん申請書を提出することであっせんを申請することができます。一般的に、労働審判や通常訴訟より和解額が低くなる傾向があります。

| 1 | 労働問題に関するあらゆる分野の紛争（募集・採用に関するものを除く）が対象<br>①解雇、雇止め、配置転換・出向、降格、労働条件の不利益変更等労働条件に関する紛争<br>②いじめ・嫌がらせ等、職場の環境に関する紛争<br>③労働契約の承継、同業他社への就業禁止等の労働契約に関する紛争<br>④その他、退職に伴う研修費用の返還、営業車等会社所有物の破損に係る損害賠償をめぐる紛争　など |
|---|---|
| 2 | あっせん期日（あっせんが行われる日）は１日、約２時間で終了 |
| 3 | 弁護士、大学教授等の労働問題の専門家である紛争調整委員会の委員が担当 |
| 4 | あっせんの費用は無料 |
| 5 | 紛争当事者間であっせん案に合意した場合には、受諾されたあっせん案は民法上の和解契約の効力を持つ |
| 6 | あっせんの手続きは非公開（通常裁判、労働審判等は公開） |
| 7 | 労働者があっせんの申請をしたことを理由として、事業主が労働者に対して解雇その他不利益な取扱いをすることは法律で禁止 |

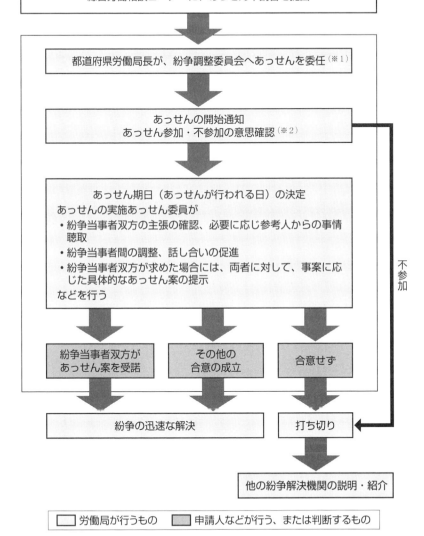

(※1) 必要に応じて申請人から事情聴取などを行い、紛争に関する事実関係を明確にしたうえで、都道府県労働局長が紛争調整委員会にあっせんを委任するか否かを決定します。
(※2) あっせん開始の通知を受けた一方の当事者が、あっせんの手続きに参加する意思がない旨を表明したときは、あっせんは実施せず、打ち切りになります。

# 3

## 民事訴訟（通常訴訟）

### ✓ 通常訴訟

　通常訴訟は、個人間の法的な紛争、主に財産権に関する紛争の解決を求める訴訟です。未払い賃金の請求、地位確認の請求（解雇）、人身損害に対する損害賠償を求める訴え等です。民事訴訟法に従って審理が行われます。通常訴訟の流れは下記の通りです。

① 【訴えの提起】原告またはその訴訟代理人が裁判所に請求の趣旨および原因を記載し、収入印紙を添付した訴状を提出します。

② 【訴状の審査】訴状に形式的に不備がなければ、裁判官は、口頭弁論期日を指定して当事者を呼び出します。

③ 【口頭弁論】裁判長の指揮の下に、公開の法廷で手続きが行われます。原告、被告本人またはその訴訟代理人が出頭したうえ、事前に裁判所に提出した準備書面に基づいて主張を述べ、主張を裏付けるために証拠を提出することが要求されます。

④ 【争点および証拠の整理】判断に必要な事実関係に争いがあり、争点および証拠の整理を行う必要がある事件は、裁判所は、証人尋問等の証拠調べを争点に絞って効率的かつ集中的に行えるように準備するため、争点および証拠の整理手続きを実施します。

⑤ 【証拠調べ】争点について判断するために、裁判所は書証の取調べ、証人尋問、当事者尋問等の証拠調べの手続きを行います。

⑥ 【口頭弁論調書】口頭弁論では、裁判所書記官が調書を作成します。

⑦ 【裁判の終了】裁判所が、証拠調べを行った後、原告の請求が認められる、または認められないとの心証を得たときは、口頭弁論を終結して判断を下します。典型的な裁判の終了手続きは判決です。

⑧ 【判決に対する上訴】第一審裁判所の判決に不服のある当事者は、判決送達日から2週間以内に上級裁判所に対して控訴をすることができ、第二審（控訴審）裁判所の判決に不服のある当事者は、上告をすることができます。

## ●民事裁判の手続きの流れ●

**紛争の発生**

**訴状の提出**

訴状の送達
口頭弁論期日の指定・呼出し
答弁書の提出

原告の請求内容・主張の陳述
（訴状）

被告の答弁・主張の
陳述（答弁書）

**争点・証拠の整理**

**集中証拠調べ** → **和解勧告**

**弁論終結**

**判決言渡し**　　**和解成立**　　**和解不成立**

出所：裁判所ホームページ　http://www.courts.go.jp/saiban/syurui_minzi/minzi_01_01/index.html

13章　労働基準監督署の調査・労働紛争解決・就業規則

281

# 4

# 労働審判

## ☑労働審判と通常訴訟の違い

　労働審判手続きは、解雇や給料の不払いなど、事業主と個々の労働者との間の労働関係に関するトラブルを、その実情に即し、迅速、適正かつ実効的に解決することを目的としています。

　労働審判手続きは、労働審判官（裁判官）1人と労働関係に関する専門的な知識と経験を有する労働審判員2人で組織された労働審判委員会が、**個別労働紛争を原則として3回以内の期日で審理**し、適宜調停を試み、調停による解決に至らない場合には、事案の実情に応じた柔軟な解決を図るための労働審判を行うという紛争解決手続きです。

　労働審判に対して**当事者から異議の申立てがあれば、労働審判はその効力を失い、労働審判事件は訴訟に移行**します。

　訴訟の審理期間は、1年以上かかることが一般的ですが、**労働審判は原則として3期日以内に解決しなければいけませんので、2〜3か月で審理が終結**します。

　審理の内容面では、訴訟は証拠に基づき判断され、解決内容が杓子定規になる場合があります。**労働審判は、社員だけではなく、会社の実情も十分に考慮**して、柔軟な解決案が提示される可能性があります。

　平成29（2017）年の労働関係民事通常訴訟事件の新受件数（地方裁判所）は3,526件、同労働審判は3,369件（最高裁判所事務総局行政局「労働関係民事・行政事件の概況」）です。

　労働審判委員会は、トラブルの迅速な解決を図る目的を達成するため、和解を提案します。

　たとえば、解雇が争われている事案では、解雇理由がまったくない、非人道的な解雇といった余程の事情がない限り、労働審判委員会は、退職を前提とする金銭解決による和解の提案を行うことが多いです。事実上、解雇の金銭可決制度に近い機能を有しているといえます。通常訴訟になると1年以上法廷闘争が続くことが多くありますので、その前にこの制度を利用して早期解決を図ることは労使双方にメリットがあるといえます。

282

●労働審判手続きの流れ●

出所：裁判所ホームページ　http://www.courts.go.jp/saiban/syurui_minzi/minzi_02_03/

# 5

# 就業規則の作成と周知

## ✅ 労契法の就業規則の周知

　就業規則が有効に効力を有するためには、⑴合理的な労働条件を定めていること、⑵周知させていることの2つの要件が必要となります。労契法では下記の通り規定しています。

　労働者および使用者が労働契約を締結する場合において、使用者が合理的な労働条件が定められている就業規則を労働者に周知させていた場合には、労働契約の内容は、その就業規則で定める労働条件によるものとする（労契法7条）。

## ✅ 労基法の就業規則の周知義務

　労基法は、就業規則について、**常時10人以上**の労働者を雇用する使用者に対して、過半数労働組合または過半数労働者代表からの**意見聴取**（労基法90条）、**所轄労基署への届け出**（労基法89条）を義務付けています。さらに、就業規則の周知義務を下記の通り規定しています。

使用者は、就業規則を常時各作業場の見やすい場所へ掲示し、または備え付けること、書面を交付することその他の厚生労働省令で定める方法によって、労働者に周知させなければならない（労基法106条）

　労基法則52条の2では周知方法は下記の3つの方法としています。

| 1 | 常時作業場の見やすい場所へ掲示し、または備え付ける |
|---|---|
| 2 | 書面で交付する |
| 3 | 磁気ディスク等に記録し、かつ、各作業場に労働者が当該記録の内容を常時確認できる機器を設置する |

## ✅ 就業規則の不利益変更の際の周知

　社員の同意がない就業規則の不利益変更が有効となるためには、①周知性と②内容の合理性が必要です（労契法9条、10条）。

## ●書式例 「就業規則説明会参加者名簿」●

○○年○月○日

株式会社○○
代表取締役　○○　○○　様

# 就業規則説明会参加名簿

　○○年○月○日に行われました株式会社○○の○○年○月○日付就業規則変更に関する説明会に参加し、以下の内容の変更の説明を受けました。

| | 改正前 | 改正後 |
|---|---|---|
| ○条 | | |
| ○条 | | |

| 名前 | | 名前 | |
|---|---|---|---|
| | 印 | | 印 |
| | 印 | | 印 |
| | 印 | | 印 |
| | 印 | | 印 |
| | 印 | | 印 |
| | 印 | | 印 |
| | 印 | | 印 |
| | 印 | | 印 |
| | 印 | | 印 |
| | 印 | | 印 |
| | 印 | | 印 |
| | 印 | | 印 |
| | 印 | | 印 |
| | 印 | | 印 |
| | 印 | | 印 |
| | 印 | | 印 |

**13章**

労働基準監督署の調査・労働紛争解決・就業規則

# 6

# 事業場が備え付けておくべき書類

## ✅法定４帳簿

事業場が備え付けておくべき代表的書類は、①**労働者名簿**（労基法107条）、②**賃金台帳**（同108条）、③**出勤簿等**（同108条）であり、俗に法定３帳簿と呼ばれていました。2019年４月の労基法改正により、④**年次有給休暇管理簿**（労基法則24条の７）が加わり、法定４帳簿となりました。事業場が備え付けておくべき書類は次ページをご覧ください。

年次有給休暇管理簿について補足します。

2019年４月の労基法改正により、**年10日以上の年次有給休暇が付与される労働者に対して年５日を使用者が時季を指定して年次有給休暇を取得さ**せることが義務となりました。これに伴い、労働者ごとに以下の必須事項を管理した「**年次有給休暇管理簿**」を作成し・保管することが義務となりました。

| | 必須項目 | 内容 |
|---|---|---|
| 1 | 時季 | 労働者が年次有給休暇を取得した具体的な日付 |
| 2 | 日数 | 基準日からの１年間に労働者が取得したすべての日数（労働者の請求、使用者の時季指定、計画的付与を問わない） |
| 3 | 基準日 | 労働者に年次有給休暇を取得する権利が与えられた日 |

年次有給休暇管理簿は、必ずしも単独で作成された書類である必要はありません。労働者名簿または賃金台帳とあわせた調製も可能です。

労基署の調査の際など、**必要なときにいつでも出力（印刷）できる仕組みであれば、エクセルや勤怠管理ソフトで差し支えありません。**

年次有給休暇の管理方法は、前年からの繰り越し日数を含めた「残日数」を管理する方法が一般的でした。しかし、残日数による管理では年５日の取得義務を満たしているかを確認することができません。したがって、取得日数を基準とした管理が義務付けられることとなりました。

給与ソフトには、一般的に残日数の管理しか機能がありません。勤怠管理ソフトによる「年次有給管理」が最も推奨される方法です。

## ●労働関係法令上の法定4帳簿の種類と保存期間●

| 帳簿 | 記載項目 | 保存 |
|---|---|---|
| 労働者名簿 | ①労働者氏名<br>②生年月日<br>③履歴<br>④性別<br>⑤住所<br>⑥従事する業務の種類<br>⑦雇入れ年月日<br>⑧退職・死亡年月日（その理由や原因） | 3年 |
| 賃金台帳 | ①労働者氏名<br>②性別<br>③賃金の計算期間<br>④労働日数<br>⑤労働時間数<br>⑥時間外労働時間数<br>⑦深夜労働時間数<br>⑧休日労働時間数<br>⑨基本給や手当等の種類と額<br>⑩控除項目と額 | 3年 |
| 出勤簿等 | ①出勤簿やタイムレコーダー等の記録<br>②使用者自ら始業・終業時刻を記録した書類<br>③労働者が記録した労働時間報告書等 | 3年 |
| 年次有給休暇管理簿 | ①時季<br>②日数<br>③基準日 | 3年 |

## ●その他の帳簿●

| 帳簿 | 保存 | 帳簿 | 保存 |
|---|---|---|---|
| 労働条件通知書 | 3年 | 雇用保険（被保険者に係る書類） | 4年 |
| 労使協定、許認可に関する書類 | 3年 | その他の雇用保険に関する書類 | 2年 |
| 災害補償に関する書類 | 3年 | 労働保険成立届・概算確定申告 | 3年 |
| 定期健康診断の結果 | 5年 | | |

287

# 「厳重注意書 兼 指導書」を文書で交付

### 言うことを聞いてくれない社員には口頭よりも文書で注意

　会社と労働契約を締結している社員は、適正な労働力を提供する義務を負い、賃金を受け取る権利があります。会社は、適正な労働力を受領する権利があり、賃金を支払う義務があります。

　社員は会社の指揮命令に従う義務がありますが、命令に違反する場合、会社は口頭で注意を行います。しかし、なかなか社員が言うことを聞いてくれないこともあるでしょう。そんなときには、文書で注意すると有効な場合が多くあります。「厳重注意書」「指導書」の交付を検討しましょう。

---

**厳重注意書　兼　指導書**

**１．過去の指導**

　貴殿に対して、口頭により再三、再四、指導を行ってきました。しかし、貴殿は、こうした口頭による指導を真摯に受け止めることなく、態度や行動を改めることがありませんでした。

　よって、文書により厳重注意を行い、指導を行います。

**２．暴言（パワハラ）**

　貴殿は、後輩・部下に対して暴言を浴びせることが多くみられました。部下・後輩のミスについて「お前のせいだ」と大きな声を出したり、「お前に全部責任を取ってもらう」と威嚇的な言動を取ることがありました。結果的に何人もの退職者が出たことについて、こうした言動が直接、間接的に影響していると当社は判断しております。

　パワハラとは、「同じ職場で働く者に対して、職務上の地位や人間関係などの職場内の優位性を背景に、業務の適正な範囲を超えて、精神的・身体的苦痛を与えるまたは職場環境を悪化させる行為」です。指導教育がその境界線を超えてパワハラと評価されるのは、以下の基準です。

　「パワハラを行なった者とされた者の人間関係、当該行為の動機・目的、時間・場所、態様等を総合考慮のうえ、企業組織もしくは職務上の指揮命令関係にある上司等が、職務を遂行する過程において、部下に対して、職務上の地位・権限を逸脱・濫用して、社会通念に照らして客観的な見地からみて、通常人が許容しうる範囲を著しく超えるような有形・無形の圧力を加える行為をしたと評価される場合」

　この基準によると、貴殿の言動は、パワハラに該当します。

　パワハラは、労働契約に違反した行為、就業規則の服務規律に違反した行為です。就業規則に違反した場合、懲戒処分の対象となります。

　貴殿に対しては、今回、文書により厳重に注意いたします。万が一、貴殿が態度や行動を改めない場合、懲戒処分を含む人事上の重い処分とします。

## 参考文献

望月建吾・水野浩志・堀下和紀・岩本浩一・杉山晃浩 『「人事・労務」の実務がまるごとわかる本』 日本実業出版社

望月建吾・木村純一 『小さな会社でもできた! 働き方改革 残業ゼロの労務管理』 第一法規

望月建吾・木村純一 『小さな会社でもできた! 残業ゼロの労務管理 Labor Management for Zero Overtime』 レクシスネクシス・ジャパン

望月建吾 『労使共働で納得できる WG式就業規則づくり』 経営書院

望月建吾 『会社を劇的に変える! 残業をゼロにする労務管理』 日本法令

堀下和紀・望月建吾・渡邉直貴・浅野英之 『労務管理は負け裁判に学べ! 2』 労働新聞社

社労士業務戦略集団SK9 『自社に最適な制度が見つかる 新しい労働時間管理 導入と運用の実務』 日本実業出版社

労務行政研究所編 『平成31年版 労働法全書』 労務行政

菅野和夫 『労働法』 第11版補正版 弘文堂

厚生労働省労働基準局編 『労働基準法解釈総覧』 改訂15版 労働調査会

厚生労働省労働基準局編 『平成22年版 労働基準法』 上巻 労務行政

厚生労働省労働基準局編 『平成22年版 労働基準法』 下巻 労務行政

村中孝史・荒木尚志編 『労働判例百選』 第9版 有斐閣

大内伸哉 『最新重要判例200労働法』 第5版 弘文堂

安西愈 『トップ・ミドルのための 採用から退職までの法律知識』 十四訂 中央経済社

安西愈 『新しい労使関係のための労働時間・休日・休暇の法律実務』 全訂七版 中央経済社

石嵜信憲・平井彩・鈴木宗紹・横山直樹・石嵜裕美子・髙安美保 『就業規則の法律実務』 第4版 中央経済社

石嵜伸憲編 『懲戒権行使の法律実務』 第2版 中央経済社

石嵜伸憲編 『労働契約解消の法律実務』 第3版 中央経済社

石嵜伸憲編・佐々木晴彦・豊岡啓人・橘大樹・渡辺絢・髙安美保 『改正労働基準法の基本と実務』 中央経済社

峰隆之 『賃金・賞与・退職金Q&A』 労務行政

千葉博 『労働時間・休日・休暇Q&A』 第2版 労務行政

岩本充史 『異動・配転・出向Q&A』 労務行政

渡邊岳 『募集・採用・退職・再雇用Q&A』 第2版 労務行政

丸尾拓養 『解雇・雇止め・懲戒Q&A』 補訂版 労務行政

浅井隆 『労使協定・就業規則労務管理Q&A』 補訂版 労務行政

神田遼 『均等法・母性保護・育児介護休業Q&A』 第2版 労務行政

松岡政博 『パート・派遣・外国人労働者Q&A』 労務行政

加茂善仁　『労災・安全衛生・メンタルヘルス Q&A』　労務行政

浜辺陽一郎　『個人情報・営業秘密・公益通報Q&A』　労務行政

労働判例研究会　『労働判例に学ぶ中小企業の労務管理』　労働新聞社

労務行政研究所編　『平成30年版　年間労働判例命令要旨集』　労務行政

厚生労働省監修　『新・労働法実務相談』第２版　労務行政研究所

東京弁護士会労働法制特別委員会編　『新労働事件実務マニュアル』第４版　ぎょうせい

白石哲　『労働関係訴訟の実務』第２版　商事法務

渡辺弘　『リーガル・プログレッシブ・シリーズ労働関係訴訟』　青林書院

高井・岡芹法律事務所監修　『労働裁判における解雇事件判例集』　改訂第２版　労働新聞社

鈴木銀治郎　『事例にみる解雇効力の判断基準』改訂版　新日本法規

河本毅　『判例から考える懲戒処分の有効性』　経営書院

石井妙子・西濱康行・石井拓士　『懲戒処分―適正な対応と実務―』第２版　労務行政研究所

弁護士法人御堂筋法律事務所　『懲戒処分をめぐる法律実務―Q&Aと実例―』新日本法規

布施直春　『トラブルを未然に防ぐ！　人事異動の進め方』　労働調査会

加茂善仁　『労働条件変更の実務Q＆A』　三協法規出版

岩出誠監修　『雇用機会均等法・育児介護休業法』　第２版　中央経済社

布施直春　『均等法と育児・介護休業法で会社は変わる！―女性社員を活かす労務管理―』　労働調査会

社会保険研究所　『平成29年10月版　育児休業・介護休業Q＆A』社会保険研究所

中嶋聡　『「新型うつ病」のデタラメ』　新潮新書

塩原将　『ソーシャルメディアリスク対策の実務』秀和システム

高井・岡芹法律事務所 編集　『SNSをめぐるトラブルと労務管理―事前予防と事後対策・書式付き』　民事法研究会

専田晋一　『小さな会社のソーシャルメディアガイドライン導入マニュアル』　インプレス

倉橋雄作　『執行役員の実務』　商事法務

大内伸哉　『就業規則からみた労働法』（第３版）　日本法令

中村克己等編著　『就業規則の変更をめぐる判例考察』　三協法規出版

荒井太一編著　『就業規則見直しマニュアル』　労務行政

岩﨑仁弥・TMI総合法律事務所 監修　『改訂版 社内諸規程作成・見直しマニュアル』　日本法令

岩崎仁弥・森紀男　『就業規則·諸規程作成マニュアル 6訂版』　日本法令

倉重公太朗ほか編　『問題社員対応マニュアル　上』　労働調査会

倉重公太朗ほか編　『問題社員対応マニュアル　下』　労働調査会

岩出誠　『「働き方改革関連法」改正にともなう 就業規則変更の実務』　清文社

新井将司 監修・今井慎 監修・浅野育美 監修 『これ一冊でぜんぶわかる！労働基準法 2019~2020年版』 ナツメ社

今井慎 監修・新井将司 監修・月岡育美監修 『これ一冊でぜんぶわかる！労働基準法 2018~2019年版』 ナツメ社

片桐めぐみ 『はじめての人のための 世界一やさしい 労務管理がよくわかる本』 ソーテック社

下山智恵子 『こんなときどうする？ Q&Aでわかる！ 労働基準法』 労務行政

向井蘭 『最新版・労働法のしくみと仕事がわかる本』 日本実業出版社

向井蘭 『書式と就業規則はこう使え！』 労働調査会

寺前隆・岡崎教行・宮島朝子 『使用者側弁護士からみた標準中小企業モデル就業規則策定マニュアル』 日本法令

倉重公太朗ほか編 『企業労働法実務入門』 日本リーダーズ協会

高倉光俊監修 『労務トラブル予防・解決に活かす"菅野「労働法」"』 日本法令

峰隆之ほか編 『定額残業制と労働時間法制の実務〜裁判例の分析と運用上の留意点〜』 労働調査会

## 執筆者略歴

**望月 建吾**（もちづき　けんご）

社会保険労務士法人ビルドゥミー・コンサルティング 代表社員。特定社会保険労務士／残業ゼロ将軍®。中央大学文学部卒業後、外資系大手コンサル会社、アイエヌジー生命保険 人事部を経て、2010年に上記社労士法人の前身の事務所を開業。残業ゼロの労務管理™支援実績250社以上、人事制度づくり支援実績250社以上、就業規則づくり支援実績750社以上。ＮＨＫ「クローズアップ現代」「あさイチ」、TBSテレビ「Ｎスタ」など、専門家としての全国ネットのテレビ出演多数。著書として、『「人事・労務」の実務がまるごとわかる本』（日本実業出版社　刊）、『小さな会社でもできた！　残業ゼロの労務管理』（第一法規 刊）、『労使共働で納得できるＷＧ式就業規則づくり』（経営書院 刊）など多数。
〈連絡先／コンサルティング依頼先〉
社会保険労務士法人ビルドゥミー・コンサルティング
https://buildme-consulting.com
東京都杉並区荻窪5-11-17 荻窪第二和光ビル2階　03-5347-2385
info@buildme-consulting.com

**成澤 紀美**（なりさわ　きみ）

社会保険労務士法人スマイング代表社員。株式会社スマイング取締役。
弘前大学人文学部卒業後、富士ゼロックス株式会社、ＤＨＬジャパン株式会社、オリックス・システム株式会社、株式会社キノシタインテリア（木下工務店グループ）でシステムエンジニアとして長年にわたり技術開発・システム設計を担当。1999年社会保険労務士事務所開業。2010年社会保険労務士法人化。現在従業員約20名。IT業界の顧問先が約8割と、IT業界に特化した人事労務サービスで群を抜いている。2018年10月より各種人事労務クラウドサービス導入時の困ったを解決する「教えて！　クラウド先生！®（商標登録済み）」をスタート。
マネーフォワード社主催のMFクラウドExpoで「クラウドサービスアワード2018優秀賞」「クラウドサービスアワード2018大賞」を受賞
著書として、『IT業界 人事労務の教科書』（レクシスネクシス社 刊）、『自社に最適な制度が見つかる 新しい労働時間管理 導入と運用の実務』（日本実業出版社 刊）がある。
〈連絡先／コンサルティング依頼先〉
社会保険労務士法人スマイング　http://www.nari-sr.net
東京都渋谷区幡ヶ谷2-14-9　ヤナギヤビル4F　03-6300-0485
info@sming.jp

## 蒲島 竜也 （かばしま　たつや）

社会保険労務士法人LMC社労士事務所代表社員。（株）安楽亭社外取締役。特定社会保険労務士／ＣＦＰ　中央大学商学部卒業後、大和銀行（現：りそな銀行）に17年弱勤務後、2005年LMC社労士事務所設立。2016年法人化。現在、社会保険労務士8名を含む総勢23名。多岐にわたる業種の顧問先を持つ。顧問先数約250社。
週刊ポストに24回登場、その他「女性セブン」や「月刊YenSPA!」などの雑誌にも登場、関東キー局「ベイＦＭ」にもコメンテーターとして4回生出演などマスコミにも多数取り上げられている。
著書として、『これだけは知っておきたい会社経営のための6つの知恵』（実業之日本社 刊）、『お金のことはおれに聞け』（カナリヤ書房刊）がある。
〈連絡先／コンサルティング依頼先〉
社会保険労務士法人ＬＭＣ社労士事務所　http://lmcon.com/
千葉県千葉市中央区中央2-9-8　千葉広小路ビル302　043-307-5967
info@lmcon.com

## 杉山 晃浩 （すぎやま　あきひろ）

特定社会保険労務士杉山晃浩事務所所長。行政書士法人杉山総合法務代表社員。合資会社オフィススギヤマ代表社員。労働保険事務組合晃和会理事長。
成蹊大学経済学部卒業後、東邦生命保険相互会社、津野労務管理事務所を経て、2001年社会保険労務士・行政書士事務所開業。
宮崎県最大手クラスの社労士事務所を率いて、宮崎県から全国のクライアントに情報発信している。クライアントの課題解決のために繰り出すノウハウ、ツールは、南九州エリアにおいて群を抜いている。
著書として、『「人事・労務」の実務がまるごとわかる本』（日本実業出版社　刊）、『従業員を採用するとき読む本』（あさ出版 刊）、『大競争時代を生き抜くための介護事業所の労務管理』（日本法令 刊）、『ここで差が付く！　次代をリードする人材を獲得するための採用戦術』（日本医療企画 刊）がある。
〈連絡先／コンサルティング依頼先〉
特定社会保険労務士杉山晃浩事務所　https://office-sugiyama.jp/
宮崎県宮崎市佐土原町下田島20034番地　0985-36-1418
info@office-sugiyama.jp

**堀下 和紀**（ほりした　かずのり）

堀下社会保険労務士事務所代表。エナジャイズコンサルティング株式会社代表取締役。株式会社ヒューマンリソース研究所代表取締役。慶應義塾大学商学部卒業後、明治安田生命保険相互会社、エッカ石油株式会社を経て、2005年社会保険労務士事務所開業。現在従業員約30名。労働紛争問題解決の第一人者。著書として、『なぜあなたの会社の社員はやる気がないのか？〜社員のやる気をUPさせる労務管理の基礎のキソ〜』『織田社労士・羽柴社労士・徳川弁護士が教える労働トラブル対応55の秘策』『三国志英雄が解決！　問題社員ぶった切り四十八手』（以上、日本法令刊）、『労務管理は負け裁判に学べ！』『訴訟リスクを劇的にダウンさせる就業規則の考え方、作り方。』『ブラック企業ＶＳ問題社員』『女性活躍のための労務管理Q&A164』『労務管理は負け裁判に学べ！2』『社労士・弁護士の労働トラブル解決物語』（以上、労働新聞社　刊）、『「人事・労務」の実務がまるごとわかる本』（日本実業出版社　刊）がある。

〈連絡先／コンサルティング依頼先〉
堀下社会保険労務士事務所　http://www.horishtia.com
沖縄県浦添市西洲２―２―６　組合会館2F　098-942-5528
info@horishita.com

## 「労務管理」の実務がまるごとわかる本

2019年10月20日　初版発行

著　者
望月建吾 ©K.Mochizuki 2019
成澤紀美 ©K.Narisawa 2019
蒲島竜也 ©T.Kabashima 2019
杉山晃浩 ©A.Sugiyama 2019
堀下和紀 ©K.Horishita 2019

発行者　杉本淳一

発行所　株式会社　日本実業出版社　東京都新宿区市谷本村町3-29 〒162-0845
　　　　　　　　　　　　　　　　大阪市北区西天満6-8-1 〒530-0047
　　　　編集部　☎03-3268-5651
　　　　営業部　☎03-3268-5161　振　替　00170-1-25349
　　　　　　　　　　　　　　　　https://www.njg.co.jp/

印　刷／理　想　社　　製　本／共　栄　社

この本の内容についてのお問合せは、書面かFAX（03-3268-0832）にてお願い致します。
落丁・乱丁本は、送料小社負担にて、お取り替え致します。

ISBN 978-4-534-05724-2　Printed in JAPAN

## 好評既刊書籍

### 「人事・労務」の実務がまるごとわかる本

望月建吾・水野浩志・
堀下和紀・岩本浩一・
杉山晃浩
定価 本体 2300円(税別)

社会保険手続きから、給与計算業務、就業規則、雇用契約書、採用、人事評価、労働組合対策、社内研修まで、初めて担当する人でも理解しやすいように実務のポイントをわかりやすく解説。

## 雑誌・定期刊行物

### 企業実務

「経理・税務」「総務・法務」「人事・労務」の三本柱を中心に、企業の事務・管理部門に不可欠なすべての内容を横断的に網羅。役員・管理職から担当者・スタッフの教育まで、幅広く読める・使える専門情報誌です。経理・簿記、税務・会計、社会保険事務、ビジネスマナー、コンプライアンス等々、仕事の現場に即した実務処理の基礎知識から、制度・法改正などの最新事情までをどこよりもわかりやすくタイムリーに解説。毎号「別冊付録」として、旬な１テーマを選んでコンパクトにまとめた小冊子（16頁）も同梱。経理・総務・人事担当者を幅広くサポートする、事務職必携の"トラの巻"！

発売：株式会社エヌ・ジェイ・ハイ・テック

書店ではお求めになれません。お問い合わせは
☎ 03-5225-3818
https://www.njh.co.jp/

●月刊 ●A4変型判
●94頁(付録16頁)
●年間購読料 28,800円
(税別。増刊号を含む。)

定価・誌代変更の場合はご了承ください。